【历史新阅读丛书】

宋朝果然很有料

第六卷

张晓珉◎著

中国工人出版社

图书在版编目（CIP）数据

宋朝果然很有料·第六卷／张晓珉著. —北京：中国工人出版社，2018.4
ISBN 978-7-5008-6884-2

Ⅰ.①宋… Ⅱ.①张… Ⅲ.①中国历史—宋代—通俗读物 Ⅳ.①K244.09

中国版本图书馆CIP数据核字（2018）第024148号

宋朝果然很有料·第六卷

责任编辑 葛忠雨
责任印制 黄　丽
出版发行 中国工人出版社
地　　址 北京市东城区鼓楼外大街45号　邮编：100120
网　　址 http://www.wp-china.com
电　　话 （010）62005043（总编室）　（010）62005039（出版物流部）
（010）62379038（社科文艺分社）
发行热线 （010）62005049　（010）62005042（传真）
经　　销 各地书店
印　　刷 三河市东方印刷有限公司
开　　本 710毫米×1000毫米　1/16
印　　张 22
字　　数 372千字
版　　次 2018年4月第1版　2025年 5月第15次印刷
定　　价 42.80元

序 言

故事，从一篇文章开始讲起：

庆历四年春，滕子京谪守巴陵郡。越明年，政通人和，百废俱兴，乃重修岳阳楼，增其旧制，刻唐贤今人诗赋于其上。属予作文以记之。

予观夫巴陵胜状，在洞庭一湖。衔远山，吞长江，浩浩汤汤，横无际涯；朝晖夕阴，气象万千。此则岳阳楼之大观也，前人之述备矣。然则北通巫峡，南极潇湘，迁客骚人，多会于此，览物之情，得无异乎？

若夫霪雨霏霏，连月不开，阴风怒号，浊浪排空；日星隐曜，山岳潜形；商旅不行，樯倾楫摧；薄暮冥冥，虎啸猿啼。登斯楼也，则有去国怀乡，忧谗畏讥，满目萧然，感极而悲者矣。

至若春和景明，波澜不惊，上下天光，一碧万顷；沙鸥翔集，锦鳞游泳；岸芷汀兰，郁郁青青。而或长烟一空，皓月千里，浮光跃金，静影沉璧，渔歌互答，此乐何极！登斯楼也，则有心旷神怡，宠辱偕忘，把酒临风，其喜洋洋者矣。

嗟夫！予尝求古仁人之心，或异二者之为，何哉？不以物喜，不以己悲；居庙堂之高则忧其民；处江湖之远则忧其君。是进亦忧，退亦忧。然则何时而乐耶？其必曰“先天下之忧而忧，后天下之乐而乐”乎？噫！微斯人，吾谁与归？

时六年九月十五日。

这篇文章，就是范仲淹的千古名文——《岳阳楼记》。

现在，让我按照当年语文老师的意思，讲解一下这篇文章。

该文一共分为五段。

第一段开门见山，讲的是范仲淹写这篇文章的目的。

范仲淹有一个朋友叫“滕子京”，因为犯了事情，被贬至岳阳。滕子京在这里重修了岳阳楼，请范仲淹为新落成的岳阳楼作记。

开头简单明了，绝不拖泥带水，有了这段简明扼要的开篇，范仲淹就可以自由发挥，阐述自己的思想。

第二段,范仲淹告诉世人——岳阳一带“在洞庭一湖……气象万千”,很好、很漂亮，岳阳楼修建于这种美景中，自然也漂亮无比了。但是，我却不打算写这个岳阳楼。

那么，我为什么不写岳阳楼呢？因为很多人都写过了岳阳楼（前人之述备矣），很多文人骚客也留下了自己的印记（迁客骚人，多会于此），我再重复写一遍，又有什么意思呢（览物之情，得无异乎）？

范仲淹这样写，有两个好处。

第一,范仲淹能够偷换概念。因为,在写这篇文章前,范仲淹没去过岳阳楼，万一写错了，岂不是贻笑大方。

第二，范仲淹告诉大家，以前写“岳阳楼”的人太多了，我再写，无非就是重复，没意思，所以我要写别的东西，这样才能做到“与众不同，出奇制胜”。

那么，范仲淹要写什么东西呢？

不能写岳阳楼，范仲淹要写的，就是岳阳楼周围的景色了。

咱们前面讲过，范仲淹幼年时，曾去过安乡。安乡，位于洞庭湖的西北部，与“巴陵胜状，洞庭一湖”的岳阳遥相呼应，共同守卫着“浩浩汤汤、横无际涯”的洞庭湖。所以说，对于洞庭湖的景色，范仲淹是很熟悉的，所以他写这里的湖光山色，完全是信手拈来，更能达到“出奇制胜”的作用。

《岳阳楼记》的第三、第四段，就是范仲淹出奇制胜的手段。

第三段，范仲淹告诉大家：如果阴雨天去登岳阳楼，就会“连月不开，阴风怒号……薄暮冥冥，虎啸猿啼”，好一片悲观的景色。

看见此等景色，我们就会产生忧国忧民的思想，为国家的未来而悲哀，“满目萧然，感极而悲者矣。”

第四段，范仲淹告诉大家：反之，如果晴天去登岳阳楼，就会“波澜不惊，上下天光……渔歌互答”，好一片欢快的景色。

大家举杯畅饮，临风开怀，心情也会舒畅无比，“其喜洋洋者矣”。

范仲淹用这种对比的写法，一阴一晴，一悲一喜，不仅能把岳阳楼周围的景色写得惟妙惟肖，更能引发自己的心情，借景抒情，把自己对世间的理解，全部释放出来。

第五段一上来，范仲淹就用了一个感叹词“嗟夫”，用来强调下面的内容。范仲淹告诉世人，我们对待事情，不能一惊一乍，不能看见什么样的景色，就产生什么样的心情。我们要“不以物喜，不以己悲”，这才是正道！

在朝廷上，要时刻忧民，想着老百姓的利与害；在地方上，要时刻忧君，想着如何帮助君主实行仁政；这样才是一个好官员。

最终，范仲淹用那句千古名言结尾，再次阐述了自己的思想——先天下之忧而忧，后天下之乐而乐。

结尾处，范仲淹还用设问句的方式，肯定了自己的思想——哎，如果没有“这样的人”，那我同谁一道呢？

至此，《岳阳楼记》简单介绍完了，这不愧为一篇千古名文。不管什么时候读，都能发人深省。不同的人，也一定能从这篇文章中得到不一样的体会和感悟。

好了，文章讲解完了，现在开始提问题。

在这篇《岳阳楼记》中，这个滕子京，是谁呢？这个滕子京，又是怎么成为范仲淹的知己，让后者发出“微斯人，吾谁与归”的感叹呢？这个滕子京，又是因为什么事情，被贬到岳阳的呢？

还有，范仲淹在历史上的“庆历新政”，为何仅仅持续了一年，就彻底夭折了呢？这场理应永载史册的变法，怎么就变成一颗转瞬即逝的“流星”了呢？范仲淹的这场变法，失败的原因又是什么呢？

还有，范仲淹的这场变法，将给王安石的那场变法，带来什么样的启示和教训呢？而王安石的那场变法，又跟范仲淹的变法有什么区别呢？

一切的答案，尽在这本书中。

目录

第三章　朋党之争 / 39

第四章　新政完结 / 55

第五章　“砸缸少年”的那些事 / 75

第六章　步入宦海，守护爱情 / 87

第一章 推行庆历新政

滕子京的那些事

史料记载，范仲淹在推行庆历新政时，严惩贪官污吏，将那些不合格的官员，全都罢黜换人。

当时，范仲淹的桌子上摆满了各地官员的名单。范仲淹拿起一张，看了一会儿后，就用笔将那些不称职官员的名字画去，将他们罢黜。即使是一路转运使（相当于现在的省长）那样的封疆大吏，范仲淹也毫不犹豫。

见范仲淹如此毫无顾忌，他的副手、一旁负责核查的富弼非常担心，就好心提醒道："你勾掉名字容易，但一笔下去，恐怕那一家人都得大哭了。"

史料记载，听完这个提醒后，一向光明磊落的范仲淹反问道："一家哭，何如一路哭？"

这个意思是说，我罢黜了一个官员，确实让他们一家哭。但是，留下这个滥竽充数、尸位素餐的官员，却能让一个地区的百姓哭！他们之间孰重孰轻，还需要讨论吗？

富弼听完后由衷钦佩，不再多言。

虽然范仲淹的做法是对的，只有清除了这些官场硕鼠、社会蛀虫，才能还大宋王朝一个朗朗乾坤，才能让百姓安居乐业。但是，富弼的担心也极有道理，这样肆无忌惮地罢免官员，必将树敌太多，到时候这些人反咬一口，后果不堪设想。

事实证明，富弼的担忧，很快就变成了现实。

没过多久，被范仲淹罢免的官员就联起手来，反咬了范仲淹一口，状告他的一个“亲信”贪污腐败、挪用公款、中饱私囊。

这个亲信，就是《岳阳楼记》的主角——滕子京。

滕子京，又名滕宗谅，字子京，河南洛阳人。他是范仲淹一生中最好的朋友，没有之一。

范仲淹和滕子京的交情，可以追溯到很久、很久以前。

史料记载，宋真宗大中祥符八年（1015 年），范仲淹和滕子京都参加了那一年的科举考试，双双中举。因为是同科的进士，所以从关系上讲，他们是“同年”。

范仲淹和滕子京一见如故，便称兄道弟起来。范仲淹年长一岁，称兄；滕子京年小一岁，称弟。

后来，两人同时被贬，被朝廷发配泰州。在泰州时，范仲淹负责收盐税，滕子京则担任军事判官一职。

后来，范仲淹修大坝时，母亲突然去世，他必须回家守孝。回家前，范仲淹推荐滕子京接替自己的工作，他坚信滕子京能够完成重任，修好这座大堤。

事实证明，滕子京没有让范仲淹失望，他成功地修筑了这座“范公堤”。

再后来，范仲淹被晏殊（或者是王曾）赏识，调入了京城。范仲淹不忘老友，举荐了滕子京，让他也调入了京城。滕子京在京城的第一份官职，是在大理寺（相当于国家最高法院）担任法官。

后来的故事，咱们都知道了，天圣七年（1029 年）十一月，因为看不惯刘娥不肯归政，大权独揽，在刘娥寿宴后，范仲淹接连上了《乞太后还政奏》等奏折，痛骂刘娥不守妇道，让她赶紧归政，滚回后宫去养老。这样的结果是——范仲淹被轰出了皇宫，去地方养老了。

其实，作为范仲淹最好的朋友，滕子京比范仲淹更早完成了这个“壮举”。

史料记载，在范仲淹“出局”的五个月前，滕子京就已经痛骂过刘娥，被轰出朝廷了。

咱们前面讲过，天圣七年（1029 年）六月，玉清昭应宫突遭大火，毁于一旦。大火结束后，刘太后追究责任人，把王曾轰出了朝廷。

王曾无辜受罚，很多人鸣不平，他们接连上疏，替王曾求情。在这些反对罢黜王曾的奏章中，以滕子京的言辞最为激烈，也最让刘娥受不了。

滕子京告诉刘太后：“天火焚殿，不是因为宰相失德，而是因为太后贪恋权位。若太后还不归政，上天还得降天火，以示惩戒（好像应验了）！”

看完滕子京的奏章，刘娥大怒，就把滕子京轰到地方去了。当然，滕子京也没干什么坏事，无非就是谤议了一下朝政，因此，没过多久，又被朝廷召回来了。

天圣十年（1032 年），刘娥把滕子京调了回来，让他担任殿中丞，管理皇帝的衣食住行。但是，这一次任命，依旧把刘娥气得够呛。

咱们前面讲过，当年的八月，宫城又爆发了一场大火，这场大火不仅差点儿让皇帝变成烤鸭，也摧毁了刘娥那颗称帝的心。

这场大火结束后，滕子京立刻上疏朝廷，再次提出了自己的观点：“我朝是以火德建立的国家，但最近却频频发生火灾，这是什么原因呢？我个人认为——是因为朝廷出现了问题。

“什么问题呢？阴气太重，妇人执政，朝纲不正，政失其本，这才再次引来天火。因此，望太后还政！”

收到这封奏章、看见滕子京的名字后，刘娥大怒！心想怎么又是你！上次骂完了我，还没长记性，这次又骂我，真是忍无可忍！

然而，没有一个人能够想到，第一个发飙的人，竟然不是刘娥，而是他的儿子——宋仁宗。

当时，看完滕子京的奏折，宋仁宗拍案而起，痛骂滕子京大逆不道，并亲自颁布口谕，将滕子京逐出京城，发配地方。

虽然宋仁宗把滕子京驱逐到了地方，但傻子都能看明白，皇帝这是在保护滕子京——把他发配地方，以免遭到刘娥的迫害。

对于滕子京这么一个坚定的“帝党”，宋仁宗又怎么可能去迫害他？

果不其然，明道二年（1033 年），刘娥刚刚病逝，宋仁宗就颁布了一道圣旨，把滕子京调回京城了。滕子京被任命为左司谏，成了一名言官。

殊不知，跟自己的母亲一样，用不了多久，宋仁宗也为当时的这个任命，后悔不已。

咱们前面讲过，刘娥病逝后，宋仁宗没有了管束，他天天宠爱尚美人、杨美人，好好地放纵了一把，并乐此不疲。

按照宋仁宗的想法，自己被压抑这么多年了，放纵几天也没什么。但是，在滕子京的眼中，皇帝如此行事，就不是一个明君所为了。

有一天，在一次早朝时，滕子京突然持笏出列，批评皇帝道："日居深宫，流连荒宴，临朝则多羸倦色，决事如不挂圣怀！"

意思是说：宋仁宗上朝时，哈欠连天，脸色苍白，明显是"荒宴"太多了，这样不好。百官议论朝政，宋仁宗心不在焉，这不是一个明君所为。现在的皇帝，变成了一个被女色掏空了身体，荒嬉国政的"那啥"了……

这番言论太猛了。特别是那句"临朝则多羸倦色"，把宋仁宗上朝时被女色掏空了身体、萎靡不振的模样，描摹得那叫一个淋漓尽致。

可想而知，这样痛骂皇帝，滕子京会得到一个什么样的结局。

宋仁宗大怒，他第一时间颁布圣旨，把滕子京驱逐出京，贬到地方去了。即使面对群臣的求情之声，宋仁宗依旧不为所动。

事实上，宋仁宗这样不讲道理是对的。一旦宋仁宗让步，从宽处理了滕子京，这个所谓的"临朝则多羸倦色"的黑锅，就算是背定了。因此，为了不背这个黑锅，必须严惩滕子京。

在宋仁宗的雷霆大怒中，滕子京被外放到信州，当一个小小的知州去了。当然，即使被贬出了朝廷，滕子京的倒霉事也没完。

后来，滕子京在信州当官时，范仲淹因为得罪了吕夷简，被罢黜出京了。

本来，朝廷罢免范仲淹，跟滕子京没有直接关系，但是，朝廷罢黜范仲淹的罪名是"荐引朋党"，于是，作为范仲淹的死党，滕子京也受到了连带责任——他被朝廷罢黜到了池州，当一个监管酒业的末级小官了。

数年后，滕子京邀请范仲淹来池州游玩，两位好友一起登九华山看日出，一起游秋浦水看日落，一起"居庙堂之高则忧其民，处江湖之远则忧其君"，互助，共勉。

壮志未酬，憋屈，真是憋屈……

然而，他们的这种“微斯人，吾谁与归”的局面，没有持续多久。西夏叛宋后，范仲淹临危受命，成为陕西经略安抚副使，负责抵御李元昊。

范仲淹重新出山后，滕子京也被委以重任，朝廷任命他为刑部员外郎、泾州知州，与范仲淹一起抵御李元昊。

在四年的时间里，滕子京与范仲淹共勉、互相鼓气，两人共同守卫边疆，打得李元昊毫无脾气。

后来，宋朝在经历了“定川寨大败”后，滕子京临危受命，调集全城人马守护泾州城，他在兵弱粮少的情况下，愣是打退了李元昊的进攻，守住了危如累卵的泾州城。

因为这次“泾州大胜”，滕子京一时名声噪起，威震边陲，成了一个“治世之能臣”，可以光宗耀祖、永载史册了。

然而，滕子京万万没有想到，这场大胜，不仅给他带来了名望，还给他带来了一场灭顶之灾。

泾州大捷

庆历三年（1043 年），范仲淹前往京城时，他向朝廷推荐滕子京接替自己的职务，继续抵御西夏军。

就这样，在范仲淹的保举下，滕子京成了天章阁侍制、环庆路都部署、经略安抚诏讨使、庆州知州。他成为宋朝西线四大军区之一的负责人了。

他成为一位手握实权、威震一方的“大帅”，但也成为众矢之的，成为反对派的目标了。

为了反对“庆历新政”、干掉范仲淹的这个左膀右臂，反对派的官员们聚集在了一起，大家集思广益，商讨滕子京的罪证，准备将他扳倒。

功夫不负有心人，在商讨了数天后，大家决定，可以拿“滕子京的那场大胜利”说事，作为扳倒滕子京的突破口。

那么，这是怎么回事呢？反对派们又将如何拿“泾州大胜”说事，把滕子京搞下马呢？

这个故事的缘由，还得从头说起：

庆历二年（1042 年）闰九月，在宋辽谈判期间，李元昊大举入侵，宋朝渭州守将葛怀敏轻敌冒进，结果中了李元昊的埋伏，全军覆没。这场惨败，史称“定川寨之败”。

定川寨之败的消息传开后，沿途的郡县人心惶惶，胆小的百姓开始逃亡内地，军队也无心恋战，全都一哄而散了。

当时，滕子京奉命镇守泾州，这里距离渭州不过百里，如果快马前行的话，半天就可以到达。也就是说，如果李元昊打算攻打泾州，那么在很短的时间内，他就可以兵临城下。

在这种背景下，为了抵御西夏的进攻，滕子京临危受命，他动员了全城的百姓，准备好了守城的兵器，并派使者前往庆州，请求范仲淹派兵支援自己。

滕子京筹划好了这一切后，准备跟西夏军大干一场。

没过多久，西夏军果然来攻泾州，滕子京率军奋力抵抗。一番殊死的搏斗后，虽然泾州守军损失惨重，但还是等来了范仲淹的援军。在援军和泾州守军内外夹击下，西夏军损失惨重，李元昊被迫撤兵。

就这样，凭借着自己顽强的信念和斗志，滕子京打赢了这场以少胜多的战役。

宋军胜利后，滕子京开始巡视全城。结果，这一路的所见所闻，让滕子京悲喜交加，不能自抑。

滕子京“喜”的是，在缺兵少将的情况下，泾州城军民竟然众志成城，打退了西夏军，创造了一个以少胜多的战争奇迹。同样，滕子京“悲”的是，为了获得这个胜利，百姓将士的死伤，也太惨重了点儿。

因为是“全城皆兵”，所以泾州城内的每一户人家皆有死者，无数家庭妻离子散，无数家庭阴阳两隔。偌大的一个泾州城，家家披麻戴孝，户户日夜痛哭，已经成了一座名副其实的“哭城”。

见此情景，为了鼓舞全城的士气，也为了让生者重新振奋，滕子京下令，举办一场大规模的庆功宴，大家好好地喝一顿，忘掉这些悲伤，不醉不归。

当时，滕子京手中有 16 万贯军费，他就从中拿出了 3000 贯，从百姓手中购买了牛、羊、猪等牲畜，大摆宴席，犒赏全城军民。滕子京还在城中寺院内举行了一场大规模的祭祀仪式，超度亡灵，给死难者家属发放抚恤金，等等。

范仲淹听说后，认为滕子京做得很对，毕竟打完仗后，就要举行庆功宴，犒赏三军。要不这样做的话，那才叫新鲜。

范仲淹很欣赏滕子京的这种做法，他还把这件事情上报给了朝廷，并以此为契机，加封了滕子京的官职。

打完仗，举行庆功宴，犒赏三军……在范仲淹的眼中，或者是在朝廷正义之士的眼中，这没什么不妥。但是，在反对范仲淹或者是反对庆历新政的那些“犬儒”眼中，滕子京干的这件事情，就是一件天大的“错事”了。

一场围绕着滕子京的“战役”，慢慢地拉开了序幕。

反对派的进攻

史料记载，为了干掉范仲淹的这个左膀右臂，监察御史梁坚突然发难，他状告滕子京三条罪状，理应处斩，以儆效尤。

这三条罪状，如下：

第一，滕子京未建大功，却大搞宴会，有收买人心之嫌。而且，滕子京在采购期间，欺压百姓，贱买牛羊，中饱私囊，此事泾州城内百姓人人皆知。滕子京这等瞒上邀功、欺压百姓的官员，理应处斩。

第二，滕子京搞宴会时，对奋勇杀敌的将领，赏赐极少；对乐工艺伎，赏赐却极多。有一个艺人唱了一首歌，就得到了二三十斤的赏银。为此，泾州城将士百姓怨声载道，民愤极大。滕子京这等赏罚不公的官员，理应处斩。

第三，滕子京出任泾州知州期间，他利用手中职权，擅自挪用 16 万贯公款，去发放高利贷，以获得利益，中饱私囊。滕子京这等贪污腐败的官员，理应处斩。

欺压百姓，斩；赏罚不公，斩；贪污腐败，斩。三个“斩”字，可谓杀气腾腾，不达目的，誓不罢休……

史料记载，宋仁宗收到这封奏折后，当时就蒙了，他立刻叫来范仲淹，让他解释一番。

范仲淹看完这封奏折后，大怒，他痛骂梁坚卑鄙无耻、混淆是非。为了消除皇帝的戒心，范仲淹告诉了皇帝当时的真相，并对梁坚列举的这三条罪状，一一进行了驳斥。

范仲淹告诉宋仁宗：

“大战之后，泾州城破，军民士气低落，滕子京这个时候举办庆功宴，可以安抚死者、激励生者，这样做，难道有错吗？

“说滕子京贱买牛羊一事，完全是子虚乌有。滕子京购买牲畜时，百姓们知道他要用于犒军，就不要官府的钱，免费送给滕子京了。是滕子京一再坚持，百姓才勉强收下了一些钱。这种事情，怎么能算强行购买呢？

“说滕子京赏罚不公的事情，更是胡说八道！滕子京镇守边关多年，他会不知道将士跟艺伎之间，孰轻孰重？若滕子京不是一个爱民如子的将领，将士们怎么可能众志成城，跟他一起死守泾州城。

“至于赏赐艺伎的事情，是这么回事。当时，滕子京见乐工艺伎们特别辛苦，就举办了一个小游戏，让他们拉弓射箭，射到了标靶，就赏赐一个银质的酒具。这些艺人非常卖力，接连中靶，所以滕子京赏赐给了他们二三十斤的银质酒具，根本不是什么二三十斤的赏银。而且，这些酒具都是镀银的，根本不值钱。”

可见，如果您不明白什么叫作“颠倒黑白、混淆是非”；什么又叫作“欲加之罪、何患无辞”；梁坚指控的这前两条罪状，就是对这些词语最好的注解。

当然了，也就前两条罪状……

史料记载，解释完了这些事情后，范仲淹想了一会儿，继续对宋仁宗道：“至于说滕子京挪用16万贯公款的事情，更属子虚乌有。陛下您知道，16万贯公款呀，那是1.5万宋军将士的军费，滕子京就是有再大的胆，也不敢挪用这笔钱。但是，说滕子京发放高利贷之事，却属实。”

范仲淹话音未落，宋仁宗彻底炸了，他大骂道：“好一个滕子京，竟然敢私自发放高利贷，真是反了他！”

范仲淹道：“陛下息怒，虽然滕子京发放高利贷一事为法所不容，但请陛下开恩，放滕子京一马。毕竟这种放高利贷的事情，在边境比比皆是。臣也干过这种事情，若陛下治罪，也请将臣一起治罪吧。”

一听这话，宋仁宗大惊道：“爱卿，此言何意？这等违法的事情，你也干了？”

范仲淹道：“请陛下息怒。陛下您想，边关开支浩大，但朝廷下拨的经费又严重不足，这种情况下，让边关将士怎么办呢？只能自己想办法挣钱了。臣当年就放过高利贷，挣了2万贯钱，臣把这些钱充作军饷了。只有这样，才能维持军队的正常开支。因此，臣建议，只要滕子京没有把这些所得放入自己腰包，就不算贪污腐败。臣恳请陛下既往不咎，让他戴罪立功。”

这番话，说得宋仁宗无言以对，只能沉默不语。

见皇帝不语了，范仲淹向前一步，大声道：“启奏陛下，滕子京担任环庆路都部署以来，四州二十六城五万士兵，对他的评价都不错，他要是有什么劣迹，早就被告发了，为什么这么久了，都没有人来告发他？为什么现在这个时候，梁坚却突然告发滕子京？其中必有缘故，还望陛下明察。”

宋仁宗明白范仲淹的意思，梁坚告发滕子京，就是反对新政的人布的一个局。这些人想以此事为契机闹事，浑水摸鱼，干掉滕子京，再把范仲淹拖下水。

虽然皇帝明白范仲淹的意思，也相信范仲淹的为人，更相信他推荐的这个滕子京的为人。但是，事已至此，皇帝若不派人去处理此事，岂不是有失公平？这种不闻不问，也难以给文武百官一个合理的解释。

最终，因滕子京饱受争议，已无法再处理政务，宋仁宗免去了滕子京环庆路都部署的官职，让他到凤翔当知府去了。

与此同时，皇帝决定派人去泾州城调查此事，看看梁坚和范仲淹的话，到底谁的属实，好给天下一个交代。

那么，派谁去调查此事呢？

这个人选，至关重要。当时，为了避嫌，宋仁宗不能从范仲淹的中书省、富弼的枢密院，欧阳修的御史台处选人，只能从别的部门另开炉灶。

选来选去，最终，宋仁宗选择了一个合适的人选——太常礼院的博士燕度。

在宋朝的编制中，太常礼院是一个掌管礼仪、祭祀的部门，一直独立于朝廷“三大势力”（中书省、枢密院、三司使）之外，宋仁宗选择这么一个独立的部门来调查此事，确实是一步妙棋。

而且，在皇帝的眼中，太常礼院的博士燕度，老成持重，曾经在三司衙门干过，表现不俗，可堪大用。

原来，当年燕度在三司衙门上班时，他做的第一件事情，就是上奏朝廷，允许监察御史进驻三司衙门，随时监督那些有腐败嫌疑的官员。

燕度此言一出，朝廷立刻炸开了锅。在群臣眼中，燕度此举完全是无事生非。派监察御史监督官员，挑明了就是不信任官员呀，要知道“士可杀不可辱”呀，你这么搞，谁受得了？

对于这些反对意见，燕度据理力争，他告诉皇帝，官员贪污问题已经十分严重了，十个里面有九个贪的，最后的一个也正打算贪，因此派监察御史监督官员，完全合理。而且，身正不怕影子斜，官员没做亏心事，为什么怕人家监督检查？

为了这个问题，双方闹得不可开交，宋仁宗为了平息民怨，只能把燕度调走了。但是，燕度凭这条建议，还是给宋仁宗心中留下了一个“直言进谏、秉公守法”的好印象。所以，这次选择调查官员时，宋仁宗没有一丝一毫的犹豫，就选择了这个公平、正直的燕度。

皇帝相信，燕度是一个“公平正直”的人，他来处理此事，不会让自己失望。

可惜的是，燕度还是让皇帝失望了，因为宋仁宗在任命他时，忽略了一个细小的问题——关系。

从一开始，燕度就跟范仲淹、欧阳修等人不和，甚至有仇。而且他的背后，还有一个盟友王拱辰。这个人也无时无刻不想搅黄庆历新政，把范仲淹、晏殊等人拖下水。

那么，燕度、王拱辰为什么跟范仲淹等人有仇呢？

对于这个问题，我只能说——都是欧阳修那张破嘴惹的祸！

欧阳修的恩怨录

燕度和范仲淹、欧阳修等人的仇恨，还得从头说起：

庆历年间，有一年京城大旱，欧阳修便借题发挥（他每一次都借天灾说事，一直如此），说什么之所以京城干旱，是因为朝中有奸臣了，还望皇帝推行改革、纠察百官，把这些贪官污吏轰出去，这样上天就不会干旱了。

当时，听完欧阳修的这番言语后，翰林学士苏绅对此不屑一顾，甚至对他的言论极其反感。

在一次宴会时，苏绅就发表了一番言论，他痛骂欧阳修言过其实，仿佛天底下除了他们那一伙人，就没有好人了。在他的眼中，欧阳修就是一个“不通经义，妄加引申”的可笑之人。

可想而知，欧阳修听到这番言论后，将燃起多么大的复仇烈焰。虽然晚年时，看破一切的欧阳修脾气很好，但当时的欧阳修正值壮年，其秉性就八个字——疾恶如仇、脾气暴躁。

听完苏绅的言辞后，欧阳修当时就发誓，一定要弄死苏绅，否则誓不为人！

话虽如此，但欧阳修发现，想弄死苏绅，不是一件容易的事情。因为这个苏绅，工作兢兢业业，态度认真负责，生活更没有一点儿绯闻（这点儿比自己强）……对于这么一个人，你还真找不出他的把柄。

后来，见无法从苏绅身上做文章，欧阳修就将魔爪伸向了他身边的人，他准备弹劾苏绅的门生、亲戚、朋友等人，来一个“城门失火，殃及池鱼”，把苏绅拖下水。

很快，欧阳修就找到了一个合适的人选。这个人就是苏绅的朋友，他推荐的太常博士——马端。

在一番详细的调查后，欧阳修发起了进攻，他上疏宋仁宗，痛骂马端人品低劣、对母不孝、难堪大用，必须将其轰出朝廷，永不录用。

欧阳修的理由是：

马端的母亲是一个淫妇，多次与人私通，马端不去劝阻母亲这种伤风败俗的行为，反而将母亲告上了公堂。他将母亲的糗事昭告天下不说，还让母亲挨了板子。如此不孝之人，怎能为官？一个连母亲都管理不好的人，怎能帮助皇帝管理天下？所以，马端这种“小人”应被轰出朝廷，永不录用。

此外，正所谓“物以类聚、人与群分”，马端是一个小人，推荐马端的苏绅的人品，也可想而知。不然的话，苏绅为什么推荐马端为官？只有臭味相投的人，才会互相帮助。因此，欧阳修建议，把苏绅这种“小人”也轰出朝廷，永不录用。

结果是——皇帝听从了欧阳修的建议，真的把苏绅、马端轰出朝廷，贬到外地去了。

通过一封奏折，欧阳修在不动声色之间，就达到了自己的目的，获得了一场“胜利”。

当然了，欧阳修根本不知道，他的这场胜利，会让他成为众矢之的，并迎来一场彻底的惨败。

因为，欧阳修在轰走苏绅、马端的同时，也得罪了两个人，两个不应该得罪的人。

这两个人，就是太常礼院的博士燕度和他的盟友监察御史王拱辰。

要知道，马端就是燕度的下属。下属无故被贬，燕度焉能服气。而且，在他的眼中，欧阳修完全是疯狗咬人，胡乱告状。

在燕度的思维里，马端身为人子，能阻止母亲出轨吗？肯定阻止不了呀。既然阻止不了，又不让母亲这样做，那就只能对簿公堂了。

所以，马端的这种做法，实是一个“大义灭亲”的正义之举，理应表扬才是。结果呢？马端的这种做法，却成为被欧阳修攻击的把柄了，他还因为这件事情下了岗。这让燕度气愤无比，心中无法释怀。

经过马端这件事情后，燕度暗自下定了决心——今生今世，决不跟欧阳修等人为伍。有他没我、有我没他，这事没完！

那么，燕度的盟友王拱辰，又是怎么参与进来的呢？

这个问题非常简单，因为苏绅除了马端这个好友，还有另外一个好友，就是王拱辰。

史料记载，苏绅与王拱辰的关系非常好，双方是“无话不说”的好朋友。

受到不公平待遇后，苏绅就找到了王拱辰，向他哭诉自己的委屈，而王拱辰也第一时间表态——若有机会，一定替你报仇雪恨，让欧阳修等人血债血偿。

当然，王拱辰之所以这样说，除了替好友打抱不平，更多的原因，则是为了自己。

王拱辰这个人，跟富弼“有仇”，跟欧阳修也“有仇”，誓要把革新派打下来。

那么，王拱辰为什么跟富弼有仇呢？

这个问题，说来比较搞笑，是因为那场与辽国的“外交”，导致了这两人彻底绝交。

原来，当时辽兴宗在敲诈宋朝时，曾经派遣了萧特默、刘六符出使宋朝，跟宋仁宗谈判。

萧特默面见宋仁宗后，提出了四个问题，让宋朝回答。

第一个问题，周世宗占领的关南十县，是辽国的故地，宋朝为何不归还？

第二个问题，李元昊是辽国的女婿，且已向辽称臣。宋兴师伐夏，为何不事先告知？

第三个问题，两国有协议在身，宋朝为何在边界擅自增筑工事、添加驻军？

第四个问题，当年宋太宗进攻燕蓟，师出无名，请给一个合理的解释！

辽国提出的这四个问题，前三个都好解释，富弼出使辽国时，已在辽国大殿上一一做出了回应。但是，这第四个问题，让宋朝君臣困惑不已，大家都不知道如何解释。

咱们都知道，宋太宗当时出征辽国，完全是脑袋一热、独断专行的结果。宋朝确实师出无名，这怎么解释呢？

最终，对于这个满朝文武无计可施的困难问题，只有王拱辰，给出了一个完美的答案。

王拱辰告诉宋仁宗："河东之战，是宋太宗诛灭北汉伪君之战，本与辽国无关，但辽国进犯石岭关，暗中派兵援助北汉贼人，太宗皇帝对辽人的反复无常感到愤怒，这才在平定刘继元后，下令北征，讨伐辽国。是辽国有错在先，怎么能说是宋朝出兵无名！"

听完这个解释后，宋仁宗大喜，告谕执政大臣："若不是王拱辰详细知道过去的事情，几乎难以回答。"

史料记载，虽然在与辽国的谈判中，王拱辰解决了一个大难题，立了一个大功。但在出使辽国、和谈凯旋的富弼面前，王拱辰的功劳就太渺小了，甚至可以忽略不计了。因此，在论功行赏时，朝廷就没有给王拱辰任何赏赐。

建立这么一个"大功"，没有得到任何好处，这样的结果，已经让王拱辰不甘了。后来，在短短一两年间，王拱辰眼睁睁看着比自己官职小的范仲淹、富弼等人，官职如火箭般地上升，接连冲到了自己的前面，这就更让他羡慕、忌妒、恨了。

眼看他们初乍到，眼看他们起朱楼，眼看他们宴宾客，眼看他们娶娇娥……自己这边啥都没有，楼还快塌了！这样的结果，让王拱辰情何以堪？

你要是王拱辰，目睹了这一切后，也会变成兔子，气红了眼！

后来，欧阳修一个不经意的建议，彻底激怒了王拱辰，他终于决定——跟整个革新派对着干了。

当时，有一天朝会，大家议完事情后，王拱辰向宋仁宗建议："如今国事甚多，如果按照以前只有初一、十五两天召集官员的制度，恐难解决事情。臣建议，取消旧制，群臣若有事情，可随时要求进宫面圣；皇帝若有事情，也可以随时召见官员开会。"

按照王拱辰的想法，打破祖宗立下的规矩，让官员与皇帝可以随时交流经验，将对推行新政起到显著的作用。这样一来，皇帝和革新派的大臣们必定会感谢自己，自己也就……呵呵。

然而，王拱辰万万没有想到，自己的这个"热脸"，却结结实实地贴了一回"冷屁股"。

当时，听完王拱辰的建议后，宋仁宗先是一愣，随后解释道："朕想召见大臣，怎么能仅限于初一、十五两天呢？现在，朕就可以随时召他们入宫；这些大臣有事，也可以随时找朕商量。"

这里的潜台词是——我们早就这么干了，你难道不知道吗？

听完皇帝的话后，王拱辰大吃一惊，下朝后，他找来一个宦官，了解了整个事情的原委。

原来，早在王拱辰上疏前，欧阳修就秘奏了皇帝，取消了两天召见大臣的制度。现在的群臣，早就可以随时开会了。

得知这个结果后，王拱辰大怒。别人提这个建议也就算了，他欧阳修就不行！

因为，欧阳修是王拱辰的下属！下属瞒着领导吃独食，还让领导当众丢脸，真是大大地可恶！

饶不了你！

于是，为了惩治欧阳修，为了反对支持"庆历新政"的那拨人，王拱辰主动找到了燕度，与他建立了"反对者同盟"，一起对付范仲淹等人。

也就是说，皇帝让燕度去调查滕子京，等于是派去了一个"仇人"。这样的结果，也就只剩下那四个字——可想而知。

小人的复仇

庆历三年（1043 年），为了调查滕子京“贪污腐败、赏罚不公、挪用公款”一案，皇帝命燕度出使泾州。

然而，皇帝根本不知道，他眼中这个“公平公正”的人，其实跟革新派有仇。

燕度此次前来，是带着太常礼院、御史台的愤怒的“火焰”而来，他不烧死滕子京，决不归返！

燕度带着火焰而来，滕子京这边，也已“烧”得够呛。

得知梁坚状告自己“三大罪状”后，滕子京气得不行，都可以用怒火去烧开水了。

在滕子京的眼中，梁坚是一个卑鄙无耻、栽赃陷害的小人。当时，若不犒赏三军，如何鼓舞士气？自己一心为国，竟然被人这样陷害，真是气炸我也！

一想到这些，滕子京就想进京，去跟梁坚拼命，但转念一想，宋仁宗是一个英明神武的皇帝，必不会听信这些谣言。朝中还有老友范仲淹为自己解释，一定能还自己一个清白。既然如此，就不进京了，以免授人话柄、再生事端。

可是，滕子京万万没有想到，自己忍辱负重、千盼万盼的结果，竟然不是朝廷还自己清白，而是此事被越描越黑。

为了还自己一个清白，滕子京已经准备好了所有的账本，只要朝廷一一核实，那些什么“挪用军费、贪污腐败”的说辞，就都不攻自破了。

然而，燕度到达泾州后，根本不理会这些账本，反而下令调查泾州城所有的官员，让他们交代滕子京的“罪行”。若不交代，燕度就下令拷打他们，逼迫他们做伪证。

燕度一心想把滕子京的案子做大、做实，他不惜严刑逼供，要这些人交代滕子京的罪证。然而，这些官员非常敬重滕子京的为人，即使挨了板子，也决不胡说，更不会栽赃陷害。审了半天，燕度也没有审出那些所谓的“罪证”，只能把这些人都释放了。

一计不成，燕度再生一计。既然从这里找不到突破口，他就开始审讯那些西夏俘虏。燕度希望西夏俘虏能够篡改口供，给滕子京一个“里通外国”的罪名。

然而，事实证明，虽然西夏人没受过什么“高尚”的教育，但是他们的为人处世，也比那些所谓“高尚”的人高尚得多。

不管燕度如何严刑拷打，西夏俘虏也死不改口，没有一个人去冤枉滕子京。

得到这个结果后，燕度欲哭无泪——这是一个什么世界呀？老子就想害一个人，怎么这么难呀！

最终，恼羞成怒的燕度不管不顾了。在他的眼中，既然泾州没有人“诬告”滕子京，那就索性把整个西线军团翻一个底朝天！

我就不信了，这么一个庞大的西线军团，难道都是好人？从这里面找出一两个败类，让他们诬告滕子京，也会这么难？我就不信了……

在这种思想下，燕度下令，扩大调查范围，调查整个西线兵团，抓捕张亢、狄青、种世衡等人，看看他们有没有贪污腐败、挪用公款。如果有的话，就以这些罪证为把柄，让他们诬告滕子京。

此令一出，衙役们立刻到处抓人。一时间，滕子京一人的贪污受贿案，竟然越滚越大，把无数的官员卷了进来。

最终，这个案件卷进来多少人呢？

史料记载，抓捕的人太多了，泾州的监狱竟然“爆满”了。剩下的犯人，只能关在衙门了。后来，衙门也爆满了，只能关在军营了。

可见，为了把滕子京的案件“坐实”，燕度是多么地尽职尽责、多么地尽心尽力。当然了，他这样做的结果，也只能是天怒人怨、群情激愤了。

燕度胡乱抓人的消息传到京城后，满朝文武震惊，皇帝也惊了。谏官欧阳修第一时间上疏朝廷，要求宋仁宗马上下诏——停止这种抓捕行动，撤换燕度，另派他人调查此事，以平息民愤。

欧阳修告诉皇帝：“燕度在泾州胡作非为，已经惹得天怒人怨了，若再不把他召回来，泾州就要兵变了。而且，燕度将张亢、狄青、种世衡等人下狱，纯粹是‘亲痛仇快’之举。若此时西夏趁机入侵，何人领兵？难道让燕度披挂上阵吗？”

欧阳修还告诉皇帝：“张亢、狄青等人贪污受贿，完全是子虚乌有的事情。退一万步说，就算西线诸将有挪用公款、赚取利益之事，但只要这些钱没有落入个人腰包，就不算贪污受贿！朝廷切不可为了这么一点儿蝇头小利，就问罪于边关大将。若对此事穷追不放，只能让将军含冤、将士寒心。届时，边关战事一起，谁还肯为朝廷卖命？”

欧阳修的这篇文章，字字精辟，句句诛心，宋仁宗看完以后，发现事情确实不妙。为了不让事情进一步恶化，宋仁宗马上颁布了一道圣旨——命燕度释放了所有官员，办案不得枝蔓，速回京城结案。

此谕令一出，欧阳修如释重负，而燕度则郁闷不已，他只能释放了所有官员，草草结案，回京复命了。

回到京城后，燕度没有第一时间去复命，他偷摸来到了王拱辰的府邸，向王拱辰报告了调查的结果，并请示下一步行动方案。

听完燕度的汇报后，王拱辰想抽死他。

调查了那么久，抓捕了那么多人，却一点有用的证据都没找到，真是一个该死的书呆子，成事不足，败事有余！

骂归骂，事情还得办。在思索了半天后，王拱辰告诉燕度：“事已至此，只能用现有的证据立案了。咱们可以从‘滕子京私自焚烧账目’一事入手，死死咬住这点，或许能将滕子京拖下水。”

原来，在燕度审讯期间，滕子京见他守着现成的证据不用，反而四处抓人，心中愤怒无比。后来，滕子京越想越气，在一次酒醉后，竟然放了一把大火，把这些账本都给烧了。

本来，滕子京不烧账目，证据确凿，燕度、王拱辰等人拿他一点办法都没有。火烧账本，那就明摆着是“毁尸灭迹”了。这种主动送上门的“大礼”，这些人焉能不收？

第二天早朝时，燕度持笏出列，回禀了这次调查的结果：“启奏陛下，臣此次前往调查，收获颇多。西线诸位将领，皆有挪用公款、赚取利益、中饱私囊的行为，其中滕子京更甚！臣在调查期间，虽然没有其他官员站出来做证，但滕子京火烧账目一事，已足以说明一切。定是这厮害怕朝廷追究，为了掩其罪行，才火烧账本，想来一个查无实据、不了了之。这样的人，其行可厌、其心可诛！”

燕度说完后，群臣立刻炸开了锅，有要求严惩不贷的，也有要求从宽处理的。大家你一言我一语，彻底吵成了一片。

在这喧杂的声音中，宋仁宗也不阻止，他只是看着范仲淹，沉默不语。

来吧，爱卿。你的人出事了，解释一下吧。

群臣嚷嚷了一阵后，见大家声音小了，范仲淹持笏出列道："启奏陛下，燕度此番言论纯属栽赃陷害，皆是虚妄之辞。没错，滕子京确实挪用公款了，西线诸位将领也都干了。但他们干完后，分文未入私囊，这就不构成贪污之罪。而且，虽然滕子京私自烧毁账本有错，但燕度调查后，也没有发现新的证据证明滕子京贪污。既然如此，朝廷就不应该治滕子京贪污受贿之罪，还望朝廷对其宽大处理。"

最终，范仲淹给出的处理意见是——无论是从案件的本身出发，还是从西线军民的感情入手，朝廷都应该对滕子京从轻发落，以安民心。

范仲淹说完后，朝廷又展开了一轮激烈的讨论。这时，王拱辰持笏出列，大声嚷嚷道："启奏陛下，范仲淹这么说，明显是在护犊子！大家都知道，范仲淹与滕子京乃多年故交，关系莫逆。如今，滕子京明知钦差前去调查，他还烧毁账目，罪同欺君，其心可诛。范仲淹这样堂而皇之包庇滕子京，也罪同欺君，其心可诛。因此，朝廷应严惩滕子京，将范仲淹轰出朝廷，这样才能给天下人一个说法，维持国家的公平！"

一听这咄咄逼人的言语，范仲淹毫无惧色，他摘下帽子，跪在地上，对宋仁宗道："如今，滕子京确实有罪，臣有举荐失察之罪，请皇帝罢免了臣宰参知政事之职，发配地方，以平民愤。只是，滕子京是一个爱民如子、力挽狂澜的将才，请皇帝一定要为国惜才，轻判滕子京。"

范仲淹竟然跟皇帝干起了辞职的事情，这件事情还怎么议。见此情景，宋仁宗只能宣布退朝，改日再议。

散朝后，宋仁宗召集了"保持中立"的章得象、晏殊、杜衍三人，问他们如何处理此事。

三人之中，章得象和晏殊沉默不语，无话可说。因为，虽然在皇帝的眼中，他们是"中立派"，与"改革派"和"反对派"没有任何的交集，但是，他们其实是"反对派"，只是藏得比较深罢了。

这哥俩之所以是"反对派"，道理很简单。按照惯例，罢免升降官员的大权，应该是宰相的"专属权力"。可现在呢？为了推行新政，宋仁宗特别下诏，允许范仲淹、富弼"便宜行事"、可自由罢免官员。

也就是说，章得象和晏殊的"权力"被范仲淹等人夺走了，这哥俩心中要是没有怨言，那才叫见了鬼。

因此，在整个“庆历新政”中，章得象和晏殊都选择了沉默，不支持、不合作，甚至未来还落井下石，其原因，就在于此。

最终，范仲淹就是栽在了章得象的手里。当然了，这些都是后话。

当时，章得象和晏殊不说话，杜衍是革新派的人，他开口了，杜衍请求从轻发落滕子京，理由就四个字——“维护新法”。

一语惊醒梦中人，杜衍的一句话，让宋仁宗醍醐灌顶、茅塞顿开。他立刻明白这个问题的关键点。

对于宋仁宗而言，现在是变法的关键时刻，一旦不支持范仲淹等人，让百官看出皇帝与革新派之间有隔膜，他们就会群起而攻之，到时候这种弹劾革新派官员的奏折，只会越来越多。最终，再强大的革新派，也会被反对派彻底撕裂。到了那个时候，自己的这场变法，也只能无疾而终了。

想明白这些后，宋仁宗立刻颁布了一道圣旨：“张亢、狄青等人，虽然挪用公款，罪名当诛，但念其对国家有功，仅略加训斥一番便可，不予追究，让其戴罪立功，以报国家。至于滕子京，他挪用公款，是实；焚烧账本，是实；欺君犯上，也是实；将其降为虢州知州，以儆效尤。”

当然了，虽然降了滕子京的官职，但宋仁宗要了一个小心眼，他没有改变滕子京的待遇，还是让他拿相同的工资，也算是给范仲淹一个大大的面子了。

当时，此判决一出，范仲淹长舒一口气。在他眼中，看来皇帝还是信任他的，还是支持改革的！

同样，此判决一出，王拱辰彻底怒了。在他眼中，滕子京犯了那么多的事情，竟然只是降级处理，薪水待遇还不变，皇帝是不是太偏心了点！

这样的结果，让王拱辰无法接受，他也不可能接受。于是，王拱辰跑到皇宫门口，要求面圣，他要跟皇帝好好说说此事。然而，聪明的宋仁宗早就知道他会来，他特别下令，不许王拱辰进宫。不管他干什么事情，说什么话，都不许他进宫。

无法进宫，王拱辰义愤填膺，他索性跪在了大殿上，历数滕子京的条条罪状，要求皇帝改判，以正视听。然而，不管王拱辰说什么，皇帝就是不许他进宫。

最终，见皇帝根本不见自己，王拱辰索性把帽子一扔，辞官回家了。

这一下子，事情彻底闹大了。

要知道，王拱辰是什么官职？他是监察御史，本职工作就是弹劾官员、监督君主。如今，御史竟然辞官回家了，这是整个仁宗朝都没有发生过的事情，即使放在整个宋朝的历史中，也极为少见。

何况，王拱辰这个人，还是监察御史的“首领”。

就这样，在首领的“号召”下，一个王拱辰倒下了，千万个王拱辰站了起来。第二天，所有的监察御史和太常礼院的官员们，集体来到了皇宫门口，嚷嚷着要进宫面圣，必须严惩滕子京，以正国法。

当时，皇宫门口一片混乱，各种争持之声不绝于耳、吵声一片。杜衍苦口婆心劝说大家“要冷静，不要继续闹了”，但没有一个人理他。章得象和晏殊则站在一边，就这么冷眼旁观，对此事一点也不过问。

一群人在家门口玩命嚷嚷，终于把皇帝惹怒了。宋仁宗下令，宣王拱辰入宫，他要好好地跟这个“带头大哥”聊聊了。

王拱辰来了以后，见皇帝一脸铁青，他不敢说话，只能跪在那里，沉默不语。

过了好一会儿，宋仁宗这才开口道：“王爱卿身为言官，理应顾全大局，不要因为政见不合，就撂挑子不干。如此一闹，爱卿得到一个敢于直言进谏的美名，却置朕于何地？”

王拱辰刚想解释几句，宋仁宗对他一摆手，继续道：“当然了，爱卿的建议，朕也会好好考虑的。只是，以后你不要再这样干了。行了，你可以跪安了。”

宋仁宗这么说，就是在暗示王拱辰：“你的用心，我是知道的；你的小伎俩，我也是门清的。从此以后，不要再纠结滕子京一案了。只要你放弃这个案子，朕一定不会亏待你！”

大家都是明白人，宋仁宗这么一说，王拱辰立刻听出了里面的意思，他马上磕头跪安，出宫去了。

出宫后，王拱辰立刻叫来燕度等人，告诉他们，不要再闹了，全都散了吧。众人一看，领导都这么说了，就赶紧散伙了。

几天后，在一个早朝，宋仁宗颁布了一道圣旨，罢免滕子京虢州知州一职，改任岳州知州。同时，罢黜滕子京天章阁侍制一职。

滕子京罢免至岳州后，范仲淹对老友的事情义愤填膺，对老友的遭遇也懊恼不已。后来，因为怀着一颗愧疚之心，滕子京修建完岳阳楼后，范仲淹送给他一篇千古名文，以作勉励。

这篇千古名文，就是大家耳熟能详的《岳阳楼记》。

至此，滕子京一案，就以这样的结局彻底落幕。而在这背后，则是几家忧愁哀怨，几家欢喜鼓舞……

本来，按照皇帝的意思，在这个案件中，他对朝中两大派系各打五十大板，对他们“一视同仁”。这样的结果，就可以让他们放弃成见、共同变法了。

然而，这只能说是宋仁宗的一厢情愿。

可不是吗？这两派势如水火，他们怎么可能会和好如初？宋仁宗唯一的调解办法，要么就是打死滕子京，废除这个新法；要么就是力挺滕子京，维持新法。皇帝现在的做法，等于是对“反对派”妥协了。反对派们尝到了“干掉滕子京”的好处后，他们怎么可能会偃旗息鼓，不再得寸进尺？

于是，一场更大规模的进攻，奔着范仲淹而来。

孰料，让反对派们惊讶的是，他们还没有进攻，革新派就内讧了，自己把自己给“解决”了。

第二章 『修建水洛城』事件

再起波澜

如今，很多史料在总结“庆历失败”原因时认为，范仲淹的下岗，是“庆历新政”失败的转折点。其实，这是一个天大的误区。

“庆历新政”失败的真正转折点，应该是那个“修建水洛城”事件。

这件事情，成了革新派分裂的开始，彻底摧毁了“庆历新政”。

那么，这个“修建水洛城”事件，是怎么回事呢？

这还得从头说起：

水洛城，位于现在甘肃省庄浪县境内，是抵御西夏的军事据点。

水洛城还是宋朝重镇秦州的一道天然屏障，西夏军队若想攻陷秦州，必须经过水洛城。反之，宋朝想守住秦州，也可以用水洛城当防线。

此城由于特殊的地理位置，成为宋夏两国的一个缓冲地带。

当时水洛城居住着铎厮那部落，其首领，叫魁首铎厮那。这个人手下有两万多士兵，十余万百姓。宋朝来了，魁首铎厮那就对宋朝称臣；西夏来了，他就对西夏服软。多年来他首鼠两端，既接受宋朝的封号，又拿着西夏的物资，倒也逍遥快活。但是这种逍遥快乐的日子，伴随着宋朝与西夏的和解，被迫戛然而止了。

本来嘛，水洛城就是一个小城，要吃没吃，要喝没喝，平时宋夏打仗，两方都求着魁首铎厮那，他要什么，宋夏就给他什么，恨不得加倍。但现在双方罢兵休战了，魁首铎厮那就被宋夏彻底抛弃了。

明白了自己的处境后，魁首铎厮那做出了一个决定——率众投降宋朝，请求依附。

得知魁首铎厮那要投靠后，宋朝很高兴，毕竟水洛城有十余万百姓、数万番兵，是一股非常强大的力量。这股力量不仅可以用来对付李元昊，对于缓解秦州乃至整个西线的军事压力，也将起到极大的作用。

于是，收到魁首铎厮那请求依附的信件后，宋仁宗第一时间就同意了，派静边寨寨主刘沪前往水洛城去接收。

然而，等刘沪到了水洛城后，却发现事情不妙。

因为，他中了埋伏了。而魁首铎厮那也早已身首异处，被手下杀害了。

原来，虽然魁首铎厮那想投靠宋朝，但他的手下却不这么想。大家认为，宋朝人多，咱们这点人去了，不过是锦上添花；西夏弱小，咱们去了，则是雪中送炭。孰重孰轻，一目了然。因此，这些手下就想叛宋归夏。

此外，这里面还有一个重要的事实——宋朝的士兵贪生怕死，不能打，没法保护咱们；西夏的士兵能征善战，那些士兵要是攻打水洛城的话，到时候咋办？

就这样，首领想投附宋朝，手下却想依附西夏，双方出现了矛盾。最终，反对派们联起手来，摆了一桌鸿门宴，把魁首铎厮那杀死了。

魁首铎厮那死后，水洛城的王氏一族掌握了大权。就在这个时候，倒霉的刘沪率领一千人马，来到了水洛城……

看见宋军后，王氏一族极其高兴——天降横财呀！宋朝送给咱一个“大礼包”。哥几个，赶紧砍了这些人，作为投靠西夏的见面礼。

说干就干，王氏一族立刻率领数万士兵出征，瞬间把一千多宋兵包围了。只是，当时天色已晚，不宜进攻。王氏一族下令，全军休息，明天天一亮，再去砍了这些宋军——让你们再活一晚，也算是对你们“仁至义尽”了。

殊不知，还不知道谁对谁“仁至义尽”呢。

如果王氏一族了解刘沪外号由来，也就明白他为什么敢带一千骑兵来招降；那么接下来的战争，他们也就不会输得那么彻底了。

史料记载，刘沪是一个猛将。宋夏交战时，为了抵御西夏军，所有的山寨都选择了“坚壁清野、紧关城门”的战术，唯独这个刘沪反其道而行之，他大开寨门，张开怀抱，毫不畏惧地等待着西夏军。

因为刘沪的这种壮举，边关百姓就送给他一个雅号“刘开门”。刘沪的勇猛程度，可想而知。

刘沪勇猛无比，他的士兵也都是勇猛之士。虽然这次来水洛城时，刘沪只带了一千士兵，但都是他的精锐士卒，个个以一敌十。即使被数十倍敌军围困，这些士兵也毫不畏惧。

当时，刘沪被围困后，没有丝毫的畏惧，他下令，敌军不过是一些乌合之众，全军踏踏实实睡觉，明日随他出阵，重创敌军。

第二天天亮后，刘沪下令全军在敌军看得见的地方吃饭，且一定要吃得慢、吃得欢，以鄙视敌军、提升本方的士气。

刘沪的这种心理战术，确实起到了奇效。敌军见宋军如此“目中无人”全都蒙了。王氏一族不知道刘沪葫芦里卖的什么药，以为这是宋军的诱敌之计，不敢贸然进攻。

僵持的局面一直持续到了中午，王氏一族确定附近只有这一支孤立无援的部队后，才全线进攻。

白白熬了一个上午，蕃军就是有再高的士气，也会被消磨。面对这些士气低落的蕃军，刘沪占据有利地形，沉着应战，指挥步兵组成了一道坚不可摧的防线，并命令弓弩手用弓箭好好“款待”对方，务必让其“满意而归”。

一时间，宋军万箭齐发，密集的弓箭遮天蔽日，瞬间就射死了数千冲锋的蕃军。蕃军本来就不是正规军，且士气低落，见此惨状后，蕃军二话不说，掉头就跑，任凭王氏一族如何督战，也不肯效力了。

蕃军溃逃后，刘沪下令追击。在他的指挥下，一千宋军如猛虎下山、蛟龙入海一般，瞬间就冲到了数万敌军的阵中，他们左右冲杀，如入无人之境，直杀得敌军尸横遍野、血流成河，方才停止。

最终，刘沪率军一鼓作气，杀退了数万番兵，一举攻陷了水洛城，水洛城的王氏一族也被刘沪擒获了。

抓获了这些首领后，刘沪问了一个很“搞笑”的问题：“你们是服还是不服？”

一听这话，诸位首领都蒙了——这叫什么问题，让我们怎么回答？

刘沪继续道：“服，你们就投降宋朝，我必上奏朝廷，不仅对你们的事情既往不咎，还对你们加官晋爵。不服，那也好办，我现在把你们放了，咱们约定时间，择日再战！”

诸位首领一听，这有什么好选的，傻子才愿意继续开战！于是，大家立刻表态，从此以后，一心一意依附宋朝，永不再叛。

只不过，在投降宋朝时，这些首领们还有一个顾虑，他们担心会惹怒西夏，万一西夏出兵攻打，以水洛城现在的低矮城墙，很难守得住。因此，这些首领提出了一个条件，这个条件就是——大宋出钱，水洛城出工，大家一起修筑水洛城。

对于这个条件，刘沪虽然同意，但却无法做主。于是，他上奏自己的顶头上司郑戬，恳请朝廷拨款，修筑水洛城。

郑戬收到奏折后，继续上奏，把刘沪的想法告诉了范仲淹。范仲淹也继续上奏，把刘沪的请求告诉了宋仁宗。

宋仁宗觉得此事可行，毕竟朝廷接收水洛城后，也得花钱修城。如今水洛城的百姓自愿修城，这就等于给朝廷省了一半银子。这样的事情，何乐而不为呢？

于是，宋仁宗大笔一挥，命令户部拨款，让刘沪修筑水洛城了。

得到了朝廷的同意，刘沪非常地高兴，他开始组织人马，修筑水洛城了。

然而，谁也没有想到的是，一个人的强烈反对，差点毁了此事。大家更没有想到的是，这个人的强烈反对，还将小小的“修筑水洛城事件”，演变成了一场“危害江山社稷”的重大政治事件。最终，这个事件不仅让西线将领们发生了分歧，差点爆发一场大规模的兵变，而且范仲淹率领的“革新派”竟然为了这件事情争吵不休，最终分裂了！

那么，这到底是怎么回事呢？这个强烈反对修筑水洛城的人，又是谁呢？

革新派的“内讧门”

史料记载，庆历三年（1043年）九月，朝廷同意了刘沪的请求，开始修筑水洛城。然而，没过多久，一个人就上疏朝廷，强烈反对，要求朝廷停工。

这个人，就是革新派的核心人物，枢密副使——韩琦。

当时，韩琦为了反对修筑水洛城，提出了16条不可修的理由，其中的核心内容有三。

第一个反对理由，水洛城意义不大，没必要修。

韩琦认为，刘沪之所以要修筑水洛城，是因为水洛城的特殊地理位置，它是通往秦州的必经之路，是兵家必争之地，等等。其实，若在数年前，刘沪的这个理由很充分，但现在已经今非昔比了。如今，宋军已经在黄石河附近开通了一条新的通道，从渭州到秦州，已经不再需要通过水洛城了。因此，如今的水洛城已经失去了战略意义，那为什么还要花费重金修复它？

第二个反对理由，劳民伤财，浪费宝贵的国家经费。

韩琦告诉宋仁宗，如今在西线，到处都需要用钱，但朝廷又没有那么多的军费。为了解决军费问题，西线军只能靠放高利贷、向当地富豪借款等方法勉强度日。在军费如此紧张的情况下，朝廷却要花费数百万贯钱财，修筑一个战略意义不大的水洛城，这无疑是浪费钱财、做无用功。

第三个反对理由，刘沪修筑水洛城，完全是为了自己，根本就不是为了国家和百姓。

韩琦告诉宋仁宗，刘沪这么“热衷”地修筑水洛城是因为他的私心在作祟！韩琦认为，自从宋夏罢兵休战后，整整一年多了，两国再无战事。对于军人而言，没有了战事，就没有了升官发财的机会。所以，刘沪才那么强烈地上疏朝廷，要求修筑水洛城，因为一旦修筑完成，那就是军功一件。刘沪就是想通过这件事情，加官晋爵。

综上所述，水洛城就是一个可有可无的城池，根本没有修筑的必要。而刘沪要修水洛城，根本不是为了国家，而是为了他自己，所以朝廷不能批准他的请求，也请停止修筑水洛城。

韩琦上疏后，朝廷立刻炸开了锅，有反对的大臣，也有同意的大臣，大家各抒己见，议论纷纷。然而，身为“台风眼”的范仲淹却沉默不语，闭口不谈此事。

那么，范仲淹是默认了韩琦的说法了吗？

当然不是。

范仲淹虽然沉默不语，但在他的心中，早就有了标准的答案，并一一反驳了韩琦的说辞。

在范仲淹的眼中，韩琦的这几条反对理由，看似有理，但实际都是谬论，根本不值一提。

韩琦说的第一条，不是事实。

诚然，黄石河路的出现开辟了一条新的通道，但问题是，黄石河路一马平川，无险可守，一旦两国开战，宋军还得退守至水洛城。

韩琦说的第二条，也不是事实。

修筑一座城池，确实需要花费几百万贯钱财，这对于本来就经费紧张的西线军而言，是一个不小的负担。但问题是，水洛城本来就有自己的城池工事，只要稍加修缮，就能竣工。而且，水洛城的百姓自愿修城，这已经给朝廷节省了一半的银子了。这样一算的话，修筑水洛城所耗费的银两，完全没有韩琦所想得那么巨大。在这个“耗费银两”问题上，韩琦有点危言耸听、夸大其词了。

韩琦说的第三条，不仅不是事实，还有点胡说八道了。

在范仲淹的眼中，刘沪一心为国，修筑水洛城，等于在西夏境内安上了一颗钉子，一旦宋夏开战，水洛城将发挥不可替代的作用。单凭此举，刘沪就足以载入史册、万古流芳。但是，在韩琦的眼中，这样一个为国为民的官员，却成了一个不顾朝廷大局，只求私利的官员。

综上所述，在范仲淹的眼中，韩琦这样颠倒黑白、不分忠奸，他才是一个“不顾朝廷大局”的官员，其心可诛，实在可恶。

当然了，心里骂归骂，但范仲淹却不敢把这些话说出来，更不敢在公众场合反驳韩琦。

毕竟，韩琦是庆历新政的核心人物，若要外人看见革新派出现了内讧，只能让敌人耻笑，让其他革新派成员失去信心。因此，为了整个革新派的利益，也为了不让革新派分裂，范仲淹绝不能公开反驳韩琦，干这种“亲者痛仇者快”之事。

但问题是，范仲淹不说话，这件事情没法解决。毕竟，这是革新派“内部”的事情，其余的革新派成员不好插嘴，也不好劝。同时，“反对派”根本不管这件事情，毕竟修筑水洛城事件跟他们无关，他们还乐于坐山观虎斗，看“革新派”两位大佬内讧，好坐收渔翁之利。

见两大阵营都不想管此事（一个是不能管，一个是不想管），宋仁宗脑袋都大了。群臣可以独善其身，拖一天是一天，他却不能做一个甩手掌柜呀，这个事情还得解决。

最终，为了解决这个事情，宋仁宗只能求救于杜衍，问问他的看法。

孰料，杜衍还是“语不惊人死不休”，他既没有同意，也没有反对，而是把皇帝引到了一个全新的“世界”。

杜衍告诉皇帝：“到底修不修水洛城，臣才疏学浅，不敢妄自非议。只是，陛下还记得吗？当初，郑戬请求修筑水洛城时，还特别请求了另一件事情——不必询问韩琦的意见。”

跟上一次的表现一样，听完杜衍的话后，宋仁宗再次醍醐灌顶、茅塞顿开，他也明白了一个重要的“事情”，那就是——郑戬与韩琦不和，他们谁也不服谁。

这哥俩为什么不和呢？说到底，还是一个心态问题。

这还得从头说起：史料记载，郑戬比韩琦大 17 岁，在韩琦还在实习时，郑戬就是国家的枢密副使了。后来，由于宰相吕夷简的排挤，郑戬被外放到陕西，担任一路指挥使，负责抵御西夏军。在抵御西夏时，韩琦来到了陕西，也出任一路指挥使。当时，双方官职一样，没什么矛盾，这哥俩还一见如故，把酒言欢了一番。然而，等范仲淹开始庆历新政，韩琦成了枢密副使，官职就在郑戬之上了。这一下子，他们这种其乐融融的关系就彻底消失了。

咱们也要理解郑戬的心情，跟王拱辰一样，在中国这个“论资排辈”的世界里，眼看着一个“新人”爬到了自己头上，郑戬要是不发几声牢骚、倚老而不卖老、坦然接受这一切，那实在是要求太高。

当时，朝廷的革新派们就怀疑，自从韩琦成了枢密副使后，郑戬就不断地给他“穿小鞋”“下绊子”，誓要把他拖下水——郑戬偷偷摸摸地状告了滕子京贪污腐败、挪用公款。

总之，韩琦和郑戬的关系很不好，双方表面上波澜不惊，实则暗潮汹涌。

这次修筑水洛城事件，就是他们之间的一次直接“对话”，稍有不慎，就有可能酿成巨祸，无法收拾。

这就是杜衍那番话的“真正”意思。

史料记载，听完杜衍的言语后，宋仁宗沉默了许久。最终，宋仁宗颁布了一道圣旨，暂时停止水洛城的修建工作，刘沪等人也暂时撤离水洛城。

按照宋仁宗的意思，若继续修建水洛城，很容易激发韩琦和郑戬的矛盾，进而引发一场大规模的内斗。在他的心中，修筑水洛城固然重要，可边境主将的关系更加重要。一旦边将失和，后果不堪设想。这个后果的危害，要比一个小小的水洛城大得多。

因此，在没有让双方矛盾彻底激化前，停止一切行动，解决这两位将领之间的矛盾，才是朝廷头等大事。所以，宋仁宗只能下令，停止修筑水洛城。

庆历四年（1044 年）春，为了解决韩琦和郑戬的关系，宋仁宗连续颁布了两道诏书：

第一道，朝廷以陕西民乱已经平定为由，将枢密副使、陕西宣抚使韩琦调回京城。

第二道，宋仁宗听取了欧阳修、余靖的建议，撤销了郑戬陕西西路军都部署的职务，改任他为永兴军大帅。

宋仁宗这种人事安排，就是要分开这两个刺头，不让他们继续管理水洛城。这样，朝廷好重新客观、公正评估水洛城的重要性。若发现它真的很重要，再修建不迟。

可惜的是，当宋仁宗调走了这两个刺头，重新评估水洛城时，却惊讶地发现，有一个官员竟然选择了“违抗圣旨”，他一直在修筑水洛城，而且都快修好了！

那么，这个违抗圣旨的官员，是谁呢？他的这种独断专行，又会引起怎样的轩然大波呢？

矛盾升级

这个违抗圣旨的人，不是别人，正是主张修建水洛城的宋军将领——

刘沪。

原来，当宋仁宗“停止修建”的圣旨传到水洛城后，水洛城的数万百姓都傻了眼，大家抱头痛哭、不能自抑。

水洛城的百姓不明白，为什么他们已经归顺了大宋，宋朝的皇帝却这样对待他们。如今，已经得罪了西夏，若李元昊率军来攻，水洛城根本无法自保，只能任人宰割。

愤怒的水洛城军民聚齐起来，大家找到刘沪，让他给一个说法：“为何宋朝出尔反尔，不遵守诺言？凭什么我们依附了宋朝，却得不到任何的保护，还被当成垃圾给抛弃！”

对于朝廷出尔反尔的做法，刘沪也很是愤怒，于是他当即表态，现在就启程求见郑戬大人，请他给大家做主，让朝廷收回成命，重新修筑水洛城。

就这样，在全城数万百姓的期待中，刘沪上马出城，第一时间找郑戬去了。

面见郑戬后，刘沪诉说了自己的苦衷，郑戬也阐述了自己的苦恼。双方交流一段时间后，除了发发牢骚、痛骂一顿韩琦，皆无计可施，只能接受朝廷的安排。

谈到最后，刘沪依旧不忍放弃，索性做出了一个极其出格的决定，但见他拍案而起道：“韩琦反对修筑水洛城，不就是因为需要花费朝廷的经费吗？我刘沪在这里对天发誓，我不要朝廷一分钱，就能修筑一个全新的水洛城。哪怕我倾家荡产、砸锅卖铁，也要凑齐修建水洛城的经费！”

刘沪说得慷慨激昂、声泪俱下，终于把郑戬说动了。郑戬当即表示，自己支持刘沪修筑水洛城的计划——你尽管去修好了，出了事情，我来负责。

除此之外，郑戬还自作主张，派遣下属董士廉率军增援，以加快水洛城的修筑速度。

就这样，在郑戬的支持下，刘沪违抗圣旨，继续修建水洛城。郑戬在任时，由于他一直隐瞒此事，所以刘沪偷偷摸摸修筑水洛城的行为，一直没有被发现。然而，等郑戬离任后，这件事情就再也藏不住了。

刘沪私下修筑水洛城的事情，让郑戬的继任者尹洙发现了。

咱们前面讲过，在蔡襄的《四贤一不肖》诗中，尹洙与范仲淹齐名，同为“四贤”之一。后来，范仲淹主持庆历新政，尹洙受范仲淹影响，也成为一名革新派人士，并成为一名骨干。

虽然尹洙是范仲淹的亲信、是革新派的骨干，但是在修筑水洛城问题上，尹洙却认同韩琦的说法。

在这种背景下，当尹洙得知刘沪在偷偷摸摸修筑水洛城时，他的反应可想而知。

史料记载，尹洙得知此事后，勃然大怒。在他的思维里，皇帝已经颁布了诏书，命令不许再修筑水洛城了，但刘沪还在修建，这就是抗命不遵，理应军法处置。

于是，尹洙派人告诉刘沪，让他停止修建，结果刘沪不听。后来，尹洙另派官员前往水洛城任职，要把刘沪调离此地，结果当地的百姓根本不吃这一套，他们联起手来，把尹洙派去的官员轰走了。

见此情景，尹洙彻底大怒，他索性调来渭州主将狄青，让狄青带兵前往水洛城，把抗旨不遵的刘沪抓捕归案，并将修城的宋军全部召回。

大错就此铸成。

狄青来到后，宣读了尹洙的命令，要求缉捕刘沪归案。狄青刚刚宣布完，水洛城的数万百姓就冲了上来，他们站在刘沪面前，组成了一道人墙，阻挡狄青的手下抓人。

水洛城的百姓清楚地知道，一旦抓走了刘沪，就再也没有人替他们做主了，水洛城的修建工作，也必定遥遥无期了。因此，大家用性命相抗衡，阻挡狄青抓走刘沪。

见百姓护着刘沪，狄青大怒，他拔出腰间宝剑，要求众人散去，否则视同谋反、杀无赦。然而，狄青的这种威吓，并不好使。

一来，这里不是狄青的地盘，他就区区几百人，而这里有数万水洛城的百姓，所以大家不怕他。二来，虽然狄青在西夏战场上威名赫赫（后面再说），但在水洛城百姓眼中，他还真不如刘沪。在水洛城百姓眼中，用一千人马击溃数万番军的刘沪，那才叫能打。因此，水洛城的百姓不怕狄青，刘沪的嫡系部队更不怕狄青，他们都准备跟狄青决一死战。

当时，水洛城的气氛紧张到了极点，狄青的部下抽出各自的兵器，指着水洛城的百姓；水洛城的百姓则拿着各种工具，包围着狄青等人。他们就这样互相对峙，大战一触即发。

在对峙期间，有一名百姓按捺不住自己“激动”的心情，他抡起手中的锄头，对着狄青的士兵就是一下，结果正中那名士兵的头颅。那名士兵惨叫连连，鲜血也顺着头颅流了下来。

看见自己的士兵受伤了，狄青勃然大怒，他立刻下令动手！就这样，在狄青的指挥下，宋军开始攻击水洛城的百姓，瞬间就砍死了十余人。

看见狄青真敢动手，水洛城的百姓彻底怒了，大家挥舞着手中的锄头、铁锹、镰刀等物，就奔着狄青而来。同时，刘沪的嫡系部队也怒了，他们挥着手中的家伙，准备与狄青军来一场恶战。

眼看水洛城就要变成一片血海，一个人的突然怒吼，使这个战场彻底安静了下来。

这个发出怒吼的人，正是刘沪。

在当时的局势中，刘沪非常清醒，他知道，若任由事态发展，必出大事。在这危急时刻，刘沪怒吼数声，喝退了双方，阻止了这场械斗。

阻止众人后，刘沪推开百姓，走到狄青面前，答应接受逮捕，并同意停止修筑水洛城的工作。同时，刘沪还告诉水洛城的百姓，让大家少安毋躁、耐心等待，朝廷一定会给大家一个满意的答复。

安排好事情后，刘沪跟着狄青走了，留下了不知所措的水洛城百姓。

一路无语，狄青押解着刘沪回营后，第一时间找到了尹洙，并将自己的所见所闻，全部阐述了一遍。

听完狄青的汇报后，尹洙气得青筋暴起，他第一时间上奏宋仁宗，报称：“刘沪不仅拒捕，还勾结百姓对抗朝廷，这是要造反呀！臣恳请朝廷颁布圣旨，将刘沪斩首示众，以明法纪，以正军威。”

宋仁宗收到这封奏报后大吃一惊，他万万没有想到，水洛城竟然发生了这等事。然而，皇帝还没有回复批阅，另一封奏折也接踵而至了。

写这封奏折的人，就是刚刚被调走的郑戬。

郑戬得知修城事发后，他第一时间上奏宋仁宗，道：“我们偷着修建水洛城，是我们不对。但是有一句话说得好，将在外，军令有所不受。如今，刘沪没花朝廷一文钱，就快把水洛城修好了，这应该记他大功一件。何况，若不是狄青强行抓人，水洛城也不会激发民变。因此，臣恳请陛下释放刘沪，让他戴罪立功，等修好了水洛城，再议不迟。”

看见这封奏折后，宋仁宗脑袋都大了。刘沪私自修筑水洛城，竟然被说得这样义正词严；狄青奉命去捉拿不听将领的刘沪，反而成了激起民变的罪魁祸首了……

最终，为了解决这道难题，宋仁宗决定派遣一个调查小组去陕西，在对水洛城事件进行一番认真调查后，再对狄青、刘沪、尹洙、郑戬等人进行裁决。

这个调查小组的最高指挥官，就是陕西都转运使——程戡。

这个程戡是一个什么样的官员呢？他会不会像燕度、王拱辰一样，玩命地陷害刘沪，打击革新派人士呢？

重修水洛城

程戡，字胜之，北宋许州阳翟（今河南禹县）人，是一个出身“豪门贵族”的人，因为程戡的岳父就是宋朝大名鼎鼎的枢密使——曹利用。

咱们前面讲过，在宋真宗时期，曹利用备受宠爱，官运亨通。拜岳父所赐，程戡的官场之路也是一帆风顺。但是，等刘娥“登基”后，因为讨厌曹利用，刘娥就把他贬黜了。

曹利用被贬后，程戡也受到了牵连，被贬出了朝廷，去地方上任了。

程戡在地方一干就是数年，直到宋仁宗亲政后，才被召回朝廷，被委以重任。此后，程戡兢兢业业，官职也逐步提升，在宋仁宗庆历年间，被朝廷任命为天章阁侍制、陕西都转运使，成了陕西四路最高的行政长官。

程戡虽然身居要职，但一直低调行事、小心做人。程戡与范仲淹基本没有关系，与其他革新派人士也没有什么联系。

在陕西时，即使与韩琦共同办事，程戡也决不跟他私下往来，始终与韩琦保持着“若即若离”的关系。

可见，宋仁宗派这么一个保持中立的人去审理此事，绝对是一步好棋。而且，跟燕度、王拱辰等人不同，程戡是一个公正、公平的大臣，他调查的结果，也没有让宋仁宗失望。

史料记载，程戡到达水洛城后，立刻展开了详细的调查工作。

在此期间，程戡亲身感受到了水洛城十余万百姓对修筑水洛城的热切期望，也感受到了刘沪在当地百姓心中的崇高地位，更感受到了水洛城百姓对狄青、尹洙等人的厌恶，等等。

在一番详细的调查后，程戡给出了自己的答案——刘沪违抗圣旨，私自修筑水洛城，罪不容诛。但是，是朝廷失信在先，水洛城百姓才选择了犯上作乱。现在的局面是，若朝廷杀掉刘沪，停止修建水洛城，水洛城必叛宋归夏！为了防止这件事情发生，请求释放刘沪，让他戴罪立功，继续修筑水洛城。

程戡还秘密告诉宋仁宗："在刘沪的修建下，水洛城主体防御工事已经完工，只剩一些零散的城墙了。若让刘沪继续修建，一两个月内，一个全新的、不花费朝廷一文钱的水洛城就能竣工了。到时候，这座城池将成为大宋西疆的重要屏障，若这个时候让水洛城军民叛逃，让西夏军白捡一个大便宜，可谓得不偿失，还望陛下三思。"

宋仁宗看完了程戡的报告后，一想也是，反正事已至此，假如现在把刘沪宰了，这个烂摊子谁来接？倒不如让他修好城池，等修好了以后，再治罪不迟。

于是，宋仁宗立刻下诏，释放刘沪、董士廉等人，让他们戴罪立功，继续修筑水洛城。

消息传到西疆后，水洛城的百姓一片欢呼，他们对宋朝更加忠心了。据说，刘沪重新回到水洛城时，全城百姓出城迎接，场面十分感人，也让尹洙等人痛恨不已！

史料记载，得知刘沪等人无罪释放后，尹洙气得咬牙切齿，他立刻上疏朝廷，要求严惩刘沪等人。

尹洙给出的理由是——刘沪违抗皇命、不服军令，这种人必须严惩不贷、以儆效尤。否则，若所有将领都抗旨不遵的话，军队就没法带了！

尹洙要刘沪的命，郑戬却明显地护犊子，他第一时间上疏朝廷，替刘沪等人求情，并状告尹洙、狄青等草菅人命，迫害朝廷有功将领，其心可诛，不杀无以谢天下。

郑戬给出的理由是——尹洙派狄青抓捕刘沪时，若不是刘沪主动配合，以狄青的办事能力，水洛城必反！如此一来，必定影响整个西线的战局。尹洙、狄青等人为了自己的威权，罔顾朝廷安危，迫害有功将领，残害大宋子民，罪孽深重，恳请皇帝予以惩罚，以儆效尤。

郑戬上奏朝廷后，尹洙大怒，韩琦也忍无可忍了，他也卷了进来。韩琦上了一份奏折，痛骂郑戬颠倒黑白、混淆视听，恳请皇帝将他抓捕下狱，以正国法。

韩琦的理由是——刘沪违抗圣旨，狄青奉命抓人，何罪之有？但现在，触犯刑法的人得不到惩治，抓捕罪犯的人却要受到严惩，这是一个什么道理？郑戬这样说，完全是本末倒置、颠倒黑白！何况，在这起修筑水洛城事件中，郑戬就是整个事情的幕后黑手，他若不同意，就是借给刘沪一百个胆，刘沪也不敢违抗圣旨修水洛城。因此，臣恳请严惩郑戬，将他抓捕下狱。

一时间，双方的奏折如雪花一般飞入中书省，传到了宋仁宗的案头。然而，看着这些堆积如山、语言咄咄逼人、誓要跟对方拼死一战的奏章，宋仁宗却并不理会。不管这些人如何上奏，宋仁宗都只回复两个字——再议。

宋仁宗为什么要这样做？因为他在等，等着水洛城竣工，把这座城池修好了，才是最重要的事情。你们争持的那些破事，等修好了水洛城后再说！

这种“忍辱负重”的日子，并没有持续多久。释放了刘沪仅仅过了一个月，水洛城就修好了。

宋仁宗终于可以干正事了。

彻底分裂

庆历四年（1044 年）五月，仅仅用了八个月时间（其间还因为打架，耽误了两个多月），没费朝廷一钱一物，刘沪就修筑好了水洛城。不得不说，刘沪创建了一个人间奇迹。

对于宋仁宗而言，城修好了，后顾之忧解决了，开始干“正事”吧。

同年五月，宋仁宗第一时间召集宰执们开会，商议对刘沪、狄青等人的处理意见。

宋仁宗首先表态：“既然水洛城已经修筑完成，再来讨论是否修城已经没有意义了。咱们今天讨论的话题，是对将领的处理意见。”

宋仁宗的这番话，至关重要。要知道，就在开会前，韩琦、尹洙、郑戬等人，还在是否该修筑水洛城这个问题上，争得面红耳赤，不可开交。当然，除了他们各自的面子，是否应该修筑水洛城能够决定此次会议定谁的罪！

因为，对于韩琦、尹洙而言，若修筑水洛城不合理，那之后尹洙、狄青等人干的事情，就有了一个“合法”的依据。反之，若修筑水洛城合理，就是郑戬有“理”了。

但是，宋仁宗的第一句话，就把这件事情“结案”了。管他合理不合理，水洛城都修完了，再讨论这个问题毫无意义，还是讨论其他问题吧。

皇帝定下“调子”后，他希望群臣畅所欲言，给刘沪、狄青等人定下一个结论，他们到底是有罪，还是无罪。

然而，群臣皆闭口不谈，他们都只看着一个人，这件事情的发起者——范仲淹。

群臣清楚地知道，要不是范仲淹同意修筑水洛城，宋仁宗焉能同意这件事情。后来，你的搭档韩琦提出了反对意见，为了不驳对方的面子，你选择了沉默不语。结果，在你沉默不语期间，出了这么多的事情，你难辞其咎，解释一下吧。

看着群臣的目光，范仲淹沉吟了一会后，说出了一番长篇大论，并给出了自己的处理意见。

范仲淹告诉大家：“刘沪之所以抗旨不遵，是因为他修城心切。毕竟，水洛城是他用生命打下来的，水洛城的百姓又那么地爱戴他，所以刘沪不忍心抛弃那些百姓，这才选择了抗旨修筑。现在，刘沪没费朝廷一钱一物，就修筑好了水洛城，理应记大功一件。臣希望朝廷念及筑城之功，对他从轻发落，让他以功赎罪。”

此外，范仲淹还用自己雄厚的历史知识，给诸位大臣好好地上了一课。

范仲淹告诉群臣：“昔日，汉朝陈汤违抗军令，擅自出兵攻打外虏；西晋王睿也违抗军令，出兵攻打东吴。结果，这两个违抗圣旨的大臣，还不是得到了朝廷的赦免，他们最终将功折罪、封侯拜相。因此，请陛下以这二人的故事为例，不要严惩刘沪……”

说了一堆话后，范仲淹的意见就是：刘沪虽然有罪，但罪不至死，还请皇帝法外开恩，略加惩处就可以了。

听完范仲淹的处理意见后，宋仁宗微微点了一下头。

范仲淹说完后，一旁的欧阳修提出了补充意见：“传达此诏书的人，最好是差点酿成兵变的狄青。皇帝可颁布一道御书，命狄青前往水洛城，让他亲自告诉刘沪：‘你违背了圣旨，理应处斩，但念你筑城有功，特此赦免。但死罪可免，活罪难逃，特命你镇守水洛城，戴罪立功，以儆效尤。’这样好给水洛城百姓一个交代。

“同时，朝廷还需要颁布一道圣旨，加封狄青的官职，并让刘沪成为他的部下。这样一来，边境百姓不会对宋朝失望，刘沪等人不至于心寒，狄青的威信也能得到保全，水洛城之事就能顺利解决了。”

史料记载，宋仁宗听完欧阳修的建议后，立刻下诏办理。

然而，并不是所有人，都认同这个判罚。

当时，判罚的消息传到陕西后，尹洙气得语无伦次，韩琦也气得脑袋冒烟，他们万万没有想到，一个抗旨不遵、聚众造反的刘沪，竟然啥事都没有，狄青还得对他去道歉，皇帝是疯了不成？

韩琦和尹洙坚决不同意这个判罚，他们三番五次上疏要求朝廷修改，对刘沪严惩不贷。同时，尹洙竟然还对刘沪发出了死亡威胁——别以为朝廷不惩罚你，这件事情就算过去了，只要老子还活着，定要砍了你的脑袋！

最终，见边境将领的不和已经到了“通国皆知”的地步，宋仁宗只能把尹洙调走了，让他远离陕西这个是非之地。

尹洙被调走后，宋仁宗打算让狄青接替任的位置，结果郑戬不服，他上疏朝廷，说狄青就是一个“赤佬儿”，这么一个出身寒微的将领，怎能成为地方大帅，管理一方（注意这里）。

最终，无奈的宋仁宗只能收回成命，他把骂过自己的御史王素调到了陕西，让他接任了尹洙的位置，郑戬这才不闹事。

当然了，只严惩了尹洙，必不能服众，宋仁宗又颁布了一道圣旨，将刘沪降为从八品的东头供奉官，命其戴罪立功，以观后效。

至此，在宋仁宗的眼中，双方各打五十大板，都该老实了吧。然而，这个事情还没有了结。

事实证明，正是这场“水洛城事件”，让革新派彻底分裂。从此以后，韩琦与范仲淹等人分道扬镳，再也不合作了。

咱们都知道，斗争的胜负，在于双方力量的对比；而双方力量的变化，无非是此长彼消或者是此消彼长。

韩琦的离去，对于革新派而言，就意味着“消”；而对于反对派而言，则意味着“长”。在这“此消彼长”的时刻，反对派们士气大振，他们准备进行一场更加凶猛的进攻，干掉范仲淹，结束这场变法。

在这个背景下，宋朝历史上那场极其著名的朋党之争，就此拉开了序幕。

第三章 朋党之争

三份奏章

干掉了滕子京，反对派们士气大振；一场水洛城事件，又让革新派们彻底分裂，在这此消彼长的局面下，反对派们若不乘胜追击，来一场轰轰烈烈的“宜将剩勇追穷寇”的行动，那才叫新鲜呢！

于是，庆历四年（1044 年）四月，反对派们再次燃起战火，接连上了三份奏章，发起猛攻。

第一份奏章，来自广西的军报。

原来，庆历四年（1044 年）二月，广西宜州一个叫蒙趕的人发动叛变。刚开始的时候，蒙趕手下不过几百人，朝廷认为他们是一群乌合之众，一战可破。可结果，蒙趕闹腾了两个多月，不但没有被消灭，还攻占了附近的几个州县，俨然成为朝廷的一个心腹之患了。

反对派们告诉宋仁宗，蒙趕之所以这么能折腾，不是这个人多么地厉害，而是因为范仲淹无能，他任命的当地知州冯伸己太废物，才让蒙趕成了气候！

本来，冯伸己是否因无能导致宜州叛变，跟范仲淹没有任何的关系。但是，反对派们一口咬定，范仲淹改革推出的“明黜陟、精贡举、择官长”考核制度如此严格，还能出现冯伸己这样的废物，说明范仲淹失察，必须严惩不贷。

反之，若冯伸己“不是考察出来的，是因为家里关系才当官”的恩荫官员，范仲淹更是难辞其咎。

因为，这个庸碌无能的知州冯伸己，就是前朝宰相冯拯之子。

在反对派的眼中，你范仲淹改革时，不是有“抑侥幸”这个制度吗？你范仲淹不是口口声声说，要限制官员子弟出仕、大量缩减恩荫名额吗？那么，你缩减了其他功勋后代的名额（包括杨家将的子嗣），却留下了前朝宰相的名额，这又说明什么呢？

真相只有一个——别看范仲淹天天装清高，口口声声为了国家社稷，但他骨子里就是一个不敢触动权贵、专挑软柿子捏的软蛋！范仲淹不敢动前宰相的子嗣，才让冯伸己这个废物上任。

正说反说，怎么说，都是反对派有理。这种强大而缜密的逻辑语言，让范仲淹苦不堪言，无言以对。

当然了，更苦的事情还在后面。

第二份奏章，是反对派痛骂御史余靖专权。

原来，前不久，宋仁宗颁布了一道圣旨，要提拔张尧佐（又是倒霉的外戚）的官职，任命他为开封府诸县公事（相当于现在的首都纪检书记）。

从职务级别上看，这是正常升迁；从政绩上看，张尧佐之前干活兢兢业业，没有任何纰漏，于情于理，都应该升迁。

结果，这个正常升迁的任命，却让四贤之一、谏官余靖给搅黄了。

史料记载，得知此事后，余靖立刻进宫，当面上疏宋仁宗，要求取消这个任命。余靖给出的理由是：张尧佐是后宫张贵妃的伯父，就是一个外戚。轻易提拔外戚的官职，这还得了！

余靖情绪激昂，言语激愤，说到最慷慨激昂时，也跟包拯一样，唾沫星子到处飞，直接溅了皇帝一脸。

被喷了一脸唾沫星子后，无奈的皇帝只得下令收回任命。后来，在回宫时，宋仁宗一边走，一边愤怒道：“被一臭汉熏杀，喷唾在吾面上！”（出自

《全宋笔记》）

被一臭汉用唾沫熏杀……可想而知，宋仁宗当时的心情不咋样。

虽然心情不好，但在提拔外戚的问题上，宋仁宗是一个会使用“太极”的皇帝，他经常自己扮红脸，让大臣们去背黑锅，最终让妃嫔们知难而退。

所以，虽然被喷了一脸唾沫，宋仁宗也没有怪罪余靖，因为他从一开始，就没打算提拔张尧佐。

虽然宋仁宗是这样想的，但架不住有小人借此挑拨离间、混淆黑白呀！

得知皇帝被喷了一脸唾沫星子后，反对派们立刻上了一份奏章，他们弹劾余靖混淆是非、滥用职权，打压张尧佐晋级。

反对派们告诉了宋仁宗三件事：

第一，张尧佐虽然是外戚，但他是进士出身，人家走的是科举路线，跟后宫没有一点关系，余靖凭什么给他扣上外戚的帽子，阻碍他晋级？

第二，张尧佐在地方任职时，干活兢兢业业，深得百姓厚爱，这种人若不能正常升级，只会让百姓失望，让其他官员寒心。

第三，前不久，张贵妃为皇帝生下一个公主，有功于江山社稷。在这种情况下，直接提拔张尧佐的官职都不过分。但是，余靖却千方百计阻挠张尧佐升职，我们不知道他意欲何为。虽然余靖的借口是防止外戚专政，但在我们眼中，余靖这样做只有一个原因——张尧佐不是他们革新派的人！

宋仁宗听完这三点、特别是第三点后，他的内心“咯噔”了一下。

在宋仁宗的眼中，这些反对派的言辞虽然有些“过”，他相信余靖、欧阳修等人是忠于朝廷、忠于社稷的。但是，即使如此，余靖等人的提拔标准也确实太惹人非议了，而且也太让人看不懂了。

张尧佐这样兢兢业业的好官，一个正常的提拔，你们全力反对；冯伸己这种昏庸无能的官员，一个非正常的恩荫，你们却通过了。这样的选拔标准，试问谁能看得明白？

范仲淹、欧阳修，你们的选拔到底是一个什么标准呢？

带着这样的疑惑，宋仁宗打开了第三份奏章。结果，等看完这份奏章后，宋仁宗不仅明白了范仲淹等人的选拔标准，他还彻底“炸”了！

第三份奏章，是小人夏竦的“骨鲠之言”。

史料记载，夏竦的这份奏章不长，但效果却是粪坑里丢炸弹——分量十足！

夏竦告诉宋仁宗，如今的朝廷已经出现了“第二个权力中心”了！这个权力中心就是——以参知政事范仲淹、枢密使杜衍、枢密副使富弼、谏官欧阳修为首的“朋党”！如今，这个朋党的势力大到什么程度了呢？

夏竦“忠心耿耿”地写道：“如今这个朋党的势力，已经无法无天了！杜衍、富弼、韩琦拥有军事调动权；西线战场的尹洙、狄青、郑戬、刘沪、王素等人拥有军事指挥权；范仲淹拥有官员任命权；欧阳修、余靖、蔡襄等人拥有监督朝廷、弹劾百官的权力。如此一来，范仲淹等人可以随意任免官员、排除异己、组建自己的小团体了。一旦天下有变，杜衍可以在宫内发动军事政变，尹洙可以率军从外面接应，到了那个时候，这个天下还是谁的？恐怕黄袍加身之事不远矣！”

这句话，太狠了！

读完夏竦的奏章后，宋仁宗的内心久久不能平复。

在宋仁宗的眼中，虽然夏竦与欧阳修等人有仇，他说的话有一些危言耸听、夸大其词的成分，他也绝对相信范仲淹、富弼的人品，相信他们都是正人君子，不会干这种谋权篡位之事，但是人品这个玩意儿真的靠得住吗？忠心这个玩意儿，真的永恒不变吗？纵观史料，当年王莽、曹操、司马懿等人最开始的时候也都是“忠臣”……

范仲淹这帮人，到底会不会造反呢？

没有答案，也不可能有答案。宋仁宗唯一能做的，就是以史为鉴，防患于未然。

当年，太祖皇帝对节度使符彦卿信任有加，准备加封他的官职。结果，对于这个任命，赵普就是不同意，他不惜扣留了皇帝的诏书，强烈反对。

当时，赵普反对的理由是：陛下，您认为符彦卿忠心耿耿，不会造反；可是当年，在周世宗柴荣眼中，您也是忠臣，结果呢？

赵普的这句话把宋太祖噎得够呛，他再也不说提拔符彦卿的事情了。

宋仁宗困惑不已，这位范仲淹，到底会不会行“祖先之事”呢？

宋仁宗还清楚地知道：五代十国时，漳泉二州的张汉思就是一个毫无主见、平庸之极的“𡳞人”，根本没有造反的野心。然而，得到大权后，在手下的“撺掇、鼓励、帮助”下，这个𡳞人最终选择了造反，差一点杀掉主子陈洪进，取而代之。

没有办法，只要大权在手，人就会爆发“更上一层楼”的野心和欲望。即使自己没有这种野心，也难保手下没有这种野心，更难保不会在手下的撺掇下，爆发出这种野心。

只要有利可图，手下人为了自己能够加官晋爵，会逼你造反，甚至“挟持”你造反。那场“陈桥兵变”，不就是这么来的吗？

这个范仲淹，到底有没有这种野心呢？他会不会跟张汉思一样，也干这种事情呢？

还是那句话——没有一个人知道这个答案。因为在历史中，没有“如果”二字。范仲淹没有干过这种事情，一切的假设，全都没有意义。

然而，在没法未卜先知的情况下，这假设却让宋仁宗痛苦不已。

就这样，夏竦的这篇奏章，就如同一把达摩克利斯之剑，始终悬挂在宋仁宗的脑袋顶上，让他忧心忡忡、痛苦不已。在每一个深夜，只要一想到这个问题，宋仁宗就辗转反侧、无法入眠。

最终，对于范仲淹“是否有党”这个问题，宋仁宗索性找来范仲淹，跟他来了一次彻底的摊牌。

没错，就是当面质问！

那么，对于这个问题，范仲淹又是怎么回答的呢？他的回答，又给自己的庆历新政带来了什么样的后果呢？

君子真的无党吗

带着自己的困惑，宋仁宗找来范仲淹，要当面询问。

君臣见面后，宋仁宗毫不避讳、开门见山道：“自古以来，小人多结成朋党，那么反过来，君子也会结成朋党吗？”

宋仁宗这么问，可见已经对范仲淹产生疑虑了。要知道，自古以来，在君主的眼中，“朋党”这个词就是一个贬义词。君主也绝对讨厌官员结党，给自己带来威胁。

当时，如果范仲淹聪明的话，他的最佳答案应该是——皇帝此言差矣。君子，从来不结党！

范仲淹也可以用古人的思想诠释自己的答案——孔子教育我们“君子群而不党”。就是说，君子是有道德的人，是有原则的人，虽然君子也会聚集在一起，但他们不是在结党营私、拉帮结派，而是在团结群众凝聚人心，为了更好地造福国家。

如果范仲淹能够明白宋仁宗的真正意思，他有一百种说辞，能够打消宋仁宗的顾忌。然而，此时此刻的范仲淹却完全“傻掉”了。即使被“朋党”一词坑害过，也在这个问题上吃过大亏，但范仲淹忘掉那些“经验教训”了。

史料记载，范仲淹竟然说了一堆胡话，开始给皇帝解释，君子为什么要结党了！

咱们看看这位自以为是、糊里糊涂的范仲淹到底说了什么：

方以类聚，物以群分。自古以来，邪正在朝，未尝不各为一党，不可禁也，在圣鉴辨之耳。诚使君子相朋为善，其于国家何害？

——《涑水纪闻·卷十》

臣在边时，见好战者自为党，而怯战者亦自为党。其在朝廷，邪、正之党亦然，惟圣心所察耳。苟朋而为善，于国家何害也？

——《续资治通鉴·卷四十六》

这些话的意思是说：

人以群分，物以类聚。自古以来，正义和邪恶同在朝廷上，但有各自的势力，这是一个客观存在的事实，不可禁。但是，若君子结为朋党，且他们做的都是好事，都对国家有益，这样的结果又有什么不好呢？

范仲淹还给皇帝举了一个例子：臣在边关时，军营里也是两拨人，一拨人骁勇善战，一拨人贪生怕死，他们也会各自结为一党，互不往来。所以朋党一事，天下到处都是。只要皇帝能够明察秋毫，了解谁正谁邪就行了。

范仲淹这么说，真是君子坦荡荡，大公无私到了极点！纵观二十四史，敢这样承认自己“结党”的人，根本没几个！范仲淹也算是可以了。

在范仲淹的思维体系里，坦然地承认自己结党，并没什么错。小人能够结党，君子也可以结党。小人结党，是为了自己图谋私利；君子结党，是为了国家谋得福祉。我们这些志同道合的人在一起治理国家，一起开创太平盛世，这也没什么不好。

而且，范仲淹认为，既然要推行新政，就要把那些不合格的官员驱除出去，但那些昏庸的官员肯定会抱团。面对那些抱团作战的小人们，我一个人的力量是有限的，所以只能去“结党”，发动大家的力量，把这些小人轰走！

虽然我们“结党”了，但我们是为了这个国家，所以我们问心无愧，也不认为“结党”有什么坏处。

此外，通过“犬儒”和“君子儒”的思想，我们就能知道，范仲淹一生的目标，就是要建立一个“君子儒”统治天下的世界！因此，在他的思维里，君子结党，驱除小人，为国为民，辅佐明君，建立一个太平盛世，不仅没什么不对，反而是一件必须要干的事情。

君子结党，共同治理国家，这将是一种多么先进的政治思想！皇帝您为什么不理解、不明白呢？真是怪哉！

奇怪的人，是你范仲淹吧！

要知道，对于皇帝而言，他根本不可能理解这条体系，也不可能明白这种“结党还结出理”的道理。

在宋仁宗的眼中，管你是“小人党”还是“君子党”，一旦构成了“朋党”二字，必将危害自己的统治。而且，他如何分辨谁是小人谁是君子？

以史论今，昔日，汉末的“党锢之祸”、晚唐的“牛李党争”，大家在刚开始的时候，都称自己为君子，称对方为小人、奸臣。结果呢？闹到最后，大家不问理由地互相攻击，都用最无赖、最阴险、最狠毒的招数攻击对手。在那种情况下，又有谁可以拍着胸脯说，我就是一个正人君子，从来没有用过阴谋诡计害人！

小人结党，是国家灾难；君子结党，难道就是国家的幸事吗？昔日“党锢之祸”时，群臣不问是非、党同伐异、贪图权力、架空皇权，这些往事历历在目。

以史为鉴，宋仁宗不得不防。

可见，范仲淹的回答，不仅没有反击夏竦的进攻，反而还加深了宋仁宗对他的怀疑。因为，他已经挑明了说自己在“结党”，皇帝也只能对他加深质疑。

至此，君臣双方再无对话，就此不欢而散。

回到府宅后，范仲淹叫来欧阳修等人，对他们说了此事，问其对策。欧阳修当时就急了，他大声道："皇帝这么问，就是不信任咱们了。若不好好解释一番，重新获得宋仁宗的信任，改革的大业就很难继续前进了。稍有不慎，就有可能全盘皆输了！"

虽然欧阳修说的话在理，也正确无比，但是，在商量了一番后，范仲淹以少安毋躁，毕竟现在情况不明，暂时等待几天，看看皇帝下一步的举动，以不变应万变将大家说服了。

范仲淹的对策非常正确，为人处世，必须沉得住气。但是，让这个"炮筒子"欧阳修沉得住气，就有点强人所难了。

这不，散会回家后，欧阳修没有跟任何人商量，就书写了一篇奏章呈给皇帝，去"解决"宋仁宗的质疑了。

这篇文章，就是欧阳修另一篇大名鼎鼎的文章——《朋党论》。

千古奇文——《朋党论》

宋仁宗庆历四年（1044 年）四月，为了系统化、准确化、完整化地回答宋仁宗关于"朋党"的问题，欧阳修上疏了一篇千古名文《朋党论》，作为解答。

这篇文章很短，但依旧延续了欧阳修的创作风格——没废话！

在《朋党论》中，欧阳修的第一句话，就堪称劈头盖脸、直接开战："臣闻朋党之说，自古有之，唯幸人君辨其君子小人而已。"

臣要告诉你一件事情，自古以来，就有"朋党"这种事情，没什么稀奇的。关键是，皇帝您的眼睛够不够亮，能否分清哪个是君子党、哪个是小人党。

很好，一针见血，开始论证。

欧阳修告诉皇帝："在您的眼中，大概觉得只有小人才会去结党，而那些正人君子是不会去结党的。其实，这种认识大错特错，小人根本不会去结党，只有君子才会去结党！

“因为，小人所贪的东西，不过是薪俸钱财罢了，当为这些利益努力时，他们会暂时勾结成为朋党。然而，这种朋党是虚假的，一旦没钱了、没权了、没有共同利益了，这些小人就会相互攻击、互相陷害了。即使是亲戚兄弟，只要一涉及利益，这些小人也能六亲不认。故臣谓小人无朋，其暂为朋者，伪也。

“君子就不是这样的。君子坚持的是道义，履行的是忠信，珍惜的是名节。大家为了共同的思想为国谋事，即使联合在一起，也不过是为了共同进步、同舟共济罢了。所以，君子即使有党，那也是为了国家、为了百姓、为了江山社稷。对于这种君子党，君主无须害怕。做君主的，只要能斥退小人的假朋党，重用君子的真朋党，那么天下就可以安定了。”

为了说服宋仁宗，欧阳修除了正面立论，他还以史论今，用历史的典故证明朋党是对国家“有益”的。

那么，欧阳修是怎么精彩论证的呢？

欧阳修继续道：“《尚书》上说，商纣王时期，有亿万个大臣，那个时候不成朋党，亿万个大臣有亿万颗心，所以商朝亡了国。到了周武王时期，朝中虽然仅仅有三千大臣，这些大臣却结成了一个超级大朋党。这些大臣们一条心，忠于朝廷、忠于周王、忠于江山社稷，因此周朝繁荣昌盛了起来！”

“能使人人异心不结为朋党的，谁也不及商纣王，但商朝之所以亡国，正是因为没有朋党，大家离心离德，不效忠商王。周朝武王时，全国臣下三千人结成朋党却使国家兴盛，也是因为有朋党，大家尽职尽责、忠于皇帝，所以才有了八百年的周朝天下。作为皇帝，只要斥退虚伪的小人朋党，重用真心的君子朋党，那么天下就可以安定了。”

对于欧阳修的这篇文章，到底是该夸，还是该损，我才疏学浅，还是留给后人评吧。我唯一知道的是，宋仁宗对于这篇文章，貌似不是很满意……

史料记载，欧阳修上呈了这篇《朋党论》后，本以为自己的文章把宋仁宗征服了，已经打消皇帝所有的顾忌了。然而，仅仅过了一个晚上，欧阳修惊讶地发现，事情远远没有想象得那么乐观，宋仁宗用了一种独特的方式，“将”了自己一军。

这个方式就是：第二天早朝时，宋仁宗当着满朝文武的面，命宦官当堂宣读欧阳修的《朋党论》。

要知道，这是宋仁宗第一次在明面上讨论朋党问题，皇帝到底想干什么，无人可知。

当时，对于皇帝的这个举动，范仲淹、富弼等人一脸惶恐。欧阳修则出班下跪，虽不知结果如何，但毫无惧色。

读完了《朋党论》后，宋仁宗下令，群臣当堂辩论，听听众位的意见。一时间，群臣炸开了锅。有人说："欧大人写得好，好一句'小人无朋，唯君子则有之'，真是金石之言。"有人则说："胡说八道，欧阳修的这篇文章，完全是颠倒黑白，谁是君子谁是小人？就他们那一拨人是君子，我们全是小人？"

群臣争论不休，在朝廷上吵了起来。宋仁宗摆摆手，下令群臣闭嘴，让各方的主要"辩手"辩论。

作为革新派的主力，枢密使杜衍上前一步，道："欧大人的文章妙笔生花，字字珠玉，必将流传千古。"说完后，朝廷一片附和之声。

作为反对派的主力，御史中丞王拱辰出列，道："欧阳修的文章虽然写得好，却与实情不符，甚至歪曲了事实。"说完后，朝廷也是一片附和之声。

看着这势如水火的两派，宋仁宗无奈地叹了一口气，最终总结道："此前，夏竦曾经上疏，说范仲淹等人结党营私，应该严惩不贷。前日，内侍蓝元震也上疏朝廷，说范仲淹等人结党营私，规模巨大。说他们一人只要私党十人，五六人就能私党五六十人。这五六十人互相提携，不出两三年，朝廷就是范、欧的天下了。到时候，他们就无所不能了……"

可想而知，宋仁宗的这番话，给范仲淹、欧阳修等人的内心造成多大的震撼。然而，宋仁宗峰回路转，又给他们吃了一颗"定心丸"。

宋仁宗继续道："朕觉得，夏竦、蓝元震的话，不足为信！朕相信范仲淹、欧阳修等人一心为国，绝无私念！"

说完，宋仁宗下令退朝，他不再言语，径直而去。

这相当于，宋仁宗当着满朝文武，当着范仲淹、富弼、欧阳修、杜衍、王拱辰等人的面，把这个事情彻底"定性"了——他还是信任范仲淹等人，相信这帮君子的忠君之心。

目送皇帝的背影，范仲淹等人长嘘一口气，王拱辰等人则气愤无比。朝廷之上，革新派这边，一片兴高采烈；反对派那边，则是一片愁眉苦脸……

然而，当范仲淹等人沉浸在胜利的喜悦中时，可曾想过：自古以来，君心难测，宋仁宗的这番话又有几分是真心呢？

纵观古今，能够准确揣测出帝王之心的人，才是一个“合格”的大臣，然而，这个等级要求太高了。到那时为止，拥有这种能力的人，也就一个吕夷简而已。

然而，随着时间的推移，另外一个人，也步入这个领域，成为第二个读懂皇帝心思的人。

这个人，就是曾被轰出朝廷、一心报仇的——夏竦。

摧毁庆历新政的奸臣

事实证明，夏竦不愧为吕夷简都“敬佩”的对手，他是庆历年间当之无愧的“第一小人”。

史料记载，自从被轰出朝廷后，夏竦一直卧薪尝胆，他发誓要重回朝廷，要范仲淹、欧阳修等人血债血还。

作为一个深知君心的大臣，夏竦清楚地知道，别看宋仁宗当面表态，力挺范仲淹等人，还要惩治弹劾范仲淹结党营私的大臣，但是，宋仁宗在内心深处已经彻底怀疑范仲淹等人了。

宋仁宗接下来的行动，更加应验了夏竦的这种想法。

史料记载，就在宋仁宗公开表态坚信范仲淹等人、力挺革新派的几天后，这位皇帝就颁布了一道圣旨，把欧阳修“轰”出了京城。

原来，河东地区连降暴雨，粮食运输迟缓，导致西线宋军快断粮了。于是，宋仁宗委派欧阳修为钦差大臣，前往河东地区，协同河东转运使等人解决运粮问题。

在任命时，为了打消欧阳修的顾忌，宋仁宗反复诉说，因为大雨太严重了，粮食再不运到前线，西夏军就有可能乘虚而入了。为了杜绝这种事情发生，我要派一个德高望重、天下皆知的亲信大臣前往河东，才能解决此事。你欧阳修，就是这么一个合格的人选。

一番戴高帽加浓郁的臭屁，把欧阳修“拍”得这叫一个舒服，他领旨出京了。

出京后，宋仁宗还特别交代，不要把京城的事情放在心上，京城不会发生任何变故。爱卿办完事情后，要第一时间回京，朕给你接风洗尘，等等。

见皇帝如此行事，革新派们吃了一颗定心丸。看来，皇帝还是信任我们的，皇帝还是恩宠范仲淹的。

虽然革新派是这样想的，然而，远在地方的夏竦却通过这件事情，获得一个全新的解读——看来，皇帝已经不再信任革新派，开始怀疑他们了。

夏竦的结论绝非危言耸听。若革新派真的读懂皇帝的心思，他们就会知道——夏竦的判断，完全正确。

因为即便运粮至关重要，那也不过是一州一县的事情。可范仲淹推行的新法，将涉及整个帝国，那才是最重要的事情。这里面孰重孰轻，皇帝焉能不知？这个时候把欧阳修调离京城，相当于把这个革新派的“急先锋”轰出朝廷，宋仁宗明显另有所图。

宋仁宗释放了一个信号，一个极其危险的信号。虽然从表面上，他还是信任范仲淹等人的，但是其骨子里已经开始防范他们，甚至开始讨厌他们了。

宋仁宗把欧阳修调出京城，就是不信任这些革新派，准备削弱他们的力量的表现。

深知君心的夏竦清楚地知道，革新派已经完全失宠了，现在正是大举进攻的好时机。错过这个时机，必将后悔莫及。

于是，夏竦重燃战火，再次进攻。

这一次，他进攻的对象，是枢密副使富弼和国子监直讲石介。

庆历四年（1044年），朝廷御史奏报，说破获了一起“谋反大案”，枢密副使富弼和国子监直讲石介暗中勾结，意欲罢黜宋仁宗、另立新主。证据是，京城出现了很多的“大字报”，上面书写了此事。

人证、物证皆在。御史台上奏朝廷，请求缉捕富弼、石介，将他们打入天牢，等候圣裁。

这里有一个问题，夏竦攻击富弼，情有可原；夏竦攻击石介，又是为什么呢？

这个石介，是怎么得罪夏竦的呢？

原因很简单，两个字——私恨。

原来，刚刚改革时，为了鼓舞革新派的士气，也为了歌颂朝廷惩奸进贤，石介专门写了一篇《庆历圣德颂》，把范仲淹、欧阳修、富弼等人，歌功颂德了一遍。

他歌颂自己的偶像，赞美范仲淹与富弼，说他们是“一夔一契”（夔契都是舜时著名的贤臣），这种歌颂没有问题，但问题是，为了起到对比，石介痛骂夏竦是一个小人，说他与高若讷齐名，是朝廷中的一妖一孽。

夏竦很生气，后果很严重。

欧阳修痛骂完高若讷后，这个人成了过街老鼠，俨然成为“小人”的代言人了。如今，夏竦成了与高若纳并驾齐驱的“小人”，他岂能咽下这口气？

史料记载，为了报复这个痛骂自己的石介，夏竦竟然请来道士、和尚，让他们在家中作法，天天诅咒石介，让他赶紧去死。此外，夏竦还在家中立了一个牌位，上书“夙世冤家石介”六个大字，天天对着牌位痛骂不已。

恨人恨到这种程度，也算是可以了……

其实，实事求是地讲，夏竦跟石介本来没仇，这样玩命报复的结果，全是石介自己的错。

史书上的石介，疾恶如仇，个性也偏激，欧阳修不止一次提醒他：“自诩太高，诋时太过。”大意是：太容易意气用事，语言也太过偏激。

除了欧阳修，石介的好友孙复也提醒过他。当时，石介写完《庆历圣德颂》后，孙复就好言相劝道：“你的灾祸开始了（子祸始于此矣）！”

事实证明，孙复的预测完全正确。现在，石介算是被夏竦盯上了。

小人报仇的手段，必定让人“惊喜无比”。夏竦运用的报仇手段，何止是让人“惊喜无比”，简直是别出心裁、仅此一家了。

当时，夏竦有一个小妾，此女书法超群，模仿他人的笔迹惟妙惟肖。夏竦就找来了一堆石介的文章，让小妾模仿。小妾不敢询问原因，就认认真真地模仿了起来。模仿了数月后，竟然达到以假乱真的程度。

见小妾已经成功出师，夏竦找来一份石介送给富弼的书信，让小妾照抄了一份。

照抄归照抄，但把里面的“伊、周”二字，改为“伊、霍”。

这一下子，一字之差，谬以千里。

石介原文的意思是：希望范仲淹、富弼能够效仿古代的伊尹、周公，去辅佐君主，成就一番大事。夏竦改完后，意思就是：要让范仲淹、富弼去学习霍光——这就要了他们的亲命了。

咱们前面讲过，霍光是汉昭帝、汉宣帝两朝的“摄政王”，权倾朝野，说一不二。不仅皇帝听他的，霍光还废过一个皇帝！

可见，别看夏竦仅仅改了一个字，却把石介书写的意思全给改了！这就等于石介在教唆范仲淹、富弼，去行霍光之事，废了宋仁宗，另立新君，把持朝政，大权独揽。

为了增加效果，夏竦又仿造了一份石介笔迹的废立诏书，打造了一个完美无缺的“事实链”。

夏竦将这些东西秘密送入京城，告诉他们，不要上呈给皇帝，要以“大字报”的方式贴得满城都是，然后看皇帝与革新派争斗，坐收渔翁之利。

果然，后面的事情，全在夏竦的预料之内。看完这些“大字报”后，皇帝雷霆大怒，他不去严惩贴这些“大字报”的人，反而下令将石介、富弼等人全部打入天牢，等候圣裁。

后来，虽然在范仲淹等人的劝说下，宋仁宗最终收回了成命，将石介等人无罪释放了，但是通过这件事情，范仲淹等人的心也彻底冰冷了。

因为，从宋仁宗那双冰冷的眼神中，范仲淹已经读出了足够的信息——皇帝对他们的信任，已经烟消云散了。

谎言重复一千遍就会变成真理……此言不虚。

在这种背景下，范仲淹清楚地知道，皇帝不喜欢，大臣自然不会拥护，未来也必将“树倒猢狲散，破鼓万人捶”。为了防止那一刻的到来，还是主动“下岗”、离开朝廷吧。

其实，主动下岗，也是一步以退为进的妙棋。在范仲淹的眼中，现在风头这么紧，不如暂且离开朝廷，等风潮过去了，再回来不迟。这就跟现在的夫妻打架一样，天天看着对方，永远都是争持，不如暂时分开一段时间，小别胜新婚，到时候就破镜重圆了。

就这样，在这种“乐观”的思想下，范仲淹主动外放，离开了朝廷。

殊不知，范仲淹这一走，就再也没有回来。他这一走，也标志着这场轰轰烈烈的庆历新政，走向尽头……

最后的反击

庆历四年（1044年）六月，范仲淹上奏，以西线战局吃紧为由，恳请出京处理西线军务。对于这个建议，宋仁宗准了。

同年八月，富弼上疏，以辽国可能要偷袭宋朝为由，恳请回归北疆，筹备防御工作。对于这个建议，宋仁宗也准了。

同年八月，宋仁宗提拔余靖为右谏议大夫，命他出使契丹。

还是八月，欧阳修结束了运粮的工作，返回京城，结果回来没几天，宋仁宗就提拔他为龙图阁直学士、河北都转运使，让他去地方上班去了。

伴随着这些革新派“大佬”的相继离开，革新派人士的斗志低落到了谷底，他们也清楚地知道，这场轰轰烈烈的庆历新政，可能要无疾而终了。

好在革新派的大佬韩琦、杜衍没有走，他们继续留在了京城，指引着革新派人士前进。而且，革新派虽然实力受损，但也不是任人宰割的牛羊，他们也奋起反击了一下，让反对派付出了代价，丢掉了一个重要的“车”。

反对派的这个“车”，就是他们的首领，当朝宰相——晏殊。

原来，目睹了范仲淹等人的相继离开，史官修撰、同修起居注（相当于皇帝的贴身文字秘书）蔡襄忧心忡忡，他决定奋起反击，把反对派的首脑晏殊扳倒。

在蔡襄的眼中，既然反对派用文字游戏搞我们，那我们就用其人之道还治其人之身！

蔡襄找来晏殊所有的文件，细细翻看了一遍，希望能够从中找到罪证。功夫不负有心人，蔡襄还真的找到了一个强有力的证据，成功扳倒了晏殊。

这个证据就是——晏殊为李宸妃撰写的祭文。

当时，拿着这个证据，蔡襄找到了宋仁宗，希望他读一遍这个祭文。

带着疑惑的心情，宋仁宗认真地读了一遍。结果，等宋仁宗读到“李氏生女一人，早卒，无子”这句话时，他彻底“炸”了！

原来，当年李宸妃病逝后，根据惯例，要由翰林大学生起草祭文，对其一生进行总结。李宸妃的祭文，就是晏殊起草的。

当时，晏殊虽明明知道李宸妃是宋仁宗的亲生母亲，但因为刘娥还在世，晏殊不敢多嘴，所以在祭文中写下了“李氏生女一人，早卒，无子”的话。

虽然晏殊这样写了，但他没往心里去。晏殊自信地认为，一来，这只是一篇祭文，二来，祭祀的流程很多，宣读祭文只是其中一个很小的步骤，谁会记住这个步骤呢？就算记住了，谁又能记住祭文上的内容呢？

因此晏殊没有把这篇祭文放在心里，这么多年了，也没有人记起这件事情，直到“锲而不舍”的蔡襄发现了这件事情，才让这篇祭文重见天日。

要知道，在宋仁宗的心中，母亲李宸妃是永远的痛，拔不出、抹不掉。

宋仁宗一生中最愧疚的事情，就是在母亲有生之年内，没有尽过一天的孝道。为此，宋仁宗不惜用任何办法来弥补这个遗憾。比如，宋仁宗干脆将最宠爱的女儿嫁入李家，直接嫁给了母亲的内侄。后来，即使女儿一生婚姻不幸，宋仁宗也不许她离婚，最终让女儿郁郁而终（后面再说）。

晏殊敢这么写李宸妃，结果可想而知。

史料记载，看完这封祭文后，宋仁宗勃然大怒，当时就想剐了晏殊，以泄心头之恨。在士大夫的求情和祖训的制度下（不杀士大夫），宋仁宗才饶恕了晏殊，把他罢相，发配颍州了事。

晏殊被罢相后，宰相之位空缺，杜衍接替了他的职务，成了帝国新的宰相。这也算是革新派的反戈一击、回马一枪。

然而，大厦已毁，独木难支，即使轰走了晏殊，杜衍成功上位，也没有让革新派扭转局面。在宋仁宗怀疑的双眼中，革新派依旧处于不利的局面。

何况，晏殊虽走，但反对派还有夏竦、王拱辰、章得象这些核心主力，只要还有这些人，新政大业就必然一步步走向灭亡，最终毁于一旦。

第四章 新政完结

大势已去

史料记载，杜衍拜相后，京中的革新派鼓掌庆祝，反对派则忧心忡忡。

在他们的眼中，虽然范仲淹、富弼等人离开了权力中心，但他们的参知政事、枢密副使的头衔还在，说明他们还有可能重回朝廷，再行新政。

此外，范仲淹的“朋党”还在，革新派的杜衍、韩琦还在朝中为官，若不处理掉这些内应，假以时日，万一范仲淹等人“王者归来”了，他们之前的努力就都白费了。

为了不给革新派死灰复燃的机会，扳倒现在的新党领袖杜衍、把这个糟老头儿轰出朝廷，就成为反对派必须要干的事情了。

然而，说是这么说，想扳倒杜衍，谈何容易？

史料记载，因为知道反对派要干掉自己，所以在朝廷办公时，杜衍一直小心翼翼、处事缜密、滴水不漏，让人抓不到任何把柄。再加上皇帝对他极其尊敬，想轰走杜衍，就一个字——难。

见无法在杜衍这里找到机会，反对派们就将魔爪伸向了杜衍身边的人。他们准备弹劾杜衍的门生、亲戚、朋友，来一个“城门失火，殃及池鱼”，最终把杜衍拖下水。

可见，天下武学，真是殊途同归……现在看来，欧阳修的行为跟这些“小人”们的所作所为，又有什么区别？

很快，在一番耐心地寻找后，反对派们终于在杜衍女婿苏舜钦身上，找到了突破口！

苏舜钦当时在进奏院工作。在宋朝，进奏院的工作是负责接待各地官员，传递各地的奏折；将这些文件分文别类，上呈中书省，下送到各有关部门；同时，进奏院也负责将朝廷的诏书、文牒等物传给地方……

用今天的话来说，这个进奏院就是宋朝的驻京办事处。

当时，因为要处理无数的文件，自然有一些不重要的文件就留在了进奏院。这些文件积累到一定程度后，进奏院就会把它们卖掉，赚一笔收入。随后，大家聚一次餐，把这些“公款”花掉，联络一下感情。

庆历四年（1044年）十一月，苏舜钦见自己的岳父当上了宰相，心中高兴，就想请大家吃一顿饭。

苏舜钦下令，把进奏院的废文件卖掉，得钱10贯，他再自掏腰包10贯，宴请进奏院的同事、亲朋好友们好好吃一顿。

见苏舜钦如此有诚意，大家都很高兴。苏舜钦的几位好友，不仅全部参加，还主动凑钱，你1贯，我3贯的，凑了40多贯钱。大家准备找一个高级点的饭店，好好地撮一顿！

由于苏舜钦宴请的动静太大了，惊动了太子中书舍人李定，这个人主动找到苏舜钦，想参加这个宴会。然而，苏舜钦却一口拒绝了。

大错，就此铸成。

按理来说，大家都在官场混，你不想让对方参加，也要好好地婉言拒绝。而且，李定的官职比苏舜钦大，理应得到苏舜钦的尊重，苏舜钦即便真想拒绝，也应该好言相劝。

然而，苏舜钦的性格决定了，他若想拒绝人，就一定不会好言好语，肯定会直言不讳，这就容易伤人。

这绝非危言耸听，一件小事就能看出苏舜钦的性格特点。

元朝陆友仁的《研北杂志》记载，苏舜钦为人豪爽，喜欢喝酒，为此，他的老婆就向父亲杜衍告状，说夫君天天喜欢喝酒，什么时候都能喝。读书的时候也能喝，一喝就是一斗。这么喝下去，早晚得误事。

听完女儿的控诉后，杜衍有点纳闷。他不明白，为什么自己的女婿读书时还能喝酒呢？书里有什么内容，能让他开怀畅饮呢？

带着这样的疑惑，杜衍让家里的晚辈偷偷来到了女儿家，好好看看女婿是如何看书喝酒的。

当时，苏舜钦正在读《汉书·张良传》，他读到张良博浪沙刺秦，没有砸中秦始皇，只是砸中随行车队时，大吼一声："可惜了，没有打中！"说罢，端起酒杯痛饮。

过了一会，读到张良见到刘邦后，他大喊一声："君臣相遇，如此艰难！"说罢，又端起酒杯痛饮。

杜衍听后感叹道："有这等下酒物，一斗也不算多。"

可见，苏舜钦绝对是一个性情中人。

这种性情中人，肯定生性耿介，有啥说啥，要是嘴上有一个把门的，那才叫见了鬼。

其实，苏舜钦拒绝李定的说辞，要比咱们想象得还要严重。

当时，李定是恩荫出身，是那种仰仗祖上功绩、走后门进入官场的人。苏舜钦这样自负的大才子，肯定看不起这种人。这也注定了，苏舜钦绝对不会给李定好脸。

史料记载，得知李定要参加后，苏舜钦一脸厌恶之情，直言不讳道："乐中既无筝琶筚笛；坐上安有国舍虞比？"

意思是说：我们这个宴会，根本没有那些什么高雅的吹打弹唱、歌舞管弦。因此，也就不劳您这种高级官员屈尊跟我们这些下等官员一起喝酒了。

潜台词是：我们这个宴会，都是文人、高雅人之间的宴会，你个只会玩耍作乐、胸无点墨的家伙，参加什么？你根本不够格，一边待着去。

被苏舜钦羞辱一番后，李定又羞又恼，他立刻找到王拱辰，愿意拜他的"码头"，用苏舜钦等人的首级，作为见面礼。

得到了这么一员"虎将"，王拱辰大喜过望，他立刻收了这名"小弟"，让他秘密监视苏舜钦等人，一发现他们违法乱纪，马上缉捕归案。

至此，一张缉捕苏舜钦等人的大网，已经准备就绪。只等这些人进入，便可将他们“一网打尽”。

“一网打尽”的由来

约定的日子到了，苏舜钦、王洙、王益柔等人齐聚一堂，大家开怀畅饮，不醉不归。

酒过三巡、菜过五味后，有人提议，有酒有肉，但没有美人，这怎么行呢？我们应该找几个歌伎来，这样才好！

苏舜钦一听，此事甚好。他立刻花费重金，找来两名歌伎，让她们唱歌助兴。

这里多说几句，宋朝的歌伎并不是现在的妓女，而是一群陪酒的演员。

在宋朝，歌伎分民伎和官伎两种。民伎档次较低，演出水平一般，但价格便宜。“官伎”则是一群由政府管理、名列乐籍的演员。这些女子平时在官家教坊中生活、学习，国家一旦有什么大型的宴会，就让她们来歌舞助兴。此外，民间举行宴会时，若向官府发送了“邀请函”，经政府同意后，也可请这些弟子去演出。

既然是国家级的表演，演出肯定好，当然，价格也肯定高。

当然了，那天高兴，所以就不在乎钱了。最终，苏舜钦花费重金，找来了两名官府的弟子，让她们唱歌助兴。

两名歌伎来了后，大家纵酒狂歌，好不自在。喝了一段时间后，大家借着酒劲，你一言、我一语，皆成了愤世嫉俗的“愤青少年”。大家开始痛骂社会不公，抱怨上天无眼，埋没了人才，等等（能够理解）。

孰料，这些人刚刚开始发泄，他们的房门就被人一脚踹开了。随后，一群衙役捕快，就这样径直闯了进来……

第二天，苏舜钦等人跪在开封府，接受公审。

李定出面，状告苏舜钦等人四条大罪。

第一条，监守自盗。

李定告诉围观百姓，苏舜钦私自贩卖国家文件，换取钱财，又用这些钱大吃大喝，以满足个人私欲。这不是监守自盗，是什么？要知道，进奏院的文件，牵扯国家机密，怎能私下贩卖。万一泄露了机密，这还得了！苏舜钦此举，必须严惩不贷。

第二条，违规聘伎。

宋朝明文规定，歌伎不许接私活，更不许私下与官员会面。苏舜钦私自招募歌伎，公然违抗国家制度，必须严惩不贷。

原来，宋朝法律确实明文规定，因为怕出意外（大家都懂），歌伎不许接受私人宴请（不许接私活），也不许和官员有染（怕那啥）。当然了，这些制度也就是说说，很少有人去执行。

第三条，非议孔子。

李定告诉大家，苏舜钦等人在喝酒时，公然嘲笑孔子，还赋诗曰“醉卧北极遣帝扶，周公孔子驱为奴”。孔子乃儒学圣贤，其地位之高，即便是帝王也要礼让三分。苏舜钦等这些小小的官员，竟然敢驱使孔子，必须严惩不贷。

第四条，不守孝道。

李定说，苏舜钦的好友刁约，是一个不孝之人。当时，他家中有人病逝，此人应该在家里守孝，告慰亲人。结果，刁约竟然公开喝酒，还参加歌舞宴会，如此不孝之人，必须严惩不贷。

四个“严惩不贷”，真可谓杀气腾腾。

无辜入狱，苏舜钦等人本就一肚子气，当听完这四个“严惩不贷”后，苏舜钦等人彻底怒了。他们纷纷站了起来，为自己辩解，痛骂李定胡说八道。

首先，苏舜钦告诉大家，李定所谓的“监守自盗”，根本不成立！允许把不要的东西卖掉换钱，此为“定制”。开封府是如此、御史台是如此，京城大大小小的部门都是如此，凭什么我们进奏院不能这么干！

其次，李定所谓的“违规聘伎”之说也不成立！这两个歌伎是我的好朋友，我组织聚会，她们过来捧捧场子，这有何不可？难道朋友之间也不能走动了吗？

再次，李定所谓的“非议孔子”之说，就是胡扯！文人在创作时，本就语出惊人，何必大惊小怪？李白就曾说过：“我本楚狂人，凤歌笑孔丘。”难道把李白也抓起来吗？

最后，李定所谓的“不守孝道”之说，更是无稽之谈！诚然，刁约的亲戚是病逝了，但那是从无来往的亲戚，虽在五服之内，也早就不联系了。对于这种亲戚，宋朝早有规定，不用对其守孝。你李定连这个道理都不懂吗？我劝你多去读点书。

一番强烈言辞后，李定被反驳得无话可说。

至此，这个案件可以结案了，李定无凭无据、诬告苏舜钦等人，必须严惩不贷；证据不足，苏舜钦等人当庭释放……

要是这样判决的话就好了。

当时，李定这个“新兵”没招了，但是，王拱辰这个“老将”却还有办法。

王拱辰派自己的亲信刘元瑜出场。刘元瑜呈上了一首王益柔的诗句后，立刻将这个案件逆转了，并送给苏舜钦等人一个聚众私会，意图谋反的新罪名。

原来，这首诗句是这样写的：

男儿不知恨，怎能破困出。终降挥慧剑，斩断爱与愁。
高歌嘹长空，追花逐月流。他年为青帝，敢笑龙凤雏。

在这首诗句中，“青帝”二字就要了亲命了！

何为青帝？

官方解释，他是古代神话中的五天帝之一，位于东方，掌管春季，使命是让万物蓬勃生长，也称司春之神、百花之神。

历史上有个人把自己比作青帝，这个人就是大名鼎鼎、破坏唐朝根基的农民起义军领袖——黄巢！有诗为证：

飒飒西风满院栽，蕊寒香冷蝶难来。
他年我若为青帝，报与桃花一处开。

王益柔自比黄巢，你到底想干啥？

历朝历代，只要涉及谋朝篡位的事情，就彻底热闹了。对于这个罪名，开封府已经不能管了。于是，案件交给了御史台王拱辰。

咱们前面讲过，宋仁宗是一个宅心仁厚的皇帝，四川老儒曾写了一首真真正正的反诗，宋仁宗都能宽恕他，何况这种断章取义、寻章摘句的诗词。

看完这首诗后，宋仁宗道："这首诗确实不妥，但这不过是一个文人酒后狂言罢了，不要再追究了。"

王拱辰急忙道："不可，陛下必须严惩此人，好给天下一个交代！"

宋仁宗道："交代？什么交代？此人不过是一个微末小官，无兵无权，他会造反，谁信呀？我若严惩了他，才无法给天下一个交代。"

王拱辰道："启奏陛下，不是这样的。严惩苏舜钦等人，是要给天下一个交代，绝不可结党营私，行'朋党'之事！"

一听"朋党"二字，宋仁宗满脸不悦，道："爱卿此言，可有凭证？"

王拱辰道："启奏陛下，这王益柔是范仲淹推荐的官员。苏舜钦虽是杜衍的女婿，但也是在范仲淹的推荐下才进入了进奏院。这次聚会的其他官员，如王洙、江休复、章岷、宋敏求等人，不是欧阳修推荐的，就是富弼推荐的。总之一句话，这些人都是范、欧的朋党！"

对于王拱辰的说辞，宋仁宗不信，王拱辰立刻拿来这些人的举荐名单，一一核对。最终，在铁证面前，宋仁宗无话可说，脸色也越发难看了。

在皇帝的眼中，范仲淹等人一直说自己虽然有朋党，但从来没有培植党羽、勾结百官。但现在这个情况又说明了什么？

皇帝很生气，后果……自己想象。

愤怒之下的皇帝颁布圣旨，罢黜苏舜钦官职，削籍为民，永世不得为官。王益柔驱逐出京，到一个小县当酒税官。其余人员，该降级的降级，该流放的流放，一个也甭想跑！

至此，王拱辰不费吹灰之力，就把杜衍的亲信们驱除出京了。这次事件，也使革新派在人事上、声誉上遭到了重创，他们再也没有能力与反对派抗衡了。

事后，面对自己的辉煌成绩，王拱辰扬扬得意道："吾一举网尽之矣！"

这句话，就是成语"一网打尽"的由来。

无力回天

伴随着苏舜钦等人的离京，杜衍势力全无，他虽然还是宰相，但无权无势，等于是一个“废人”了。

在这种背景下，革新派再无回天之力。最终，在反对派的两记“重锤”下，革新派终于灰飞烟灭，不复存在了。

第一记重锤：回答皇帝的问题。

史料记载，庆历五年（1045 年）正月，朝会结束后，宋仁宗单独留下了翰林学士丁度，向他讨论了一个问题，一个困扰了自己数月的问题。

丁度，字公雅，开封人，北宋大臣，著名的训诂学家。丁度满腹经纶、博学多才，宋仁宗对他非常钦佩。

丁度曾为宋仁宗讲解经史，当时，宋仁宗一直称其为学士而不喊他的姓名。由此可见宋仁宗对其的敬佩之情。

宋仁宗问丁度道：“在选拔官员的时候，是应该看重能力，还是应该看重资历？”

宋仁宗的这个问题，含义颇深。若范仲淹提倡的新法，是选拔合格的官员，驱除没用的庸官，那么革新派人士看重的，就是官员的能力了。反之，反对派提倡的，就是官员的资历了。

论资排辈也是官场的正道，这个选拔标准也公平、公正，不容易惹事。而且，一旦破坏了这个规矩，势必引起大规模的官场震荡，到时候“排队”的人不服怎么办？毕竟，人家排队等了几年甚至是几十年了。

听完皇帝的问题后，丁度知道此问题事关重大，在考虑了半天后，丁度小心谨慎地回答道：“太平盛世时，以资历为先；边关未宁时，以能力为先。”

丁度的这番话，虽然从表面上看合情合理，但若细细品味，丁度等于把范仲淹彻底“弄死”了。

因为，丁度这番话的意思非常明确——两年前，西夏与宋朝开战，那个时候边关未宁，需要提拔范仲淹、富弼这种有能力的官员，才能抵御李元昊。但是现在呢？宋夏战争已经结束了，李元昊已经俯首称臣了。这种背景下，天下已经太平了，这个时候提拔官员，就要提拔那些有资历的官员了。毕竟，循序渐进的选拔制度不会惹事，而且，即使选拔的官员无才，也不会因为急于建功立业，而祸害一方……

可想而知，丁度等于告诉宋仁宗——所谓的新政，可以休矣。

这记重锤，真是敲得可以。

除了丁度“劝慰”宋仁宗停止新政，同一时间，另外一封“不合时宜”的奏章，则成了一个巨大的导火索，终于坚定了宋仁宗停止新法的决心。

这个上疏的官员不是别人，而是变法的执行者——范仲淹。

第二记重锤：范仲淹不合时宜的上疏。

原来，得知苏舜钦因为朋党罪名被贬，朝中又起朋党之论后，范仲淹忧心忡忡，他索性上疏宋仁宗，请求辞职。

在这个节骨眼上，范仲淹为什么要上疏辞职呢？这是一次试探性的进攻，还是真心实意的隐退，不得而知。我们唯一知道的是，在小人的帮助下，范仲淹得到了一个什么样的结局。

收到这封奏章后，宋仁宗很是为难。若是不批，反对派不干，群臣也不会答应；若是批准，会伤了范仲淹的心，也会让天下士子们失望。

宋仁宗清楚地知道，范仲淹现在这么惨，全是背了自己的黑锅，若自己不提倡改革，范仲淹何来庆历新政之说。宋仁宗不忍心开除这位忠心耿耿的大臣。

就在宋仁宗进退两难时，一个小人的一番话，让宋仁宗下定了决心。

史料记载，对于是否批准范仲淹辞职的问题，宋仁宗询问了宰执章得象，希望他给一个处理意见。

咱们前面讲过，整个庆历新政期间，章得象都选择了闭口不言。然而，在这个问题上，章得象不仅表现得非常积极，还彻底坑了范仲淹一把。

章得象是这么回答的：“范仲淹向来喜欢虚名，此次他辞官，若立即应允，只能成全了他的虚名，伤了陛下的圣德。因此，不如下旨挽留。若范仲淹继续上疏，执意辞官，就可以正式罢免了范仲淹，成全他的虚名。若范仲淹上疏谢恩，继续为官，就证明他根本不想辞官，只是利用了陛下的仁心，求一个虚名罢了。既然范仲淹是一个求虚名的官员，我们也能以此为借口把他罢免，给天下一个交代。”

看见没有，此等挖坑技术、此等害人的本事，咱不服都不行！

史料记载，宋仁宗听从了章得象的处理意见，他颁布圣旨，下诏挽留范仲淹。

范仲淹看完这封挽留圣旨后非常高兴，他真的以为宋仁宗是因为相信他才下诏挽留。于是，范仲淹立刻上表谢恩，再也不提辞官的事情了。

可想而知，看完范仲淹谢表的奏章后，宋仁宗对其的心情也只剩一种——失望透顶。

在宋仁宗这种失望透顶的心情下，这场轰轰烈烈的庆历新政终于走到了尽头……

庆历五年（1045 年）正月，宋仁宗正式颁布圣旨：罢黜杜衍宰相之职，令其出任兖州知州；罢黜范仲淹副宰相职务，令其出任邓州知州；罢黜富弼枢密副使职务，令其出任郓州知州。

没过多久，欧阳修和韩琦也被轰出了朝廷，一个被发配到了滁州，气得写出了《醉翁亭记》；另一个则发配到了扬州，跟王安石“打架”去了（这些故事后面再说）。

轰走了这些变法骨干后，宋仁宗昭告天下，全面停止新的改革制度，恢复旧日的恩荫制度。革新派提拔的所有官员，全部撤职或调任。

就这样，在宋仁宗的圣旨下，这场轰轰烈烈的庆历新政，终于宣告结束。

失败教训

从庆历三年（1043 年）九月开始，到庆历五年（1045 年）正月为止，这场前后仅仅持续了一年零四个月、在最简陋的历史教科书上都不会忘记记录的庆历新政，就以这样的结局告终。

我个人认为，庆历新政失败的原因，是这样的：纵观中国历史上的改革，成功只有一个原因，那就是——君主极其信任改革的大臣，他们在思想上高度认同，在政治目标上高度一致，在行政过程中高度配合，一起面对所有改革的阻力。不管出现什么情况，君主和臣子都能共进退，不抛弃、不放弃。只有这样，变法才能成功。

然而，纵观这个庆历新政，我没有看见上述这些情况，我看到的是：一个貌合神离的君臣组合；一个信任极度脆弱的君臣组合；一个有点风吹草动就怀疑臣子的君主和一个根本不明白君主的意思、完全单干的臣子……这样的组合，要是能够变法成功，那才叫见了鬼。

在别人眼中也这样吗？

也许是；也许不是……

至少，在那个有为的年轻人眼中，我没有看到这些，他总结出了另外一套经验教训。

这个年轻人总结出了三条原因，三条“莫名其妙”的原因：

第一条，范仲淹的权力不够。

在这个年轻人的眼中，庆历新政从一开始就埋下了失败的伏笔。因为，宋仁宗启用范仲淹时，只是授予了他一个参知政事（副宰相）的头衔，而没有任命其为宰相。虽然在变法中，范仲淹可以行使宰相的权力，也把真正的宰相挤到了一边。但是，范仲淹毕竟不是帝国的宰相，他的上面还是有领导的。最终，就是他的这些领导，坏了他的好事。

因此，这个年轻人认为，要搞变法，就要成为一人之下万人之上的宰相，否则决不可行。

第二条，范仲淹不搞一言堂，导致革新派分裂。

在这个年轻人的眼中，水洛城事件后，革新派之所以分裂，全是范仲淹民主的结果。

范仲淹若搞一言堂，让韩琦、尹洙等人统统闭嘴，何来这么多的烦恼？范仲淹若坚持自己的意见，水洛城早修好了，革新派也不会分裂。

因此，这个年轻人认为，要搞变法必须要一言堂，哪怕得到一个固执己见的译语，得到一个“拗相公”的头衔，他也决不妥协。

第三条，庆历新政的核心改革是“吏治”，这完全不行。

在这个年轻人的眼中，吏治改革触动了士大夫们最大的“奶酪”，他们势必会强烈反对，把这个变法扼杀在摇篮里。

因此，这个年轻人认为，要搞变法，就要吸取庆历新政的教训，避开士大夫最大的奶酪，以理财为主，做到最大限度的开源，而不是节流。这样的话，变法就能成功了！

要知道，这个年轻人在变法时，就是沿着“以理财为方今先急”的思想前进的。

君若不信，请看一下这个年轻人变法的内容，就能一目了然。

史料记载，这个年轻人的变法内容很多，归纳起来主要有三个方面：

第一个方面，财政方面的改革。主要包括青苗法、募役法、方田均税法、农田水利法、市易法、均输法等。

第二个方面，军事方面的改革。主要包括保甲法、裁兵法等。

第三个方面，教育改革。主要包括改革科举制度、整顿学校等。

看见没有，这个年轻人完全躲开了吏制改革，变法也以不损害官僚贵族的直接利益为主。因此，对比庆历新政，这个年轻人的变法阻力明显要小，变法时间也明显更加持久。

当然了，这个变法最终也是以失败告终。因为，这个年轻人并没有总结出庆历新政失败的真正原因，他又如何能在失败教训的基础上获得成功？

秦人不暇自哀，而后人哀之；后人哀之而不鉴之，亦使后人而复哀后人也。

这个即将变法的年轻人，我就不说是谁了，因为大家都知道……

邓州养老，至亲病逝

庆历五年（1045 年）正月，在反对派的攻击下，庆历新政无疾而终，范仲淹被解除宰相职务，被发配到了邓州，当一个小小的知州去了。

在宋朝的编制中，知州全称“权知某军州事”。所谓“权知”，就是暂时主管、暂时代理此职务的意思；所谓“军州事”，就是当地的民政和军事。

这么一翻译，这个所谓的知州，就是今天的临时市长。

从高高在上、一人之下万人之上的宰相，变成一个小小的市长，范仲淹当时的心情可想而知。

这一年，范仲淹 57 岁。

虽然被贬，但范仲淹也释怀了很多。跟晚年的寇准一样，范仲淹也非常地平静。毕竟，曾经奋斗过、曾经努力过就行了。得到这么一个结局，也没有什么后悔不后悔的。

既然那些事情成为过去，就让它们过去吧。毕竟，还得好好体验生活，努力活好每一天才是。

列一张范仲淹时期人物的寿命表吧：宋仁宗活了 53 岁，吕夷简活了 66 岁，晏殊活了 64 岁，欧阳修活了 65 岁，韩琦活了 67 岁，富弼活了 79 岁，夏竦活了 66 岁，包拯活了 64 岁，王安石活了 65 岁，司马光活了 67 岁，苏轼活了 64 岁，滕子京活了 57 岁，蔡襄活了 56 岁，尹洙活了 46 岁，苏舜钦活了 40 岁，石介活了 40 岁……

北宋一代风流人物的寿命足以说明，在古代，57 岁已经是一只脚进棺材的年龄了，既然事情已经如此了，安度晚年吧。

当然，除了自己想安度晚年，邓州也给了范仲淹一个安度晚年的“环境”。

范仲淹被贬后的当年，即庆历五年冬十一月，他因病上表请出任邓州，以避边塞严寒，宋仁宗批准了。这个邓州（今河南省邓州市），古代也称“穰”。

邓州这个地方，是一个产粮重地。在这里，吃喝不愁。

除了能产粮食，邓州的地理位置还特别地好。此地位于河南、湖北、陕西三省交界之处，商业发达，交通便利。而且，这里离京城汴梁也不远，官员很容易回京面圣、回家探亲。

因为物产丰富、交通便利，所以从宋朝初期起，邓州就是宋朝老干部的养老圣地。当时，国家有明文规定，对国家有恩或者是年过 70 退休的老干部，都可以去邓州养老，一面继续发挥余热，一面颐养天年。

宋太祖的开国元勋赵普、宋太宗的状元宰相苏易简、逼着宋真宗上战场的铁腕宰相寇准等，也都在邓州当过知州，在这里养老。因此，这么一想的话，宋仁宗同意范仲淹在邓州养老，也算是念旧情。

就这样，整整三年，范仲淹远离了喧闹的朝廷，一直在邓州养老。

咱们都知道，跟岳飞一样，范仲淹也是那种“匈奴未灭，何以家为”的大丈夫、真君子。那些年，为了国家繁荣富强、为了百姓安居乐业，范仲淹一直忙于工作，与家人聚少离多，大家几乎没有在一张桌子上吃过饭。

现在好了，在邓州养老后，全家终于能够聚在一起了，范仲淹也能好好地教育子嗣了。

史料记载，范仲淹不仅是一个为国为民的好官，更是一个教子有方的好父亲。在他的教育下，四个儿子（长子范纯祐、次子范纯仁、三子范纯礼、四子范纯粹）都成了人中龙凤，在《宋史》上都有自己的《本传》。

四个孩子的《本传》，再加上《范仲淹传》，一门父子“五传”传世，足以光耀史册、流芳百世。在中国历史传记上，这样辉煌的成绩也很少有人匹敌。

单凭此举，范仲淹骄傲的心情可想而知。

至此，家庭和睦、父严子孝，家业有了合格的继承人，也为国家培养了合格的人才，人生至此，也算是功成圆满了。那真是把酒问青天，就问你一句话——夫复何求？

然而，范仲淹还是想错了，毕竟在这个世界上，人有悲欢离合，月有阴晴圆缺，此事古难全。老天爷不会一味让你享受生活，它也会不失时机地送给你一场刻骨铭心的体验。

这不，在邓州安享晚年期间，范仲淹就得到了两场噩耗——他最好的两个朋友黯然病逝了。

第一个病逝的好朋友，就是同为四贤之一的——尹洙。

史料记载，范仲淹在邓州养老时，被贬到均州（今湖北均县）的尹洙，突然重病缠身，一病不起了。

刚开始得知尹洙生病的时候，范仲淹并不是特别在意。在他的眼中，尹洙比自己小十余岁，正当壮年，应该没什么事。

对于尹洙生病的原因，范仲淹也给出了一个乐观的解释——定是这厮喜欢喝酒，夜不归宿，偶遇风寒了。于是，范仲淹派人送给尹洙两坛子药酒，并告诉他：生病期间就不要喝酒了，用这个药酒代替吧。等你病好了，咱们再一起喝酒，不醉不归。

俗话说，病来如山倒。随着时间的流逝，尹洙的病情每况愈下。到庆历六年（1046 年）七月时，尹洙已经重病不起，非常严重了。

得知老友病成这样后，范仲淹着急了，他上疏朝廷，以尹洙病情危殆，均州偏僻，缺医少药，难以救治为由，请求把尹洙接到邓州，由自己亲自照顾。

三个月后，朝廷批准了范仲淹的奏折。得到朝廷的批准后，范仲淹立刻安排得力人手，去均州接尹洙。结果，这一来一去、折腾了小半年的时间后，庆历七年（1047 年）春，尹洙才被接到邓州。

见到生病的好友后，范仲淹痛心不已，他立刻花费重金聘请名医、购买名药，不惜一切代价拯救尹洙的性命。据说，范仲淹还找来了邓州名医张仲景的后代（估计是假的），让他来医治尹洙。

然而，虽然范仲淹全力医治，但尹洙的病拖得时间太长了，再加上一路上的鞍马劳顿之苦，已经回天乏术了。

得知这个结果后，范仲淹泪如雨下、痛苦不已。虽然在变法期间，因为一个水洛城事件，范仲淹与尹洙有矛盾，但那是工作上的矛盾。在生活中，这哥俩亲密无间，绝对是莫逆之交。

昔日，大家一起弹劾吕夷简的情景历历在目；尹洙那大无畏的“臣既为陛下建忠谋，岂复顾朋党之责”的话，还余音绕梁。可如今，这个人却已经油尽灯枯了。这样的结果，让范仲淹如何承受？

范仲淹对尹洙说道：“尹兄放心，我知道你担心子女后事。你放心，我范仲淹对天发誓，一定把你的子女抚养成人，决不会让他们流离失所。”

范仲淹是这么说的，也是这样做的。在范仲淹的全力照顾下，尹洙的两个孩子健康快乐地长大成人，还入朝为官，成了朝廷的栋梁。

第二天，范仲淹再来看尹洙时，惊讶地发现——尹洙的病已经“痊愈”了，他精神不错，已经能够站起来走动了……

尹洙突然要求沐浴，完毕后靠着几案，安然而逝。

尹洙死后，众人放声痛哭。在万分悲痛下，范仲淹亲手执笔，写下著名的《祭尹师鲁舍人文》，为好友送行。

至此，宋朝一位少有的文武双全的好官，就这样英年病逝了，享年 46 岁，让人唏嘘不已。

尹洙的后事由范仲淹一人承担。在尹诛去世前，范仲淹当面答应请韩琦、欧阳修为他写文字，“垂于不朽”。尹洙去世后，范仲淹先是上奏朝廷，说明了尹洙病逝之事。随后，范仲淹请孙甫作行状、欧阳修写墓志铭、韩琦写碑文，记录尹洙的生平。最后，范仲淹又组织人马，护送尹洙的棺椁和家眷回老家，让他叶落归根。

当然，上述的事情，只是一小部分罢了。为了让好友含笑九泉，范仲淹收集整理尹洙生前的所有文章，将它们整理成十卷本《尹师鲁河南先生集》，并亲自为这套书作序。此外，尹洙留下的《叙燕》《息戍》《兵制》等兵法著作，也都被范仲淹整理了出来，留给后人，以作为对付西夏和辽国的重要参考文献。

如今，范仲淹整理的这些文件，不仅成了研究北宋文化的重要文献，还向我们阐述了一个言简意赅的道理——什么样的情谊才能被称为兄弟情谊！

范仲淹，真不愧为一个有情有义的君子。

然而，在全力置办尹洙后事期间，范仲淹根本没有想到，又一个噩耗接踵而来——他的另一个好友滕子京在苏州病逝了。

一年之内连失两个至亲好友，范仲淹当时的心情可想而知。

最后的范仲淹

史料记载，得知滕子京病逝的噩耗后，范仲淹就跟五雷轰顶一般，久久不能释怀。

假的，这一定是假消息……

范仲淹不相信的理由有二：

第一，就在前一年，即庆历六年（1046年）九月十五日，范仲淹还应好友滕子京之邀，写下千古名文《岳阳楼记》，送予滕子京，为其鼓励、慰勉呢？如今，《岳阳楼记》笔墨未干，滕子京却仙逝了，换成谁也不可能接受这个事实。

第二，范仲淹深知，就在今年春天，滕子京调任苏州知府，他还准备在新的岗位上干一番大事业呢。结果这才刚刚过去三个月，滕子京就撒手人寰了？

然而，不管范仲淹如何不相信，铁的事实将告诉他，滕子京已经病逝了。这就是现实，这就是滕子京的命。

世事难料，人事沉浮……

庆历七年（1047年）四月，滕子京病逝在苏州任上，享年57岁。滕子京死后，史书对其的评价是："为人尚气倜傥，清廉无余财。"

对于这两句评价，前一句，我同意；后一句，我保留意见。为什么？大家可以百度一下。

书归正传，一年之内，连失两位好友，这对范仲淹打击太大了。后来，即使朝廷把他安排在了风景秀丽、景色迷人的杭州，范仲淹的身心也受到了巨大的打击，身体也每况愈下了。

后来，在朝廷一次无意的任命中，范仲淹终于垮了。

原来，皇祐三年（1051年），范仲淹63岁时，青州发生了一场特大旱灾。这场灾难规模之大、涉及百姓之多，处理稍有不慎，就能酿成一场民变。

当时，朝廷派了几拨人去赈灾（富弼都去了），都无法解决这个难题。最终，宋仁宗一拍脑袋："还得用他。"

就这样，跟十九年前苏州水灾的那次赈灾一样，朝廷再次拉下身段，加封了范仲淹的官职，让他去青州赈灾了。

按理来说，范仲淹63岁高龄且重病缠身了，已经犯不着用这种赈灾的事情，来增加自己的威望了。范仲淹完全可以拒绝任命，不用受这种鞍马劳顿的罪，不远千里从浙江省跑到山东省赈灾。

古代不比现在，在那个交通全凭各种腿（人腿、驴腿、马腿）的时代里，如此遥远的路途，足以摧毁范仲淹的身体。

然而，接到朝廷的任命后，为了自己"先天下之忧而忧，后天下之乐而乐"的理想和信念，范仲淹不顾自己风烛残年的身体，毅然决然率众北上，去青州赈灾了。

此时此刻的范仲淹，还是那个"以天下为己任"的官员。哪怕受了委屈、受到了不公平的对待，他的心中也始终装有人民百姓，为天下苍生的幸福而努力。

这，才是一个为国为民的好官。对比那些随便撂挑子，稍有不满就威胁皇帝的官员，范仲淹的这种精神，更是难能可贵了。

虽然在青州，范仲淹用了很短的时间就把赈灾工作完成了（还是那么地厉害），但繁重的工作加上长途旅行之苦，已经让这个老人病重难支、药石难救了。于是，赈灾结束后，范仲淹立刻上疏朝廷，希望能够找一个安静的地方休息养老。

宋仁宗收到范仲淹的请求后，立刻颁布圣旨，命范仲淹扶病就道，移至颍州。结果，范仲淹走到徐州就再也走不动了。他的生命，也在此走到了尽头。

皇祐四年（1052年）农历五月十二日，这一天，虽经御医全力抢救，范仲淹也没有敌过生老病死的自然法则。在今天的江苏省徐州市，范仲淹在家人和朋友的祝福声中，安然病逝，享年64岁。

一代圣贤，终于陨落……

徐州，又是这个与范仲淹有千丝万缕的地方。要知道，现在一部分史学家坚信，范仲淹就是在徐州出生的，而不是在河北正定。当然，范仲淹的出生地还需考证，但有一点是确信的——范仲淹的生父范墉就是在徐州病逝的。

父子两代，竟然病逝在了同一片土地上。范仲淹与徐州，真是结上了命中注定的生死结。

好吧，俱往矣，范仲淹已经走完了自己的一生，我们可以对他盖棺定论了：

欧阳修赞其为："公少有大志，每以天下为己任。"

韩琦赞其为："前不愧于古人，后可师于来者。"

王安石称其为："呜呼我公，一世之师。由初迄终，名节无疵。"

南宋理学大家朱熹赞其为："天地间第一流人物。"

金国文学家元好问赞其为："求之千百年间，盖不一二见。"

明代思想家李贽更赞其"宋亡，范公终亡耳"。

……

是的，没有一个人怀疑范仲淹的人品和情操，也没有一个人质疑他是一个圣贤。那句"先儒论宋朝人物，以范仲淹为第一"的评语，范仲淹也绝对受得起。

然而，在赞美范仲淹、学习他的精神、以他为榜样的同时，我们却忽略一个问题，一个极其重要的问题，甚至是一个我们习以为常的问题。

这个问题就是——像范仲淹这样的人，为什么不得善终？

也许，这就是圣人的悲哀吧。就跟孔子不被春秋所理解一样，当范仲淹决定以"先天下之忧而忧，后天下之乐而乐"为目标时，他就注定成为宋朝官场的一个另类。其结果，也只能被踢出局。

毕竟，在宋朝的官场上，不合时宜是最大的禁忌。要想在宋朝官场混得好，必须要"深得朕意"，必须要"乖巧可爱"，必须要"八面玲珑"，必须要"会享受生活，能跟其他同僚打成一片"。只有这样的官员，才能活得舒服，活得无疾而终……

在这种环境中，上一个殉道者，是宋真宗时期的名臣寇准；这一次的殉道者，是宋仁宗时期的范仲淹；下一个殉道者呢？应该就是宋高宗时期的岳飞了……

这，是宋朝的悲哀，也是中国历史的悲哀，更是圣贤的悲哀。

好在虽壮志未酬，一生也没有得到公平的待遇，但历史还是还给了他一个公道，一个永载史册的公道。

这，就是范仲淹的“谥号”。

咱们都知道，所谓谥号，是指古代帝王、妃嫔、诸侯、卿大夫、高官大臣死后，朝廷根据他们的生平行为给予的一种称号，以褒贬善恶。

谥号如此重要，引无数英雄尽折腰，但凡一个“要脸”的官员，都想获得一个永载史册的谥号。贪官污吏如此，圣贤良臣更是如此。

在这个方面，宋朝授予范仲淹的谥号，就非常了不起。朝廷赐予了范仲淹一个文臣最高等级的谥号——文正。

“文”这个字，很容易得到，在宋朝，只要是一个有名的文臣，一般都会授予“文”这个谥号。但是，要想获得这个“正”字，却太难太难了。

何为“正”？只有得到官员百姓一致爱戴、一致拥护的人，才能称得上“正”。

这个等级要求太高了。天下百姓众口难调，怎么可能让大家，一起真心拥护某个官员呢？

只有那些真正表里如一的君子，为百姓着想，按照最高标准坚定地去践行儒学道德的人，才能得到这个字。

可见，跟寇准一样，虽然范仲淹生前也没有得到公平的待遇。然天日昭昭，自古不昧。好人还是能够得到好报。

得到这么一个完美的谥号，范仲淹若在天有灵，也足以瞑目。

范文正公，走好，祝您一路平安……

这里说一段题外话，也顺便引一下即将出场的那个人：

根据《宋史·宰辅表》记载，在北宋漫长的167年时间里，“居相位者七十二人，位执政者二百三十八人”，可见有机会获得“文正”谥号的官员，竟然有310人之多。在这么多的官员中只有区区8个人，得到了这个谥号，可见竞争之激烈，舆论要求之高。

当然，虽然这8个人都获得了“文正”的谥号，但在百姓的心目中，纵观整个北宋史，只有3个人才配得上这个谥号，才是他们心目中真正的“文正公”。

这三个人的名字如下：

第一个人，就是真宗、仁宗朝的名臣——王曾。

虽然在史料中，王曾晚年被吕夷简陷害，导致晚节不保，但他连中三元的成绩、令人津津乐道的政绩以及智斗丁谓的壮举，还是让他获得了这个谥号。

第二个人，就是宋朝最著名的宰相——范仲淹。

如今，范仲淹已成为“宋朝文正公”的代言人了。现代人一聊天，若提到“宋朝文正公”如何如何，甭问，肯定就是在说这位“范文正公”。

第三个人，就是此时尚在家中丁忧，即将登上历史舞台的北宋著名的政治家、史学家、文学家，少年砸缸、中年修书、晚年摧毁变法的——涑水先生。

他就是历史上大名鼎鼎的——司马光。

第五章 『砸缸少年』的那些事

司马光的祖先

如今，一提到司马光这个名字，可谓无人不知、无人不晓。虽然大家对司马光的一生不太熟悉，但对于这个人还是非常熟悉的。在大家的心目中，这个人主要以三种形象出现在世人的面前。

第一种，砸缸救伙伴的勇敢少年。

第二种，中国历史上伟大的史学家之一。

第三种，保守派的著名代表，摧毁王安石变法的罪魁祸首。

拜中学历史教科书所赐，司马光的最后一种形象更加深入民心。

如今，只要考试中出现下列这种问题，如"司马光是一个什么样的人，王安石变法失败的原因"，按照下面的"标准答案"去回答，就应该问题不大了。

这个答案就是——宋神宗时期，为了解决宋朝长期存在的积贫积弱的问题，王安石开始变法，准备富国强兵。宋神宗病逝后，高太后执掌朝政，她重用保守派领袖司马光为相。司马光在执政期间，将王安石的变法措施尽数废除，导致王安石的变法以失败告终……

在中国阶级斗争最激烈的时代，这个答案也可以引申为——王安石代表着小地主阶级，提倡改革，要求变法。司马光代表着大地主阶级，比较保守，反对变法。因此，王安石是勇于改革的英雄，而司马光则是一个顽固不化的小人。

最终，上述的这些“标准答案”，就成为真正的“历史”了。然而，历史的真相，是不是这么回事呢？

别的不说，上述观点中的王安石跟司马光的阶级地位，根本就是反的！

根据苏东坡给司马光书写的《神道碑》记载，司马光家里只有三顷田，家里穷得叮当响，老婆死了都没钱埋，连小地主阶级都不算！相反，根据史学家们的考证，王安石家里有 3000 亩良田，他才是真正的大地主阶级。

现在，就给大家讲述一段真实的历史，一个真实的司马光。

老规矩，每一个人的出生，都要从他呱呱坠地开始，但是，在讲述司马光时，我希望从他的祖先开始讲起。毕竟，中国人有认祖认宗的优良传统，如果为司马光立传时不去追溯他的祖先，估计司马光本人都会有意见。何况，司马光的这个司马家族，可是一个望族，这个家族的很多家风和习惯，对司马光产生深远的影响，也给我们很多的借鉴。

现在，开始介绍司马光的家族。

根据苏轼的《司马温公神道碑》记载，司马家族是这个样子的：“公讳光，字君实，其先河内人，晋安平献王孚之后，王之裔孙征东大将军阳始葬今陕州夏县涑水乡，子孙因家焉。曾祖讳政，以五代衰乱不仕。”

这段文字如果用“倒叙”描述的话，是这样的：

第一，在五代十国时期，司马光的曾祖父为了避祸，没有出来当官，他们一家都是农民。

第二，再以前，司马光家族可是很辉煌的。因为，他们是“征东大将军”司马阳的子嗣，是当时的名门望族。

第三，这个司马阳是西晋安平献王的孙子。这个安平献王，叫作司马孚。

这个司马孚是谁呢？

说到司马孚，可能大家不清楚，这个无可厚非。但是，如果说起这位司马孚的哥哥，那就无人不知、无人不晓了。

司马孚的哥哥，就是三国时期最著名的奸臣——司马懿。

司马懿可是西晋王朝的奠基人，他的子孙取代了曹魏，建立了一个属于自己的帝国。这么一捋的话，作为司马孚的后人，司马光身上可流着皇族的血液，人家可是正经的西晋皇族的后裔！

那么，苏轼写的这段历史，是真的吗？

一个词——未必。

还是那句话，中国人有认祖认宗的优良传统，但凡是同姓的名人，都会玩命往上靠，好给自己脸上贴金，还美其名曰“五百年前是一家”。要是司马迁有后的话（大家懂的），估计司马光的祖先也敢去认。

司马光到底是不是司马孚的子嗣，估计连他自己也不清楚。唯一的解决办法，就是做DNA鉴定了。但问题是，从西晋到北宋都快1000年了，哪里去找司马孚的遗骨呀。就算找到了，也不会鉴定呀。

因此，涑水司马氏跟西晋皇族司马氏之间，到底是一个什么关系，只能成为一个千古之谜了。

其实，古人对于司马光的族谱，也是持怀疑态度。元朝人在修编《宋史》时，在介绍司马光父亲司马池时，就是这样写的：“司马池，字和中，自言晋安平献王孚后，征东大将军阳葬安邑……”

这里的“自言”二字，真可谓道尽了天机。

何为“自言”？就是司马池自己说、自己这样认为的。当然，元朝人这么写，已经没有任何意义了。因为，此时的司马光一家已经声名显赫了，他们已经不需要再去认亲戚，反而还要防着别人来认亲戚了。

其实，不管别人如何质疑，司马光家族就是认定自己是西晋皇族的后裔。作为中国历史上数一数二的严谨的史学家，司马光相信自己就是司马孚的后代。否则，在书写《资治通鉴》时，司马光也不会那样地歌颂祖先，为祖先的所作所为而感到骄傲和自豪！

《资治通鉴》记载，公元265年，司马炎逼迫魏元帝禅位，曹魏政权灭亡，西晋政权正式建立。

当时，在满朝文武都去祝贺新君的时刻，作为司马家族辈分最长的司马孚，却拉着魏元帝的手，泣不成声道：“老臣到死的那一天，都是大魏之臣！”

司马孚，就是这么一个至死不渝的忠臣……

几百年后，当司马光书写《资治通鉴》时，他被祖先的所作所为感动了。他写下了“孚性忠慎”四个字，以告慰祖先在天之灵。

这四个字，成了司马光一生的座右铭，也成了涑水司马氏一族的座右铭。

随后的故事就比较简单了，秉承着这样坚实而厚重的精神传统，司马一族必将出现一位伟人，光耀门楣，并在历史上留下自己的名字。

这个司马一族的伟人，就是司马光的老爹——司马池。

父亲司马池

根据司马光的记录，他的家族是一个大家族，“同居累世，宗族甚大”。

当时，司马光的曾祖司马政以“五代衰乱不仕”的原则，没有当过官，一生都是平民百姓。后来，宋朝建立了，司马光的祖父司马炫见盛世已经到来，参加科举，进朝做官。

由于能力一般，司马炫一生都没有做到什么大官，他最高的官职也不过是一个县令。但是，司马炫的这种入仕行为，却给司马家开了一个头，并带来了深远的影响。

从此以后，司马家改变了家族模式，他们开始花重金培养年轻人，让他们进入官场了。

写到这里，很多读者就会质疑了，说一个有为的年轻人，通过寒窗苦读，一朝金榜题名，最终功成名就、光宗耀祖，这是一件再正常不过的事情了，为什么在这里，还要用上改变了家族模式、产生深远影响这种话呢？

这是不是也太危言耸听了点？

其实，这绝非危言耸听。在宋朝，一个家族产生了这样的改变，可是一件大事情。要知道，很多家族死都不肯变化，还鄙视这种变化的人！

宋史记载，跟司马光同一时期，就有这么一位苏先生，其家族三代都是种地的，没有一个人读过书、做过官。当时，苏先生自幼“慷慨有远志”，希望金榜题名，成就事业。

按说家族里出现了这么一个人，应该全力支持才是，毕竟这是一件好事。万一这个人出将入相了，家族人也能沾光受益。结果，大家猜，族人是怎么表现的？

根据记载，得知苏先生的志向后，家族人一致谴责他，甚至阻止他：“你家祖祖辈辈就是普通农民，种地养蚕这才是正道！不要丢下祖先的基业，去当什么书生。读书，你是那块料吗？你也能当书生吗？你若执意当书生，用不了多久，就会穷死、饿死！”

最终，在家人的强烈反对下，苏先生只能放弃了这个梦想。

在这种背景下，司马光的父亲司马池继承了父亲的衣钵，成为司马家第二个入仕的人。

司马池，字和中。史料中的他非常了不起。他虽出生于官宦之家，却基本是以一介布衣的身份闯入官场，从基层干起，踏踏实实干了二十余年，终于进入了高级官员行列。他这一生，绝对是一部励志大片。

由于是国家高级干部，司马池享受荫子特权，死后也可被授予谥号，拥有自己独立的传记。

可见，即使没有“司马光之父”这个头衔，司马池也足以载入史册，光宗耀祖。但是，若没有司马光这个好儿子，司马池也只能成为一个不太出名的宋朝名臣，他的名字也将跟多数人一样，悄无声息地躺在纸上，不会掀起太多的波澜。

因此，父凭子贵。是司马光的名气，成就了司马池；当然，没有司马池的悉心教育，也不会成就司马光。

那么，作为宋朝历史中知名的一对父子，司马池与司马光之间，又有哪些人文逸事呢？

司马池的那些事

史料记载，刚刚步入官场时，由于自己的官职不高，司马池频繁调动工作，他就是一块不起眼的“砖”，哪里需要就往哪搬。

司马池景德二年（1005）中进士后，先后在河南府永宁县（今河南洛宁）、郫县（今四川郫县）当官。随后，天禧三年（1019），司马池任期已满，朝廷本准备调其去郑州当判官，但恰好此时，光山知县缺位，朝廷便改任司马池为光山知县。

这一次不经意的改任，彻底成就了司马光的名字。

原来，就在这一年的十月，在光州光山这片土地上，司马池的第三子司马光呱呱坠地。当时，为了纪念此时此地，司马池就用光州的地名，给儿子命名。要是司马池在郑州当官，司马光可能就不叫这个名字了。

咱们都知道，一个名人诞生时，总有一些稀奇古怪的事情发生，这也是一件无可厚非的事情。但是，没有任何资料显示（至少我没有看见），司马光出生时发生过什么稀奇古怪的事情，那些什么天降祥瑞、浑身起白毛的事情，更是压根没有市场。

我个人认为，之所以出现这种情况，是因为司马光太忙了，他忙着搬家、忙着旅行，只能自己“掉价”了。

史料记载，从司马光诞生起，一直到司马光二十岁中举为止，短短二十年的时间，司马池竟然先后在光州、寿州、遂州、洛阳、开封、耀州、利州、凤翔、开封任职，先后换了9份工作，平均两三年就要搬一次家。在这种情况下，年幼的司马光也只能不断打理行李，随父亲变换住址了。

可以想象，司马池频繁的搬家，将对司马光带来什么样的影响。虽然不停地变换城市，会开拓司马光的见识，让他受益匪浅（又一个范仲淹），但同样地，频繁更换工作，也会让司马池非常忙，进而忽视对司马光的教育。同样，频繁换城市，也会让司马光养成一种自卑、不爱找人玩的习惯。毕竟，刚刚跟小伙伴混熟了，就要残酷地分手了。试问这样几次后，司马光那颗幼小的心灵又怎么接受得了呢？

可喜的是，司马光有非常会教育人的父母，他本身也是一个非常乐观的性格，不管到哪里，都能跟人打成一片。

这个快乐的孩子在玩耍时，就干出了那件永载史册的事。

这个故事，叫作“小儿击瓮”，也就是我们常说的“司马光砸缸”。

如今，但凡是一个中国人，都知道这个故事，也都能把这个故事说得绘声绘色：

古时候，有一个叫司马光的孩子非常聪明。有一次，他跟几个小伙伴在后院玩耍。有一个孩子淘气，他爬到一口大水缸上，结果失足掉进去了。水缸深，孩子小，眼看小伙伴就要淹死了，其他的孩子都吓傻了，有的孩子吓得大哭，有的孩子吓得去找大人。就在此时，司马光急中生智，从地上捡起一块大石头，使劲向水缸击去。水涌出来，小伙伴因此得救了……

好，现在故事讲完了，开始考证一下——这个永载史册的故事，是真实的吗？

如果是真的，那么这个故事的发生地点又在哪里呢？这个故事的发生时间，也就是那个所谓的“古时候”，又是一个什么时候呢？

先回答第一个问题，“司马光砸缸”这个故事，绝对是真实可信的，且在宋朝就有记录了。证据确凿，不容置疑。

司马温公童稚时，与群儿戏于庭。庭有大瓮，一儿登之，偶堕瓮水中。群儿皆弃去，公则以石击瓮，水因穴而迸，儿得不死。盖其活人手段已见于龆龀中，至今京洛间多为小儿击瓮图。

——《冷斋夜话》

这段文字清楚地记录了，司马光确实砸过缸，宋朝百姓也都知道这件事情。“至今”开封、洛阳的百姓，还把这个故事做成画，到处传播。

这里的“至今”，说的是作者释惠洪生活的时代。他生于1071年、卒于1128年，写《冷斋夜话》时宋朝还没有经历靖康之耻（1127年），但距离司马光也不远（1086年病逝）。因此，释惠洪的话是可信的，司马光确实砸过缸。

那么，司马光又是在哪里砸的缸，又是什么时间砸的缸呢？

如今，史学家们已经推算出了司马光砸缸的时间和地点。这个故事发生的时间，大概是公元1025年或是公元1026年。发生的地点，就是今天的洛阳。

当时，西京留守刘烨看中了司马池的才华，把他调来洛阳，担任自己的副手。对于这个任命，司马池欣然接受，于是，他带着夫人聂氏、司马光及其哥哥和姐姐，一家五口来到了洛阳。

按照年龄推算，司马光当时的年龄，大概在六七岁。毕竟如果司马光年纪太小了，他就是想救人，也搬不动石头。而且，洛阳号称西京，是宋朝仅次于首都开封的一线城市，司马光在这个城市砸缸，才能一鸣惊人，众人皆知。

当然，虽然史学家的推算非常有理，但毕竟仍是推算。因为，司马光到死也没有说过自己幼年砸缸的事情，也没有留下任何的直接记录。所以，史学界也传出了另外一种声音——司马光根本就没有砸过缸，所有关于司马光砸缸的记录，全是人们杜撰的结果，根本不足为信。

那么，司马光到底砸没砸过缸呢？

我个人认为，幼年的司马光绝对砸过缸，因为他一生的人品，就足以证明！

司马光一生的人品，就是父亲告诉他的那八个字——诚实守信，不敢谩语。

小事定终身

史料记载，司马光一生都对儿时的一件事耿耿于怀，并始终记在心里。

根据邵博的《闻见后录》记载，这件事情是这样的：

司马光五六岁时，有一天，姐姐拿来一个核桃，想剥掉它的皮，结果，核桃皮太结实了，不管姐姐怎么弄就是剥不开。

最终，姐姐放弃了，她把核桃扔在了地上，气得离开了。

姐姐走后，一个婢女走了过来，她把地上的核桃捡了起来，放在滚烫的开水里泡了泡，再用小刀轻轻一刮，皮就掉了。婢女把处理好的核桃交给了司马光就离开了。

婢女走后，姐姐回来了。她一看，核桃竟然去掉皮了，就好奇地问道："这是怎么回事？谁剥去的核桃皮？"

这时，司马光见婢女不在，就骄傲地撒谎道："是我剥去的皮。"

大家可以想象一下，小孩子撒一个谎，让别人崇拜自己一下，这个心理很正常。然而，司马光根本不知道，在他背后的一个隐蔽的角落，父亲站在那里目睹了事件的全过程。

看见司马光撒谎，父亲怒气冲冲地走了出来，严厉地训斥道："明明是婢女剥的核桃皮，跟你有什么关系呢？小孩子怎么能撒谎骗人呢？"

听到父亲威严的声音，司马光知道错了，低声回答道："孩儿以后再也不撒谎了。"

司马池听到儿子的回答，转怒为喜道："做人，最要紧的是诚实守信。一个人如果不诚实，人家就不相信你，失信于人，就不会有威信，也就什么事都干不成了。”

“不谩语、不说谎，做一个诚实的人。”对于父亲的这句教诲，司马光终身铭记，并始终如一。

史料记载，司马光老年时，想卖掉一匹有病的马。卖马时，司马光特意嘱咐家人：“这马有肺病，太累了就不能干活。要是有人买它，你可得老老实实地告诉人家。”

可见，司马光牢牢地记住了父亲的教导，确实做到了诚实守信。当然，听完这番话后，仆人可能都气疯了——老爷这么说，这马还怎么卖呀？

还有一次，司马光的学生刘安世在参加工作前，特意找到司马光，希望老师赐他一句座右铭，以作纪念。

对于学生的请求，司马光想了一会道：“为官之道，瞬息万变，我没有什么教你的。唯有一个‘诚’字，你要永记于心。”

刘安世问：“如何做到这个字？”

司马光回答道：“君子干很多事情，都能感动别人。比如，鞠躬，表示对人尊重；痛哭流涕，表示对人同情。这些办法都能感动对方，但未必能够打动对方。君子之所以能够打动人，凭借的就是一颗至诚之心！用计谋欺骗人，早晚有一天会被揭穿；而用真心感动人，一辈子都会被人们信任。你这一辈子，一定要做一个诚信之人。”

听完这番话后，刘安世当时的表现，史无记载，不得而知，但是我相信，他一定被这番话深深感动。最后，刘安世一生都铭记老师的教诲，终成一代贤臣。他一生不惧权贵，始终直言进谏，还得到了一个“铁汉”的美称。

除了刘安世，百年后的“一代完人”曾国藩，也认同司马光的思想，甚至跟他的思想不谋而合。根据《曾国藩家书》，曾国藩把“诚、敬、静、谨、恒”作为自己的修身五字，并把待人以诚、待人以恕、诚意正心作为自己的座右铭，一生如此。

用诚实的态度待人做事，不妄言、不谩语，是司马光一生的座右铭，也是他做人的准则。后来，就是靠着这颗至诚之心，司马光才能打动仁宗、英宗、神宗、哲宗和天下所有的百姓，成为一个永载史册的贤臣。

这个“诚”字，是司马池留给儿子的遗产，也是他留给我们的启示。

综上所述，以司马光一生诚实的性格来看，如果没有砸过缸的话，他一定早就澄清了。同理，如果司马光对这件事情不反驳，那就只有一种解释——他确实砸过缸，也救过小孩，只是不想一直重复这件事情。

其实，司马池留给司马光的遗产，又何止一个“诚”字。司马池留给司马光最大的遗产，是他一生的行为模式。

父亲的言传身教

史料记载，天圣四年（1026 年），因为成绩优秀，朝廷授予了司马池一个非常好的官职——群牧司判官。

说实话，群牧司判官这个职务，简直就是所有宋朝官员梦寐以求的官职！

根据宋朝编制，群牧司负责管理马政。咱们都知道，古代打仗，马可是最重要的战略物资。因此，群牧司的工作关系国家安危，责任重大，这个职务的最高长官一直由枢密使兼职。

因为群牧司判官的责任重大，所以相应地，这个职务也特别容易升职。在宋朝的编制内，群牧司判官任满后，可以得到朝廷的特殊照顾（大家懂的），在京城可以出任开封府推官（首都副市长）或三司副使（财政副部长），出京则可以成为地方大员，管理好几个州。

群牧司的位置如此重要，自然引无数英雄“折腰”。当时，得知群牧司有了空额后，无数官员削尖了脑袋、到处托关系，玩命往里钻，希望得到这个官职。

当时的枢密使，就是“澶渊之盟”时的大英雄曹利用，这个人独具慧眼，挑中了毫无官场背景的司马池。

很明显，曹利用之所以相中司马池，是看中了他的能力，而不是那些不堪入目的“东西”。

毕竟，在曹利用的眼中，帝国需要真正有能力的人。平庸的官员只能拿来消遣。

“司马池，老夫看好你。我也绝对相信，你不会让老夫失望！”

是的，在担任群牧司判官期间，司马池确实没有让曹利用失望。而且是真真正正地没有让他“失望”。

史料记载，司马池担任群牧司判官后，他干的第一件事情就是追债，追朝廷大臣买马时的赊账。而司马池追的第一笔钱，就直接追到了顶头上司、提拔自己的大恩人曹利用那里。

原来，在清理账本时，司马池惊讶地发现，曹利用赊的马钱很多。因此，射人先射马、擒贼先擒王，司马池就准备拿曹利用开刀，先追讨他的欠账了。

司马池的理由合情合理。他的理由是——“令之不行，由上犯之”，只有上级带头遵守，制度才能顺利执行。您身为群牧司最大的头头，若不带头遵守制度，手下人怎么可能会乖乖补钱？

最终，在这八个字下，曹利用只能忍痛割钱包，把欠款补完了。

曹利用补完后，其他人一看，头头都老老实实地补钱了，谁还敢继续欠款呀。于是，没费吹灰之力，司马池就追完了所有欠款。

在这件事情中，虽然司马池用的是“令之不行，由上犯之”这种说辞，成功说服了曹利用，让他补上了欠款，完成了追债任务，但问题是——人世间有几个人，敢向顶头上司讨债？这不是没事找死吗？万一把领导惹怒了，穿小鞋、骂两句，这算是轻的，闹不好自己的位置就被别人取代了。

可见，只有司马池这种真正为国为民的好官，才能干出这种“不要命”的事情，成为一个永载史册的好官。当然，司马池的这种所作所为，也完全映入司马光的眼帘，让他受益终身。

纵观司马光的一生，为什么刚正不阿、秉公办事、高风亮节？究其原因，就在于此。

可见，孩子的一生，完全取决于家长。他们一生的行为模式，也是学你做的，而不是学你说的。

虽然在司马光幼年的教育中，司马池以身作则，告诉了他什么叫作诚信，什么又叫作秉公办事，但问题是，他也无法改变这个社会。司马池也得让儿子接触到这个社会的阴暗面，接受“好人未必有好报”的结局。

这不，天圣七年（1029 年），司马池就被迫下岗了。年幼的司马光，也第一次领略了这个现实世界。

咱们前面讲过，刘娥垂帘听政后，她特别讨厌曹利用，就把他贬到房州去了。押解途中，曹利用无法忍受押送官的羞辱，就悬梁自尽了。

曹利用一死，作为他的亲信，司马池就开始倒霉了。当时，司马池任期已满，准备升职为开封府推官，结果，这道任命书彻底黄了，司马池反而被发配到了耀州，去那里当一个小小的知州。

史料记载，当时的司马光已经成长为一个有志青年了，这个打击对他的结果可想而知。

对于这个结果，年轻的司马光肯定迷茫过、困惑过甚至愤怒过。然而，父亲却告诉了他一个真谛——好人，虽然有时候没有好报，但早晚有一天，上天会还他一个公道。因为，上天是绝对公平的。

史料记载，刘娥病逝后，宋仁宗立刻进行了平反。当年，被刘娥迫害的那些大臣们，全都回到了朝廷，司马池也重回京城被委以重任。

因为得到了皇帝的赏识，短短几年时间，司马池连升数级，最终进入了三司使，成为一名高级干部。此时此刻，对于司马池而言，也只能用一个“爽”字来形容了。然而，司马池的好事还远远没有结束，因为司马光给父亲来了一个双喜临门。

这个双喜临门就是那个永恒不变的故事——洞房花烛夜，金榜题名时。

第六章 步入宦海，守护爱情

理工男的婚姻

史料记载，在父亲的严格教育下，司马光的学问与日俱增，一般的老师已经教不了他了。然而，虽学业有成，但在另一个方面，司马光却有点晚了。

这个方面，就是他的婚姻。

史料记载，虽然司马光是少年成名类型的，也有能力早早娶妻生子，但是，司马光却无心娶妻。毕竟，司马光太忙了，他要努力读书，还要照顾年迈的父亲，真没有时间去结婚生子。

就这样，司马光的婚事一拖再拖，20 岁（实际年龄 19 岁）了也没有成婚，还是光棍一条。

虽然成为一个高龄剩男了（古人提倡早婚早育，15 岁就可生子），但像司马光这种才貌双全的“金领”，根本不愁找对象。这不，很多达官显贵都瞄上司马光，准备将他收入门下、纳为贤婿了。

最先下手且一击即中的，就是司马光的老师——庞籍。

庞籍的夫人有一个妹妹张氏。此女闭月羞花、温柔贤惠，已经到了出阁的年纪。为了得到这个佳丽，京城的皇亲国戚们接连抛出橄榄枝，上门提亲的人都踏破了庞家的门槛。但是，张小姐是一个心高气傲的人，一般的皇亲国戚根本不入她的法眼，所以这些年了，张小姐还是待字闺中、独自一人。

然而，就是这么一个看不起任何男人的张氏，却天天向姐姐打探司马光。知妹莫若姐，妹妹的那点心思，姐姐焉能不知。于是，张夫人跟丈夫商量，打算给妹妹提亲，把她嫁给司马光，促成这段姻缘。

对于这个建议，庞籍百分之百赞成。司马光才德兼备，未来必成大宋良相，若能与他联姻，确实是一件好事。

为了成就这段姻缘，庞籍告诉司马光，希望他能赏光来自己府中一聚，大家吃顿便饭，联络一下感情。

老师用上了“赏光”这种词，司马光焉能不去？于是，到了约定的时间，司马光穿了一身整齐的衣服，诚惶诚恐地来到庞府参加聚会了。

聚会开始后，大家一起喝酒聊天，很是高兴。酒过三巡、菜过五味后，张夫人对丫鬟道：“现在如此高兴，你去把小姐叫来，一起尽兴。”

一听这话，司马光惊道：“我知道老师有几个闺女，但都已经出嫁了。如今，留在府中的这位小姐是何人？”

庞籍解释道：“此女不是我的闺女，是我内人的妹妹。”正解释时，张小姐已经婀娜多姿地走来，在姐姐的引荐下，坐到了司马光的身边。

身边坐了这么一个眉清目秀、温文尔雅的佳丽，司马光再也不能淡定了，他的脸一下子就红了，也不敢说话了。

见司马光不说话，庞籍夫妇就开始找话题。他们简单介绍了一下妹妹的出身，不断强调她还待字闺中的事实，并且一再述说“司马先生才华盖世、妹妹贤良淑德，真是天造地设的一对”等。

然而，不管庞籍夫妇说得多么天花乱坠，司马光一直低着头，不敢说一句话，也不敢看张小姐一眼。酒宴结束后，司马光只是礼节性地回敬了张小姐一杯酒，就仓皇离开了。

司马光“逃跑”后，庞家人聚在一起，想知道问题出在哪了。

司马光一表人才，妹妹秀色可餐，是标准的才子佳人组合。论家世，也是门当户对。司马光还有什么不满的吗？真是奇怪。

这场相亲会，最终无疾而终。

虽然在这次相亲会中，司马光没有留下一丁点的不良记录，也没有让庞籍抓住逼他就范的“小尾巴”。但是，在庞籍的眼中，他还是能够把这个“生米”煮成“熟饭”的。

第二天，“逼良为娼”行动，正式开始！

史料记载，第二天司马光来学堂读书时，发现气氛不对。大家都冲着自己傻笑，也不知道是何缘故。司马光找来好友孙兆，这才问清缘由。

孙兆嬉皮笑脸道：“没想到，兄弟你可以呀！说，你昨天是不是去庞家后花园了？是不是去找庞家张小姐了？兄弟你下手真快呀，那么一个如花似玉的佳丽，都被你追到手了。”

司马光大吃一惊，刚要解释，孙兆摆摆手道：“别解释，都是男人，我懂你。解释啥？男子汉敢作敢当。昨天你和张小姐约会的事情，大家都知道了，你还想隐瞒吗？赶紧完婚吧，我等着吃你的喜酒。”

说完，孙兆拍拍司马光的肩膀，兴高采烈地走了。

兄弟，我真是冤呀……

整整一天，司马光都忍受同学们的流言蜚语，他羞得面红耳赤，恨不得找一个地缝钻下去。好不容易耗到下课了，司马光“嗖”的一声冲出大门，第一时间溜走了。

司马光回到家中，有下人禀告，说庞大人来了，已经等候多时了。司马光赶紧命人准备茶点，在大堂接待老师。

老师来到后，司马光刚想解释，庞籍摆摆手，不怀好意地看着他，道：“老夫今日前来，不为别的，就想给内人的妹妹提亲。”

突然被“逼婚”了，司马光彻底傻了。

在短暂的思考后，司马光觉得，第一，他并不讨厌张小姐，反而很喜欢她。第二，因为自己的鲁莽行事，擅自进入了庞府的后花园，外面已经有很多不好的流言蜚语了。既然已经玷污了张小姐的清白（这个书呆子），不如敢作敢当，守护这位张小姐吧，这才是一个正人君子所为。

于是，面对庞籍的请求，司马光立刻答应了这门亲事，同意与张小姐完婚。

至此，这个在感情上糊里糊涂的“学术男”，终于被庞籍逼婚成功。当然了，虽然坑了司马光一把，但司马光仍很感激庞籍。毕竟，以他那个基本为零的情商，要不是庞籍，也不会与张小姐完婚，最终抱得美人归。

至死不渝的爱情

虽然司马光与夫人举案齐眉，但是他们的婚姻并不是特别完美。这段婚姻，还是给司马光的世界里，留下了两个大大的遗憾。

第一个遗憾，张夫人不能生育。

史料记载，张夫人与司马光成婚多年一直没有怀孕，为此她自责不已。眼看老公已经快50岁了，要是再没有子嗣，就来不及了。

于是，张夫人偷偷买来一个有宜子之相的女子，准备给司马光当妾，替他传宗接代。

孰料，就跟当年司马光对自己一样，司马光对这个女子并不感冒，对她不理不睬，甚至没有一个正眼。

见老公如此行事，张夫人认为可能是因为自己在身边，所以老公放不开，于是，张夫人随便找了一个借口出门了。

出门前，司马夫人特意嘱咐那位女子，要她晚上进入司马光的房间，必须吸引他，不然跟她没完，等等。

当天晚上，司马光来到自己卧室时，他彻底傻了眼。原来，卧室竟然多了一个妖娆百媚的女子。她正躺在床上，玩命诱惑自己。

见此情景，司马光当时就“把持不住”了。

但见他瞋目切齿、疾言厉色地大骂道：“夫人不在，你进我屋干什么？快滚！”

说完，司马光就把这名女子轰走了。

这样的结果，真是超出了所有人的预料……

张夫人回来后，司马光问其缘由，夫人只好如实交代。听完夫人的解释后，司马光连说“荒唐”，传来那名女子，把契书还给她，让她回家了。

根据《清波别志》记载，送走这名女子后，司马光拉着夫人的手，含情脉脉道：“你我没有子嗣，这是一件很重要的事情吗？我完全可以从家族过继一个孩子，承接我的衣钵。倒是你，万一我纳妾了，可就不会再宠爱你一人了。”

张夫人听完后感动不已。

后来，对于自己的誓言，司马光说到做到。终其一生，他也没有纳妾，完全是一夫一妻。虽然他与张氏没有子嗣，但一直相守到老。张氏病逝后，司马光也没有更改自己的誓言，自始至终，贯彻如一。

第二个遗憾，张夫人先他而去。

爱妻去世后，司马光悲痛不已，他万万没有想到，上天竟然如此不公，夫人竟然先去，留他一人孤苦伶仃。

当年，司马光与王安石闹掰后，索性远离朝政，闭门著书去了。

司马光要好好地活着，继续饱读诗书，继续欣赏独乐园内的美景，以便到了那个世界能够读给夫人听，能够继续与夫人分享人间的乐趣。

后来，文彦博等人再来邀请司马光喝酒，司马光便将园丁的话说给他们听。文彦博等人明白了司马光的用情之深，就不再打扰他的生活了。

终司马光一生，都一直深爱着张氏，也没有续妻纳妾……

曾经沧海难为水，除却巫山不是云……在我们周围，很多人都会朗诵这两句诗，但是又有多少人，能够记住这两句话并且始终如一呢？

自公元960年，太祖黄袍加身开始；至公元1279年，崖山一跳为止。终两宋319年，在我的眼中，只有两个人，能够做到这一点。

这两个人，一个是司马光，另一个，就是他的“死敌”。

第一份工作

史料记载，景祐四年（1037年），司马光与张氏订婚，第二年，即宝元元年（1038年）三月，意气风发的司马光携带新婚之气，第一次参加科举考试就高中进士（甲科第六名）、正式步入宦海。

短短两年，司马光就完成了“洞房花烛夜，金榜题名时”的壮举。他此时此刻的心情，就是一个字——爽。

殊不知，还有让司马光更爽的事情呢。

同年六月，司马光得到了第一份工作，朝廷授予了他华州通判的官职。

不得不说，朝廷授予司马光这么一个官职，对他真是爱护有加、关怀备至。因为，就在这一年，朝廷任命他的父亲司马池为同州知州。

华州、同州都在陕西，两地相距较近。这对父子骨肉不分离，一起享受天伦之乐。

后来，这对父子任期满后，司马池被调到了杭州，司马光也被调到了苏州，他们又可以在一起了。

史料记载，与父亲比肩为邻，一起办公、一起生活的日子，是司马光一生中最快乐的日子，司马光也书写了大量的诗词，来纪念美好的时光。

然而，天有不测风云，人有旦夕祸福。司马光万万没有想到，帝国西面那场战争，将他的美好生活打碎了。

这场战争，就是宋夏之战。

前面讲过，康定元年（1040 年），李元昊看透了宋朝“上下安于无事，武备废而不修，庙堂无谋臣，边鄙无勇将，将愚不识干戈，兵骄不知战阵，器械腐朽，城郭隳颓”的老底，自立为王，与宋朝决裂了。同年，李元昊率领 10 万兵马东进，开始讨伐宋朝。

宋夏之间的战争，就这样拉开了序幕，也瞬间席卷了整个华夏大地。

本来，司马光父子所在的苏杭之地，距离首都开封一千二百里，距离陕西前线更有四千余里，战争的火焰再怎么烧，也不会烧到这里。然而，当一个国家开始战争时，不可能有一个人能够独善其身了，也不可能有一个地区能够置身事外的。

这不，宋夏战争的战火很快就席卷了全国，让苏杭一代的居民恐慌起来了。

苏杭居民恐慌的原因，就是两个字——增兵。

在接连输掉几次战役后，宋仁宗已经输红了眼，他毅然决然地下令——增兵，他要征调全国之兵，开赴战场，讨伐李元昊！

要知道，宋仁宗时期的兵马数量，已经是宋朝历史上最多的。史料记载，当时全国的人马，总数超过了 100 万，理论上具有战斗力的皇家禁军也超过了 80 万！

这么多的人马，即使不用征兵，也能应付西北战场。但是，此时此刻，跟一个“输红了眼”的赌徒谈这些又有什么用呢？

何况，征兵，也是群臣一直想干的事情。

在地方官的眼中，皇帝征兵，他们就是征钱！奉旨征兵，谁敢不去？百姓若不想去，那就只能给“孔方兄”了。至于到底给多少钱，就看这些官员的“良心”了。

在这种背景下，这足以让百姓们倾家荡产。何况，宋朝百姓有一个非常好的习惯——就是打死他们也不愿意去当兵！

这其中的原因有三。

一是习俗问题。在宋朝，当兵是要刺字的，同时罪犯也是要刺字的。因此在百姓的眼中，当兵是一件可耻的事情，当兵等同犯罪。

二是籍贯问题。在宋朝，一旦当兵，就要被编入军籍。而且一旦入了军籍，子子孙孙都是军籍，等于变成“二等国民”。所以，大宋子民都不愿意干这种自动降级的事情。这些不愿降级的人，就有前面提到的大臣王曾（曾求过刘太后，希望撤去侄子军籍），也有后面那位姓“岳”的将军。

三是经济问题。百姓一旦入了兵籍，就是“一日为兵，终身为伍”，再也不能种地干活，只能靠微薄的军饷生活。然而，宋朝军队数量庞大，每个士兵薪水少得可怜，这些钱根本无法让他们生活。

综上所述，在这种习俗、籍贯、经济三重问题下，宋朝人对于当兵是能躲就躲，能逃就逃，不管用什么爱国主义教育都没用。

这也是宋朝军队“积弱”的一个主要原因。

史料记载，朝廷颁布增兵的消息后，天下就彻底“热闹”了。到处都有逼民为兵的官员和四处逃难的百姓。

当时，为了不去参军，富贵之家选择了花钱消灾，无钱之人选择逃进山里，极端家庭选择自残了事……总之一句话，天下百姓怨声载道，人人自危。

那么，对于增兵这道命令，司马池父子又是怎么执行的呢？

这对父子压根就没干。他们直接选择了抗旨不遵！

原来，接到增兵的任务后，司马池义愤填膺，他深知“远水解不了近渴”这个道理，现在是帝国的西北在打仗，又不是帝国的东南有叛乱，隔着四千余里去征兵，纯属添乱！

道理是这么一个道理，但跟一个“输红了眼”的皇帝谈这个问题有意义吗？皇帝肯定不听呀。

好吧，司马池，选择一下吧：一边，是水深火热的黎民百姓；一边，是自己的官帽和家人！

史料记载，在做了一番激烈的思想斗争后，司马池对着儿子司马光大吼道："为人臣者，当直言敢谏；为人官者，应当为民请命。光儿，你代父拟奏章，今天我就要抗旨一回！"

得此贤父，得此忠臣，真乃司马光之幸，大宋王朝之幸！

当时，由司马池口述，司马光草拟的这篇奏章，史称《论两浙不宜添置弓手状》。它是这样写的：

司马池告诉皇帝，对于您的增兵令，臣不敢苟同，希望您收回成命。臣有五条反对的理由，还望陛下定夺：

第一，自宋朝建国以来，苏浙一代从来没有增兵之事，此消息一出，"群情鼎沸，毁体捐生，窜匿上泽者甚多"，继续下去，臣害怕"摇动社稷"。

第二，苏浙地区经济繁华，走私茶、私盐者甚多。臣害怕给百姓武器后，会增加犯罪的规模和强度，引起地方动乱。

第三，征调百姓当兵，靠的是官府的户籍记录，但官府的户籍记录，错乱不堪，重复性太多。臣恐怕在征调百姓时，官员会重复登录，借机敲诈百姓。这绝非危言耸听，因为这些贪官污吏，可是一群"厚利所诱，死亦冒之"的主。

第四，老百姓是种地的，不是职业军人。让种地的去学打仗，恐怕白费力气，只能白费钱财（虚有烦费而与不添置无异）。

第五，东南地区本来就民风彪悍，有武力割据的先例，随意增加部队，恐激活百姓反叛的基因，招来大祸（生奸回之心，启祸患之兆）。

以上五条中，头四条是近忧，后一条是远虑，真可谓有理、有节，绝对是一篇优秀的劝谏文章。

史料记载，看了司马光书写的文章后，司马池非常认可，并为他写的文章感到骄傲和自豪。

除此之外，司马池更关心的问题，则是呈上了这篇文章后，自己会得到一个什么样的结局和下场。

于是，为了避祸也好，深谋远虑也罢，呈上了这篇文章后，司马池立刻打发司马光回家陪母亲，暂时避祸去了。

就这样，司马光告别了准备独自承担责任的父亲，回老家照顾母亲去了。当时的他根本不知道——一场突如其来的死亡阴影，已经降临在了他的头上，并给这个家带来一场巨变。

这场巨变，会让司马光彻底领悟到什么叫作家破人亡，什么又叫作阴阳两隔。

这是怎么回事呢？

福无双至，祸不单行

“福无双至，祸不单行”。对于这句话，司马光应该深有体会。因为，对于他而言，自己家族的祸不是“单行”，而是“三行”。

司马光的第一祸，母亲病逝。

史料记载，司马光告别了父亲、回到杭州后，在一次闲聊时，把父亲抗旨的事情告诉了母亲。

虽然司马光的母亲聂氏深明大义，绝对支持老公的决定，但听说此事后，还是忧心忡忡，再加上她本来就水土不服，身体一直有病，结果在这种内忧外患下，聂氏病倒了，最终郁郁而终。

司马光万万没有想到，短短数月，母亲竟然就病故了，他悲痛欲绝。

然而，母亲的死，只是他的“第一祸”而已。后面的两个祸，也将随之而来。

司马光的第二祸，父亲被贬职。

史料记载，康定元年（1040 年）九月初九，在尊老敬贤的重阳节里，朝廷送给了司马池一份“大礼”，让这个两鬓斑白的老人不能自抑。

这份大礼，就是“降职”的圣旨。

原来，司马池请求不增兵的奏章传到朝廷后，那些贪官污吏们大怒。在那些“犬儒”眼中，皇帝增兵是让他们“挣钱”的好契机。如今，那么一个绝好的奉旨贪污的机会，让司马池给搅黄了，这些官员焉能同意。

犬儒们决定，既然司马池要断他们的财路，他们就断了司马池的官路。于是，这些犬儒们参了司马池一本，说他违抗圣旨，“稽留德音”，要求对其严惩不贷。

违抗圣旨就不解释了，说说后面的罪行，“稽留德音”。

所谓“德音”，就是皇帝特赦天下、减免赋税的诏令。咱们都知道，宋仁宗是一个仁德之君，只要一有机会，不管是自己、皇后、妃嫔的生日，还是日食、月食等天灾，就会颁布“德音”，大赦天下，减免赋税。

本来，百姓很喜欢这样的皇帝，但问题是，皇帝“德音”的次数太频繁了，导致很多罪犯都不害怕坐牢了，他们甚至都不害怕杀人了。因为，即使进去了，也不过待一两个月，一旦遇到了大赦，就能被放出来。

在这种情况下，当时地方的监狱里，处处都有这种“二进宫”“三进宫”，甚至“四进宫”的罪犯，因此朝中的正直的官员们，对于皇帝的这种做法颇有微词，他们接连上疏劝诫，甚至不惜违抗圣旨，也不释放那些屡教不改的罪犯。

当时，在司马池的监狱里，就有几个屡教不改的罪犯。司马池决定严惩他们，所以即使接到了皇帝特赦的命令，也没有释放他们，而是让他们继续坐牢服刑。结果，司马池的这个正义之举，成为他的小辫子，被犬儒们抓住了。

史料记载，宋仁宗接到了奏章后，大怒，他在这些犬儒们的挑拨离间下，立刻颁布了一道圣旨，把司马池调离苏州，发到虢州去了。

后来，宋仁宗在犬儒们的继续挑唆下，把司马池调到晋州（今山西临汾）去了。

可想而知，短短一年内，母亲病故，父亲被贬，从此这个家庭，阴阳两隔、天各一方了。

然而，他的灾祸还远远没有结束，一年后，他的这个家庭，又迎来了一场最大规模的灾祸。

司马光的第三祸，父亲病故。

史料记载，庆历元年（1041 年）十一月，在晋州的知州官邸内，司马池仅仅当了两个月的知州，就郁郁而终了，享年 63 岁。

司马池是被故意调到晋州去征兵的。

要知道，宋夏的主战场就在陕甘一带，作为陕西的邻省山西，有支援前线和配合作战的任务，一直处于战备状态。

在这种背景下，司马池就是再不想增兵，也没有理由违抗圣旨。司马池既忧国又忧君，万般忧愁却又无处诉苦。他在这种忧愤中病倒了，郁郁而终。

至此，短短两年间，司马光就父母双亡，成为一个“孤儿”，他也终于领悟到了什么叫作家破人亡。

按照宋朝规定，为母亲守孝，叫作“丁内艰”；为父亲守孝，叫作“丁外艰”，守孝期全都是三年，也就是说，司马光将为父母共守孝六年。但是，朝廷另有规定，像司马光这种“丁内、丁外”碰到一起的官员，朝廷可以给其打一个“八折”，让他们守孝四年半（54 个月）就可官复原职。

就这样，司马光带着父母的棺椁，一路哭着回到了涑水故乡，并在这里丁忧。祸兮福之所倚，福兮祸之所伏，对于司马光而言，在家丁忧，虽暂时远离了朝廷，也未必就是坏事。

因为，在司马光丁忧期间，朝廷正在进行那场轰轰烈烈的庆历新政运动。以司马光的秉性，若他还做官，势必跟革新派们打成一片。届时，他肯定成为反对派的眼中钉、肉中刺，最终肯定跟革新派们一个结局了。

可见，天意也好，巧合也罢。总之，没有参加庆历新政，司马光可能会感到遗憾，但对于他而言，这又绝对是一件大幸事。

那么，丁忧结束，等司马光重新出山后，他干了什么事情呢？

不喜欢工作怎么办

史料记载，庆历四年（1044 年）春，守孝了 48 个月后，司马光被朝廷特赦，结束了丁忧，重新出山。

司马光出山后的第一份工作，就是去滑州（今河南滑县）当一名判官。

在滑州，司马光政绩斐然，不仅把滑州治理得井井有条，还解决了一场洪涝灾害。

要知道，在那个农耕的时代，能否解决洪水问题，可是官员的一个硬指标。因此，朝廷对司马光颇为赏识，在他任期刚刚结束，就迫不及待地把他召回京城，准备对他委以重任。

接到朝廷的诏书后，司马光立刻启程进京，他带着“津涯浩荡虽难测，不见惊澜曾覆舟”的豪言壮举，驾风破浪般来到了京城，准备在这里大施拳脚了！

然而，来到京城后，司马光惊讶地发现——理想和现实，根本不是一回事。

简单来说，从庆历五年开始（1045 年），到庆历六年（1046 年）为止，整整一年，朝廷都没有授予司马光任何官职，让他坐了整整一年冷板凳，直让他坐得望眼欲穿……

之所以这样，是因为此时正是“新老交替”的关键时刻。当时，朝廷刚刚废除了庆历新政、把范仲淹等人轰出了朝廷。虽然这些人离开京城，留下了很多的官位，但在反对派眼中，每一个重新任命的官员，都需要被仔仔细细过一遍筛子才保险。在这种背景下，朝廷任命官员的速度非常慢。

好在司马光的这种等待并没有持续多久，一年后，他就“复业”了。朝廷授予了他一个非常好的官职——大理寺评事。

在宋朝的编制中，大理寺评事品级不高，只有从八品，主要工作就是负责复审底下报上来的案件结果，相当于现在最高法院的审判员。

虽然品级不高，工作繁重，也没有什么油水可言，但这个官职却至关重要。毕竟，在大理寺练好了断案水平，去一个地方当知州就绰绰有余了。而把一个地方治理好了，就等于是打开官场之路了。

可见，朝廷的这个任命，可谓意义非凡——朝廷想历练一下司马光，再对其委以重任。

然而，朝廷的这个任命，却让司马光痛苦不已、欲哭无泪。

因为，司马光根本不喜欢这份工作！

按照司马光的说法，他适合的工作，是监督百官、直言进谏、批评朝政、弹劾宰执（大家都知道是谁）。退而求其次，也应该是整理资料、修编历史。可是现在呢？朝廷却让他负责断案、步入司法领域！

干这种活，司马光是既没有兴趣，又没有工作经验，不知道该怎么干！

史料记载，司马光对于法律断案的事情，基本上就是两眼一抹黑、一问三不知，他只能临阵磨枪，边学边干了。这种超负荷的工作模式，其结果可想而知。

史料记载，即使工作辛苦，司马光也不叫苦连天，反而兢兢业业，绝不偷懒，更不糊涂断案。

毕竟，人命关天，司马光是一个有良心的官员，他不希望在自己的手中出现冤假错案。当然，宋朝的“出入人罪”处罚制度也决定了，司马光不敢偷懒。

不敢偷懒，那就只能玩命干了；但干的活，却让自己痛苦不已。在这种背景下，司马光干得苦不堪言，无法释怀。

史料记载，为了努力工作，司马光夜以继日，上午提审犯人，下午调阅案卷，好不容易下班了，也已经是“日没轩窗昏”了。

累了一天，司马光困得要睡觉了，结果往床上一躺，却“援枕未及就，扑面愁飞蚊”——屋里的蚊子把他吵醒了。被吵醒后，司马光索性不睡了，他挑灯夜读，继续处理公文。

当时，司马光屋内有一张藤床，打算夏天乘凉时用。结果，司马光整整忙了一个夏天，藤床上都布满一层灰尘了，也没有躺过一次。

好不容易躺一次了，司马光的脑海里也不是陶渊明那种“菊畦亲灌浸，茶器自涓涤”的休闲生活，而是充斥了烦心事。最后，司马光只能写下这样的诗句：

嗟嗟宦游子，何异鱼人罾。夺其性所乐，强以所不能。
人生本不劳，苦初外物绳。坐愁清日出，文墨来相仍。

大意是：我是一个向往自由生活、想插上翅膀到处飞的人，怎么变成一条落网之鱼（鱼人罾）了呢？这样剥夺我快乐天性，天天强我所难的生活，什么时候是个头呀！

可见，司马光当时的工作心情，就一个词形容——憋屈。

除了憋屈，还是憋屈……

然而，即使工作非常地不顺，也不是自己喜欢的工作，但司马光依旧干得兢兢业业，一丝不苟，并给我们传达了这么一个工作态度——可以不喜欢这份工作，但一定不能不努力。干自己喜欢的工作，要努力拼搏；干自己不喜欢的工作，也一定要竭尽所能！

当然，不要觉得司马光这样干比较傻，要知道，老天爷是不会亏待这种老实人的。毕竟，司马光这种一直兢兢业业、努力工作的好员工，肯定会映入领导的眼帘，被委以重任。更何况，他的顶头上司，是一个“慧眼识英才”的主。

司马光的这位顶头上司，不是别人，正是宋朝的著名大臣——包拯。

能够得到这位大贤臣的赏识和推荐，司马光的未来，必将是一条璀璨无比的阳光之路。

第七章 大放异彩

谥号风波

史料记载，大理寺任期结束后，朝廷见司马光确实是一个可塑之才，就对他委以重任。

庆历八年（1048 年），朝廷颁布了一道圣旨，让他去馆阁深造了。

前面讲过无数次，除了一个姓王的官员（后面再说），宋朝官员的最终目标，就是进入馆阁，在那里学习深造。司马光也不例外。

司马光在馆阁深造后，皇祐二年（1050 年），朝廷赐予了他同知太常礼院的官职，继续考验其能力。

所谓太常礼院，就是负责研究、制定、掌管朝廷礼仪制度的机构。要想胜任这份工作，司马光必须有两件强大的武器。

第一件武器，叫作“博学多才”。

第二件武器，叫作“非凡勇气”。

第一件武器好理解，毕竟，要想在浩如烟海、汗牛充栋的书籍中，找到一个最合适的礼仪方案，必须要满腹经纶、学富五车，否则决不可行。

可是，为什么还要有非凡的勇气呢？

这个工作，还需要跟别人争持、打架吗？

原因很简单，虽然太常礼院制定礼仪，但很多时候很难获得群臣的认可。礼仪合适不合适、谥号恰当不恰当，甚至还有些有权有势的人，想扭曲礼仪、改变礼法，好让自己得利（比如皇帝）。

这种背景下，若没有非凡的勇气，怎么维护正统的礼法，坚持原则呢？

有一件小事，就足以说明，司马光在制定礼仪时面对的压力。

皇祐三年（1051年），一代奸臣夏竦去世，享年66岁。在此之前，夏竦因为被弹劾，正在河南府（洛阳古称）当官。在地方时，夏竦身体病重，他上疏朝廷，请求回京治疗。

宋仁宗看了夏竦的奏章后，立刻同意了夏竦的请求。宋仁宗还担心夏竦的身体弱，禁不住舟马劳顿，特意派了肩舆（轿子）去接。

要知道，在宋朝，用轿子接人这种事情，可谓意义非凡。

再说一遍，可谓意义非凡。

史料记载，宋朝官员全都不坐轿子，“百官皆只乘马，虽侍从亦乘马”。官员不坐轿子，百姓也很少坐轿子，只有老人、妇孺、出嫁的新娘才坐轿子。

为什么官员不坐轿子呢？原因很简单，宋朝的士大夫们以坐轿子为耻，认为那是“以人代畜”，不合人道，不是贤臣所为。王安石更是直言不讳道：“自古王公虽无道，未尝敢以人代畜也。”

现在想想，“书生投书，正中王旦脑袋”的事情也能间接证明——士大夫们上下班时，并没有坐轿。否则，王旦坐在轿子里，一本书又怎么能打中他的脑袋呢？

在宋朝，士大夫们“或有老病，朝廷赐令乘轿，犹力辞乃受”，即使不得已坐轿子，也要再三推辞。

宋仁宗特命夏竦坐轿，可见他对夏竦的照顾。然而，再好的恩赐，也敌不过生老病死的自然规律。回到开封没多久，夏竦就黯然病逝了。

夏竦病逝后，宋仁宗第一时间赶到夏府，为其祭奠。夏竦去世九天后，宋仁宗给他举行了一场风风光光的葬礼。

当时，礼部已经为夏竦拟订了葬礼日期，日子在一场皇家大宴之后，结果宋仁宗说“岂可先作乐而后发哀”，硬是在皇家大宴之前，为夏竦举行了葬礼。

皇帝不仅为他举行了一场风风光光的葬礼，还亲自授予夏竦一个非常好的谥号——文正。

所有人都不服气，说这么一个祸国殃民、陷害同僚、坑害忠良的人，怎么能跟范仲淹一样，得到“文正”的谥号呢？

范仲淹是一个什么样的大臣？人家得到“文正”谥号，实至名归；夏竦是一个什么样的大臣？他也配得到“文正”谥号？真是笑杀人！若范仲淹地下有知，能气得从棺材里跳出来，直接去找皇帝评理！

不仅群臣强烈反对，考功司负责人刘敞更是提出：“世谓竦奸邪，谥文正未允公议。”

公开跟皇帝对着干，还公然辱骂皇帝欣赏的人……大家在为刘敞捏一把汗的同时，也准备迎接一场雷霆之怒了。然而，大家都想错了，别说雷霆之怒了，宋仁宗啥动静也没有。

毕竟，宋仁宗是一个宅心仁厚、虚心纳谏的好皇帝。他也清楚地知道，刘敞的话是对的，夏竦确实配不上“文正”的谥号。但是，皇帝金口玉言，他说出去的话，岂能轻易收回，要不然面子也过不去。

宋仁宗选择了不予理睬的处理方式，既不反驳刘敞的话，又不接受他的建议。皇帝打算把这件事情拖一拖，等时间长了，说不定大家就忘记了，到时自己就可以追封夏竦谥号了。

其实，宋仁宗这样行事，也只能是自欺欺人。

要知道，宋朝的官员们就是一群敢于直面生死的勇士，个个有“以天下为己任”的信仰。皇帝不理睬大臣的建议，只能激起他们愤怒的火焰，让他们继续上疏。

这不，在这熊熊的火焰中，司马光站了出来，他上了一篇《论夏竦不当谥文正》，请求皇帝收回成命。

司马光上的这封奏章很长，但归纳起来就是三句话。

第一句话，皇帝直接授予官员谥号，违规操作，不合乎行政程序。

第二句话，皇帝授予夏竦“文正”谥号，是私心作祟。

第三句话，皇帝随便授予大臣名实相悖的谥号，不符合制度，是对礼法的破坏。

现在，就来详细品味这三句话。

首先，宋仁宗直接授予官员谥号，确实是一种违规行为，不合乎程序。根据宋朝《丧葬令》记载，朝廷授予官员谥号，要这样执行：“诸谥王公及职事官三品以上，皆录行状申省，考功勘校，下太常礼院拟谥讫，申省议定奏闻。”

这段文字的意思是说，宋朝申请谥号一共包括六个环节。

第一，王公贵族或三品以上的官员死后，才有资格获得谥号。申请时，要将死者的世系、生平、生卒年月、籍贯、事迹等写成行状，上交朝廷，等待审核。

第二，朝廷收到行状后，考功司派专人进行审核。毕竟，所谓的行状，多是死者亲属好友或门生故吏书写的，报喜不报忧，不能全信，必须核实。

第三，考功司将核实好的行状送给太常礼院。太常礼院根据死者生前的事迹、是非功过，草拟一个谥号，上奏中书省。

第四，中书省开会研究，最终草拟一个谥号，交给宰相审批。

第五，宰相认可后，上报皇帝。

第六，皇帝认可后，命考功司制作敕牒（册封类诏书的专用名称），发到死者家属手中，并昭告天下。

只有经过上述六个环节，谥号才合乎立法，才名正言顺。皇帝授予夏竦的谥号，跳过了前五个环节，这种谥号名不正言不顺。

其次，除了反对皇帝越级授权，司马光还批评皇帝，说他赐予夏竦一个“文正”的谥号，根本不是为了天下苍生，而是为了满足自己的虚荣心。

司马光直言不讳地告诉皇帝：“陛下明知道夏竦的生平不怎样，根本不能服众，所以在赐予谥号时，才打算绕开有关部门，不让群臣去评价夏竦。陛下这样做，是想掩盖夏竦的短处，褒扬他的长处。如今，陛下自己定了一个谥号，就对外宣布了。你的私心太重，对于这样的结果，群臣不服，您也无法给天下一个交代。”

这里的潜台词是——若您一定要绕开群臣，直接授予夏竦一个谥号，您就是一个刚愎自用、独断专行的昏君！

最后，除了批评皇帝越级授权，被私心左右后，司马光还告诉皇帝，授予官员名不正、言不顺的谥号，会破坏中国的礼法制度，也无法向后世子孙交代！

在《论夏竦不当谥文正》奏章中，司马光告诉宋仁宗："道德博闻曰文，靖共其位曰正，'文正'这两个字，是天底下最美好的谥号，也没有比它更崇高的了。即使是周公这样大才的人，也未必能得到这个谥号。像夏竦这种'奢侈无度，聚敛无厌，内则不能制义于闺门，外则不能立效于边鄙'的人，怎么能配上这个谥号呢？若皇帝非要授予文正谥号，我们这些'戆愚'不识大体的人，不知道怎么给那些正人良士谥号了。"

"此外，虽然谥号就是一个名义上的东西，但它能够公正地反映出一个人的功过是非，起到劝善阻恶的作用。如果陛下把谥号当成礼物来酬谢私恩，那么谥号就会失去自己的公平、公正性了。这样久而久之，便会出现'善者不知所劝，恶者不知所惧'的局面，进而摧毁整个社会的道德标准。届时，'臧否颠倒，不可复振'，国家的礼法就全完了！"

综上所述，谥夏竦"文正"，名不正言不顺，是皇帝私心的结果，会破坏大宋的礼法秩序，请求皇帝收回成命，授予夏竦一个其他的谥号。

最终，宋仁宗同意了他的请求，下令"奉圣旨改谥文庄"。从此以后，夏竦更改谥号叫"文庄"了。

在这个"夏竦谥号"的事件里，即使没有司马光的直言进谏，群臣也不会让皇帝的想法实现。然而，司马光从中表现的刚正不阿的精神、直言不讳的态度，还是让他得到了群臣的称赞，并进入了皇帝的视线。

至此，司马光终于成为一名朝廷公认的贤臣，开始步入官场的最高舞台发挥自己的力量。

那么，接下来，司马光又将干出什么成绩呢？

平息"招魂事件"

史料记载，皇祐三年（1051年），司马光接手了一个离奇的事件，又好好展示了一下自己的本事。

这是一件什么事情呢？

当时，国子博士刘庆孙提出，要给为国捐躯的父亲刘平招魂，以国礼安葬，以纪念其功绩。

一石激起千层浪，刘庆孙的这封奏章，在朝廷引起轩然大波。

原因很简单。因为，虽然在宋史中记载，刘平是为国捐躯，但是，咱们都知道呀，刘平是兵败被俘了，他压根就没有死。

那么，一个没死之人，为什么又说“战死”了呢？为什么朝廷还要给他招魂呢？

这还得从头说起：

遥想当年，宋夏“三川口一战”中，因为黄德和的临阵脱逃，刘平最终兵败被俘。虽然刘平没有死，但由于当时信息闭塞，宋朝就单方面地认为，刘平已经“战死”了。于是，宋朝塑造了刘平被俘后、“骂贼不食而死”的英勇形象，并把他定位为一个为国捐躯的“烈士”。

然而，刘平明明没有死，他又怎么能当烈士呢？随着时间的推移，越来越多的人知道了刘平没死的事情。

后来，因为一个人的突然回归，刘平还活着的事情，最终大白于天下了。

这个回归的人，就是当时一起“战死”的副帅——石元孙。

庆历五年（1045 年），宋夏签署了停战协议“庆历和议”。为了表示诚意，李元昊释放了一些宋朝被俘的将领，石元孙回来了。

不仅他没死，还带回了刘平没死的消息。

石元孙的回归，就像一记耳光，狠狠地抽在了宋仁宗和满朝文武的脸上，让大家有点恼羞成怒了。以次相陈执中为首的官员认为——要剥夺刘平的所有待遇，砍了石元孙的脑袋，以儆效尤。他们要让西夏人看看，宋朝是怎么对付贪生怕死的降将的！

眼看石元孙就要身首异处了，好在，当时有明白人范仲淹，他驳回了陈执中等人的提案。

范仲淹驳回的理由是：不能斩杀石元孙，也不必给西夏人看宋朝的所作所为。难道我们想让西夏人看咱们的皇帝，是怎么对付为宋朝奋勇杀敌的将领？看咱们的大臣是怎么在神话破灭后恼羞成怒？

恐怕，西夏人什么也不会看到，只会看到宋朝的一场“闹剧”！

当时，为了给石元孙求情，范仲淹给皇帝写了一封奏章，他这样写道：“刘平、石元孙部领兵马，救护延州，同战拒贼，日夜血战，兵少食尽，力屈被擒，既不曾退走，亦非不战而降，但有不死于王事之罪。”

在范仲淹的眼中，刘平、石元孙是弹尽粮绝、力气耗尽后，被西夏军俘虏的。他们对宋朝已经仁至义尽，就不要再要求他们为国捐躯了。您的这种要求，实在是太高。

范仲淹建议，要善待刘平和石元孙，不要对他们再进行追究了。刘平虽然没有战死，但他应该享有“烈士”的待遇。回国的石元孙，也要给他一个丰厚的虚衔，让他去一个条件不错的地方安度晚年。

咱们都知道，宋仁宗是一个仁慈至上的皇帝，他听从了范仲淹的建议，授予了石元孙一个节度使的官职，让他去全州养老了。同时，赵祯也没有追究刘平的责任，继续授予其“烈士”称号，对刘家的抚恤待遇也依旧如故。

至此，这场“刘平烈士事件”，就以这样的结局告一段落了。然而，随着时间的推移，这场本应盖棺论定的事情，却再生波澜。

原来，范仲淹被轰走后，群臣就开始翻旧账了。

大家皆认为，范仲淹当年的判罚，有失公正。毕竟，刘平和石无孙可是打了一场大败仗，这种人就应该战死沙场、为国捐躯，如果朝廷不严惩这种人的话，军队就彻底乱套了。因为，以后再打仗，将领们就有可能保存实力，不再奋勇作战。毕竟在他们的眼中，打了败仗，就当俘虏呗，反正朝廷也不会追究他们的责任。总之一句话，朝廷若不严惩这种战败之人，军队就没法带了。退一万步说，即便朝廷不追究石元孙的责任，也必须追究刘平的责任。因为，他们俩的身份不一样，结果也理应不一样！

简单来说，石元孙的身份是武将，宋朝对武将是很鄙视的（参见狄青），对他们的道德要求也没有那么高。因此，石元孙投降，可以被原谅。但是，刘平不同了，虽然大家叫他大将刘平，但他却是一个文人。

史料记载，刘平是两榜进士出身，一共做了十九年的文官。后来，因为想更上一层楼，才半路出家，转职变成了一个武人。

虽然他转成了武官，但其骨子里还是一个文人。文臣们也没有排挤他，还是视其为同类（继续参见后面的狄青，这点很重要）。

因此，在群臣的眼中，在这个“士大夫与皇帝共治天下”的宋朝，刘平作为“高人一等”的文臣，他对自己的要求也应该“高人一等”。刘平怎么能够跟“低等”的武人一样，选择投降呢？他理应为国捐躯、以身殉国！只有这样，才能体现文人的气节。这才叫“良将不怯死以苟免，烈士不毁节以求生”！

刘平作为一个苟且偷生的将领，本应被严惩不贷，可现在呢？他竟然成了宋朝的“烈士”，这让文臣们情何以堪？

在这种心理下，文臣们开始集体炮轰刘平，要求剥夺其“烈士”称号，对其严惩不贷。

就是在这种背景下，刘家人害怕自己“烈士家属”的待遇被剥夺，刘庆孙这才上疏朝廷，要求为其父亲招魂，举办一场风风光光的葬礼。

这里解释一下，所谓“招魂”，是古代的一种礼法。古人相信，人死之后，若找不到尸体，可以通过招魂的方式，把人的魂魄召回来，再举行葬礼。

唐朝时，唐玄宗的母亲被武则天秘密杀死找不到尸体了，为了安葬母亲，李隆基就举行了一场招魂仪式，用来安葬自己的母亲。这件事情，应该是历史上最著名的“招魂案例”了。

通过招魂仪式，象征性地举办葬礼、安葬死者，大家认为没什么不妥，也认为这是一件古已有之的事情（注意这里）。

刘家人本打算通过举行一场葬礼，刻上墓碑，获得谥号，坐实刘平烈士的身份进而彻底堵住别人的嘴，并安自己的心。

然而，刘家人根本不知道，他们提出的这个“招魂申请”，绝对是一个馊主意，一个馊得不能再馊的主意。

因为，虽然此时距离刘平被俘已经过了十一年了，但没有任何证据显示，刘平已经病逝了！万一刘平还活着呢？你给一个活人招魂，还给一个活人举行一场大规模的葬礼……宋朝官员们都不敢往下去想！

因此，赌上宋朝的尊严，也不能给刘平招魂，更不能自取其辱、贻笑敌国！

话虽如此，若不给刘平招魂，又用什么借口驳回呢？难道昭告天下，说刘平有可能还活着，因此不能举行招魂仪式吗？恐怕那个时候，又将引起一场轩然大波了，而且还会把无数人卷进来。

首先，如果要昭告刘平还活着，那么当年审查此事的官员又将怎么处理呢？一个失察之罪，那些人就担当不起了。而且，当年负责审理此案的官员是文彦博和庞籍，现在的他们，已经升级为当朝宰执了！你让这两位宰执何去何从呢？

其次，如果承认了刘平活着的事实，这个人就不是烈士了。一个不是烈士的人，朝廷凭什么给他赏赐呢？到时候刘家这么多年的恩赐，又将怎么办呢？难道要刘家倾家荡产，偿还这些年的抚恤金吗？

最后，如果承认刘平没死，黄德和怎么办呢？虽然他当年临阵脱逃、陷主帅于死地，这样一个人，该杀，但是，若刘平变节投降了，黄德和还该死吗？一旦有人跳出来为黄德和翻案，朝廷又如何处理呢？

可见，这件替刘平招魂的事件，可是一件“牵一发而动全身”的大事，稍有不慎，朝廷就永无宁日了。

因此，在朝廷大佬们眼中，最好的解决办法就是以静制动，等着刘平死，等他确实死了，再给他举行招魂仪式。

在这个方面，刘平的儿子刘庆孙，确实是一个不识时务的人。他的这个招魂建议，不仅会引起一场轩然大波，还有可能剥夺他们刘家所有的优待。

刘庆孙不知道这其中的利害关系，他也不可能会知道。他唯一想的事情，就是将父亲战死的事情盖棺论定，好维护自家的利益。

贪之甚，甚昏蔽而忘礼义；求之极，则争夺而致怨。

此言不虚。

好吧，不管朝廷大佬们如何痛骂刘庆孙不识时务、贪婪愚蠢、不懂事，但也于事无补，刘庆孙可不管这些。

那么，朝廷又该怎么解决此事呢？

最好的解决办法，就是驳回刘庆孙招魂的提案，让他知难而退。但是，在儒学统治的宋朝，孝是治国的根本，招魂仪式也是一个孝子必干的事情。朝廷没有任何理由来反驳这位孝子。

既无法反驳刘庆孙的请求，又要驳回他的招魂提案……对于这个问题，满朝文武全都黔驴技穷了。

最终，这个问题被博学多才的司马光解决了，而他解决的办法就是——招魂仪式不合礼法，因此驳回了刘庆孙的招魂请求。

愤然修史

博学多才的司马光知道，招魂仪式虽然是一种文化传承，但从儒学的角度讲，这种仪式却不合礼法。

因为，中国传统文化规定，棺材的目的是“藏形”，就是用来收敛死者的遗体。反过来说，非身无棺，非棺无椁（套在棺材外面的棺材），一个连尸体都没有的棺材，还能叫棺材吗？明明没有尸体却举行葬礼，招来幽魂之气，“胤无丧而葬，招幽魂气，于德为愆义，于礼为不物”是对道德的背离。因此招魂行为，属于非礼行为。

东晋儒家学者袁瓌创建的这个结论，虽然成了儒学反对招魂仪式、维护正统礼法制度的一部分，但可惜的是，从东晋到北宋七百余年里，很少有人执行这个制度，大家也快忘记还有这么一回事。

然而，司马光却没有忘，他用自己博学的知识，替朝廷解决了这道难题。

在司马光的建议下，朝廷否决了刘庆孙为父招魂的请求，终于平息了这件事情。

从那以后，司马光更加被委以重任了。

殊不知，通过这件事情司马光还发现了一个让他刻骨铭心、惊讶无比的问题。

虽然在朝廷的眼中，这是一件微不足道的小事，但司马光为了这件事情，可以赴汤蹈火，献出一生。

这就是——重新修史。

根据《续资治通鉴长编》记载，在处理刘平招魂事件的过程中，司马光翻找了很多史料，在此过程中，司马光惊讶地发现，国家的两大权威书籍《起居注》和《时政记》上，竟然都没有记载宋夏战争一事。

所谓《起居注》，是专门记录皇帝言谈举止的书籍。历朝历代，都有专门的史官记录皇帝的言谈举止，皇帝到哪、干了什么事情、跟什么人说了什么话，史官们都要记录在案，并把这些第一手资料传给后人。这些第一手的资料，就是《起居注》。

当然，有时皇帝要干一些私事或者是跟大臣商量重要的事情，史官就不能贴身记录了。这时候历史的内容，只能让《时政记》代劳了。

所谓《时政记》，就是开重要会议、史官不在现场时，由宰相、枢密使将会议的内容记录下来，转给史官的记录。这些记录虽然不是第一手资料，但也能成为史料的重要依据。

当时，司马光在《起居注》和《时政记》上查找资料，结果除了震惊，还是震惊！

因为，“宋夏战争”这么重大的事情，这两本书上却一点记录都没有！

更加震惊的事情，还在后面呢。

《续资治通鉴长编》记载，为了整明白这件事情，司马光拿着这两本书籍，去问负责修撰历史的孙抃，要求其补上这段历史。

结果，司马光义正词严的要求，却被孙抃以更加“义正词严”的理由拒绝了。

孙抃拒绝的理由，就是五个字——国恶不可书！

什么叫作国恶不可书？就是所有关于国家错误、耻辱的故事，都不能写，只能写那些歌功颂德、太平盛世的事情！

这五个字，差点把司马光气疯了。

在司马光的眼中，历史是什么？历史不仅记录人类的进程，它更是“国家之典法”，是总结人们过去的经验教训、引导人们继续前进的路，也是唯一可行的路！

读史，可以明是非；读史，可以知兴衰；读史，可以学做人，不去犯前人的错误。但是，只有真正的历史，才能达到这种效果；虚伪的历史，只能影响我们的行为模式，让我们跌跌撞撞，最终跌倒在同一个坑里！

孙抃的“国恶不可书”，给司马光的内心带来巨大的震撼……

史料记载，也就是从那一刻起，一个励志补充完历史、重新撰写历史的史学家司马光，就此诞生。

司马光修编的那本书，就是历史上大名鼎鼎的——《资治通鉴》。

轰走“麒麟”

一波未平一波又起，在接连解决了谥号问题和追魂问题后，司马光又为朝廷解决了一个难题——他轰走了中国传说中的动物——麒麟。

这是怎么回事呢？

原来，嘉祐三年（1058年）六月，交趾国（今越南）向宋朝进贡了两只奇怪的动物，两只谁也没有见过的东西。

史料记载，这两只动物的模样像水牛，身上貌似披着铠甲，头上有一个威风凛凛的长角。这两只动物以水果蔬菜为生，脾气暴躁，横冲直撞，每隔一段时间，饲养员都得打它们一顿才能老实。

现在人看完这段文字后，都会知道，这不就是犀牛吗！但是，宋朝人却不知道这是什么动物。交趾国还欺骗宋朝，说："这是传说中的麒麟，所以把它们进贡给宋朝。"

在古代，但凡是一个读书人，都清楚地知道，"麒麟"二字，到底意味着什么！

按照中国古代的祥瑞理论，麒麟跟凤凰一样，都是代表祥瑞的最高等级的动物！麒麟只要降世，就代表着天降祥瑞，现在就是一个太平盛世了！皇帝就是拜无数次泰山，也不如来这么一个"动物"好使。

此外，在信奉儒学的人眼中，他们对于麒麟这种动物，还有更深的一种情愫在里面。

还记得吗？孔子著《春秋》时，最后的一个故事，就是鲁哀公十四年的"西狩获麟"。

当年，鲁哀公打猎时，打死了一只没有见过的动物，他就请孔子来鉴别一下，看看这是一个什么动物。

孔子来到后，第一时间就傻了，随后整整大哭了七天七夜。

别人问其原因，孔子悲痛欲绝道："这只被打死的动物，是祥兽麒麟。它的出现，将代表着太平盛世的到来！结果，它竟然被打死了，看来这个天下，已经没救了！"

哭完后，孔子对这个世界彻底失望了，于是他"凄然搁笔"，再也不写《春秋》了。从此之后，"西狩获麟"这个故事，就成了孔子的绝笔。

可见，对于儒家学者而言，如果这两只动物，真是传说中的"麒麟"，那么对于他们而言，这将是一件多么振奋人心的事情。

嘉祐三年（1058年）八月，在经过两个多月的漫长等待后，这两只"麒麟"终于进入开封城，进入到皇帝和群臣的眼帘里。

史料记载，一看见这两只动物后，群臣全都傻了。

可不是吗？虽然大家都没有见过麒麟，但现存的无数麒麟雕像，却形象地描绘出了大家心目中的麒麟形象。

大家心目中的麒麟，应该是龙头、鹿角、狮眼、虎背、熊腰、蛇鳞、马蹄的结合体，看着就威武霸气，神圣不可侵犯。现在这两只动物，算什么？圆鼓鼓、胖嘟嘟的，一副傻乎乎的表情。这货也能是麒麟？不是逗我吧！

至此，围绕这两只动物到底是不是麒麟，群臣展开了一场激烈的辩论。

当然，公说公有理婆说婆有理，谁也辩不倒谁。毕竟，包括司马光这种史学家在内，谁也没有见过麒麟！孔子倒是认识麒麟，可他只是写了，没画图呀，现在谁认识这个东西！

就在此时，朝廷收到了两封奏章，让这个问题更加地扑朔迷离，更加难以分辨了。

原来，当时雄州（今广东南雄）、虔州（今江西赣州）的官员接连上奏朝廷，说当地的外国商人已经验证过了，这两只动物根本不是麒麟，而是一种东南亚遍地都是的犀牛。交趾国存心戏弄朝廷，皇帝万万不可中他们的计。

这两封奏章传到朝廷后，群臣彻底为难了。

在他们的眼中，外国商人的话不可全信，万一它们就是麒麟呢？你相信外国人的话，把中国的祥瑞麒麟轰走了，这算怎么回事呀？万一外国商人的话是真的呢。这两个动物根本不是麒麟，你把它们当麒麟一样供起来，到时候让交趾国贻笑大方，朝廷颜面何存？

这两只动物，到底是不是麒麟呢？

最终，在一番激烈的讨论后，群臣一致认为——这两只动物，应该不是麒麟。原因不为别的，如果这是麒麟的话，应该在宋朝主动现身，怎么能跑到敌国呢？要现身的话，也应该在宋朝现身，这才名正言顺。

何况，堂堂神兽，竟然被交趾一个弹丸小国的百姓捉住了，还被装进了笼子，用船运了过来，这也太惨点了吧。所以，即使真的是麒麟，宋朝也不能承认。

那么，既然群臣达成了一致，说这两只动物不是麒麟，那就应该把它们送回去了。但是，用什么借口拒签呢？朝廷又将用什么借口，回绝交趾国的这番好意呢？

这个问题，确实很难办。

最终，司马光书写了一篇《交趾献奇兽赋》，完美地解决了这个问题。

司马光的这篇文章，写得非常有意思。他不是选择了直言进谏，而是模仿皇帝的口吻，说了这么一段话：

“当今，天下虽然太平，但国家的领土面积远不如汉唐时期；国家虽然富庶，但跟尧舜时代还相差很远。如今国家矛盾重重、问题多多，在这种情况下，朕怎么能安享外国的物品呢？交趾国送来的这两只动物，得到它们不能增加我的德行，失去它们也不好损害我的德行，我为什么还要养着它们呢？不如把这些钱省下来，用来供养贤人吧。各位觉得如何呢？”

史料记载，宋仁宗在细细读完司马光的文章后，大喜过望，认为司马光的这篇文章，就是他理想中的“台阶”。

于是，宋仁宗下令，把这些可疑的“麒麟”还给交趾人，让它们从哪来，回哪去。他要用实际行动告诉这些交趾人，朕是一个“万民景仰”的好皇帝，不会因为这两只外来的祥瑞，就玩物丧志。

至此，司马光又充分运用自己的智慧，替皇帝解决了一道难题。

通过上面的事件，我们能够知道，作为一个直言进谏的大臣，司马光绝对是合格的。但是，一个官员仅仅会直言进谏，这是不够的，他得有自己的底线，坚守自己的原则。

那么，司马光的底线和原则，又是什么呢？

通过下面的“日食事件”，就能清楚明白了。

日食事件

史料记载，嘉祐六年（1061 年）五月，司天监预报，六月初一时，上天将出现日食，食分将达到六分半（月亮的阴影遮住 65% 的太阳）。

咱们都知道，古代人相信“天人感应”。如果出现了日食，他们就会认为，这是一种灾异现象，上天在“示警”了。因为自己干的“龌龊事”让老天知道了，老天发怒了，所以来点灾难，以示惩戒。

一般来说，出现了日食后，统治者都会诚惶诚恐地斋戒，虔诚地向老天爷祷告，以求老天爷的原谅。然而，当这种“坏事”出现后，统治者也可以耍一个小心眼，让这个“坏事变好事”。

那么，怎么让这个“坏事”变“好事”呢？

两种解决办法。

第一，如果日食那天是一个阴天，云彩遮住了太阳，统治者就可以骄傲地告诉世人——因为我的德行感动了上天，所以太阳被乌云遮住了，因此也没有日食这种“坏事”了。

第二，万一那天不是一个阴天，统治者也有说辞，他们就会在日食的“食分”上做文章。

在日食发生前，统治者都会评估一个食分，比如，这次的六分半。当日食发生时，如果食分低于六分半，皇帝就可以骄傲地向世人宣布——大家看，食分不足，证明我还是有“德行”的，上天都对我“网开一面”了。

在现代人眼中，皇帝的这两种解决办法，都是一种自欺欺人的表现。因为“看不见”或者是“食分不足”，就能证明日食没有出现吗？这不是睁眼说瞎话吗？然而，皇帝喜欢这种说辞，他高兴，就好。

当时，对于皇帝的这种推卸责任的说辞，没有一个人去较真，经历了好几位皇帝了，也没有人去更正这个事情，大家全都习以为常了。

然而，等司马光知道了这种说辞后，他就要较一次真了。

史料记载，听完皇帝推卸责任的借口后，司马光立刻持笏出列，开始反驳皇帝的解决办法了。

司马光告诉皇帝：“看不见阴天，就能证明看不见日食吗？太阳普照大地，乌云就那么一点点，它能够完全遮住太阳吗？就算京城被乌云遮住了，皇帝看不见日食，那么其他地方呢？其他地方的百姓，也看不见日食吗？皇帝这么说，不是掩耳盗铃、自欺欺人吗？”

司马光又告诉皇帝：“用‘食分不足’来推卸责任的说法，更不可取。食分不一样，只能说明司天监无能！连一个准确的食分都预测不出来，要他们何用？预报食分和实际食分不符，皇帝应该治司天监官员的罪，怎么还能给他们赏赐呢？这不是本末倒置吗？”

最终，司马光建议，六月初一出现日食时，无论是看不见，还是食分不足，皇帝都不应该祝贺，而是应该虔诚地反省，以求上天的原谅。

史料记载，对于司马光的说法，刚开始的时候，宋仁宗根本不予理会，他还是打算投机取巧，准备糊弄过去。

毕竟，在皇帝眼中，“斋戒”太累了，不让喝酒、不让吃肉、不让娱乐，还要禁女色，试问谁受得了？

然而，群臣都同意司马光的说法，在群臣的集体谏言下，宋仁宗终于打破了惯例，还是老老实实“斋戒”去了。

当时，六月一日的这次日食，是在下雨中进行了，天上乌云密布，很难看见日食。这次日食的食分，也不过是四分，根本不足六分半。因此，若采用老办法，皇帝就能侥幸过关了。然而，在司马光等人的强烈反对下，宋仁宗只能抛弃这种优良的传统，重新“畏惧”老天了。

写到这里，咱们就会有一个疑问，不就是一个日食吗？用得着这么大惊小怪吗？

其实，若这样想的话，就太低估我们祖先的政治智慧了。因为，日食虽小，但意义重大，若没有这种“上天示警”，天下就彻底乱套了。

这绝非危言耸听，因为这个意义就是——让皇帝必须有所畏惧，才能不胡作非为！

要知道，在那个“君权至上”的时代，皇帝就是一切生灵的主宰，没有人能够忤逆皇帝的话，也绝不敢忤逆。因此，若没有一个东西来管束皇帝，皇帝就真的没人管了。

这种管束皇帝的东西，就是日食，就是这种上天示警。

在正直的大臣眼中，只要皇帝还怕天，他的行为就还有底线，即使他的行为很坏，也坏不到哪儿去。反之，若皇帝连天都不怕了，那他的行为就没有底线了，到时候这个皇帝想干啥就干啥了，这个国家也就算完了！

因此，在古人眼中，所谓的“天人感应”，与现在的科学知识无关，与现在的思想观念也无关，这是一种古人的政治智慧，就是为了约束皇权，不让皇帝胡作非为。

可见，当众揭穿皇帝“投机取巧”的心理，让他重新畏惧老天，好好地去反省其身，单凭此举，司马光足以位列大宋名臣行列。而且，司马光这么干，也比那位“明白人”明白得多。

这个“明白人”是谁，大家都知道。

史料记载，这次日食时间结束后，仅仅过了十年的时间，这个“明白人”就对年轻的皇帝道：

“所谓的地震天灾、日食月食，这些都是大自然的产物（天数），跟人无关。跟皇帝是否昏庸、赋税是否繁重、刑法是否严苛，也没有一丁点关系。因此，咱们要做到‘天变不足畏，人言不足恤，民怨不足忧’，好好地贯彻变法，这才是正道！”

看看，这个“明白人”的这番话，多么地唯物主义，多么地义正词严。

当然，按照这个“明白人”的说辞，皇帝以后就天不怕、地不怕了。一个连老天爷都不怕的皇帝，也就什么事情都敢干了！

可想而知，这种情况一旦发生后，这个国家也只能走向灭亡了。因此，司马光一生都不认同这个“明白人”的思想，他也用尽自己的一生，跟这个“明白人”对着干了。

这个明白人，就是司马光一生的死敌——王安石。

冥冥之中自有天注定。虽然此时此刻，司马光还跟这个“同龄人”很投缘（司马光是1019年出生，王安石是1021年生人，差两岁），但对于这场“日食事件”的不同理解，就注定了此二人必是一生的冤家，无法共存……

第八章 宋朝『最著名』的文臣

这个老将，不简单

接连干了几件漂亮事情后，司马光成了朝中的红人。所有人也相信，假以时日，这个年轻有为的人必将成为一代名臣，位列朝堂、光芒万丈、永载史册。

请注意，是“假以时日”，毕竟，在宋朝这个论资排辈的时代，还是更喜欢重用“老将”的。

何况，这员“老将”，真心不一般。他完全可以掩盖司马光的光芒，让这个年轻的小将知难而退，再回去历练几年。

那么，这位能让司马光星光黯淡的“老将”，是谁呢？

现在，就请这位宋仁宗时期最著名的“老将”，闪亮登场！

在宋朝，他的名字并不是家喻户晓、路人皆知；在漫长的两宋历史中，他的名字，也被寇准、范仲淹、欧阳修、司马光、王安石、岳飞等人所掩盖；在宋朝老百姓的眼中，这个人的知名度，甚至比不过王钦若、丁谓、蔡京、秦桧、史弥远、贾似道等奸臣。

然而，在中国历史的长河中，这个人却成了一颗最耀眼的星。他的威望、他的故事、他的经历，虽然没有被人们记住，但人们却用另外一种“艺术形式”，将这个人永远地记录了下来，并永载史册、流芳百世……

这个人，就是在正史上并不出名，在野史传说中却人气极高的——包拯。

如今我们一提到包拯，都会不自觉地叫他一声“包青天”。对于包拯的断案手段、审理案件的本领，我们更是赞不绝口，称他为中国“第一神探”。

老疑问——历史的真相，真是这样吗？

老回答——当然不是啦。

其实，在真正的历史中，包拯并不是什么中国“第一神探”，根本没有审理过什么铡美案，也没审过狸猫换太子、打龙袍、情花劫、双城记、怒铡公孙等案件。在历史文献中，包拯一生仅审理过三个案件。

没错，仅仅三个案件。

至于民间那些传说，说什么包拯是一个“额头上有一轮弯月，是星宿转世，能日判阳间不平事，夜间秉烛断孤魂”的人，更是无稽之谈。

包拯就是一个普普通通的人；他是一个规规矩矩参加科举、建功立业的人；他也是一个赤胆忠心，能明辨是非、惩治贪官污吏的人；他更是一个被感情左右，干出了很多荒唐事的人。

现在，让我们开始讲述包拯的一生。

老规矩，每一个人的开始，都从他呱呱坠地讲起。

史料记载，宋真宗咸平二年（999 年）二月十五日，在今天安徽合肥市肥东县包拯镇一个小村庄内，一个小婴儿呱呱坠地了。

这个小婴儿，就是包拯；而这个小村庄，也因为包拯而在今天被称为“包拯村”。

咱们都知道，但凡一个名人出生时，都会伴随着很多“稀奇古怪”的传说，包拯也不例外。在这些故事中，以下面的这个传说最为著名也最为过瘾。

据说，包拯出生时，京城突降大雨，电闪雷鸣，地动山摇。这场大雨整整下了一夜，等第二天早朝时才彻底停息。

在早朝时，宋真宗惊讶地发现，竟然有一多半的官员没来上朝，这是一个什么情况？

困惑不解的皇帝便问宰相，想知道这是怎么回事。宰相无法隐瞒，只能如实汇报。原来，昨天下大雨时，没来上朝的官员们都做了一个噩梦。大家梦见一个黑脸天神，率领天兵天将，抬着三口大铡刀，来抓他们。黑脸天神抓到他们后，就把他们推到那三口铡刀下。违法乱纪的皇亲国戚，用龙头铡伺候；贪赃枉法的文武百官，用虎头铡伺候；为非作歹的官富二代，用狗头铡伺候。

这些官员在梦中被“咔嚓”后，都被吓醒了。醒来后，大家出了一身冷汗，再也不能起床，只好告假了。

这个故事就是告诉我们，包拯的出生，惊天地、泣鬼神，吓坏了那些贪官污吏。刚刚出生的孩子，就把朝中的那些“贪官污吏”吓傻了，等这个孩子成为官员后，贪官污吏们的下场就可想而知了。

当然，这就是一个杜撰的传说罢了。这是老百姓为包拯“捧场子”，表达一种美好的愿望。

关于包拯，老百姓们坚信：包拯就是一个惩治贪官污吏的人，是一个铁面无私的黑脸形象，额头上还有一个月牙疤。

那么，在真实历史中的包拯，真是一个大黑脸吗？

当然不是了。

包拯根本不是黑脸，更别提什么“脸黑如同鏊子底”了，人家可是一个仪表堂堂的白面书生。按照今天的定义，就是一个白净帅哥。

之所以这么说，证据有三：

证据一，包氏家请《包拯书院纪》——今睹遗像，乃清隽古雅，殊无异于人。

证据二，元明时期，合肥包拯祠的雕像记录——面目清秀，白脸长须。

证据三，清朝时期，学者孙辅臣看完包家祖传的包拯画像后，写了一首诗，告诉了世人包拯的长相——“肖像满天下，讹传叹失真。刚方不在貌，冠玉自惊人。”

这里的“冠玉”什么意思？就是形容男的长得帅。汉朝时，宰相陈平是当时有名的美男子，司马迁在《史记》中，就用“冠玉”形容陈平——平虽美丈夫，如冠玉耳。

可见，包拯能是一个黑脸吗？

那么，这么一个白脸帅哥，怎么就变成一个黑脸包拯了呢？

还不是民间百姓的“希望”闹的。

咱们都知道，在民间百姓的心目中，包拯是一个铁面无私、执法如山的清官。铁，黑也；面，脸也。铁面，不就是黑脸吗！所以，包拯就变成一个黑脸了。

至于那个月牙疤，则是戏剧化妆师的杰作。

艺术家塑造包拯人物形象时，必须是“高大上”的，但包拯是一个黑脸呀。这一出来亮相，脸上黑漆漆的一片，不好看呀。于是，化妆师们就在包拯脑门上加了一个月牙。有了这个月牙疤衬托，包拯一下就变成“帅哥”了，他也能代表月亮消灭一切邪恶势力了。

综上所述，包拯的这个“黑脸＋月牙疤痕”的组合形象，完全是基于民间的希望和文学艺术上的需要，跟包拯的本来面貌没有一丝一毫的关系。

其实，包拯的出生非常地简单，并没有那些稀奇古怪的事情。

按照他自己的定义，他就是一个“出于草茅，蚤从宦学”的人。这里的“蚤”，通早晚的“早”。

毕竟，在宋朝，读书出仕，金榜题名，这可是每一个读书人的梦想，包拯也不例外。他有这种思想，也无可厚非。

就这样，年轻的包拯苦读诗书，相信只要继续努力奋斗下去，那扇通往成功的大门，终将为自己而开。

那么，在参加科举考试时，包拯身上又出现了什么人文逸事呢？

真实的“包青天”

要说这个包拯，真是一块读书的料，天圣五年（1027 年），包拯第一次参加科举就一举考中进士。

包拯这种“一战成名”类型的人才，比很多人都强，甚至比唐宋八大家之一的曾巩还要厉害——曾巩 1042 年开始考，1057 年中举，三年取一科，至少考了 5 次了。

虽然包拯一战成名，但在当时的宋朝，大家却认同欧阳修的说法，说包拯“素少学问”。就是说，这个人的才华学识一般。

这种说法，证据有二：

证据一，包拯的诗词。

咱们都知道，宋朝是一个文化繁荣的时代，文人们创作着各种脍炙人口的诗词。那些目不识丁的武将们，也时不时“掉书袋”，写那么一两句打油诗。

在这个大家皆创作诗词的时代里，哪个文人的创作量最少呢？

瞠目结舌一下吧。

倒数第二名，太祖皇帝赵匡胤，创作量：一首半。

倒数第一名，包青天包拯，创作量：一首。

没错，在宋朝的文人中，就包拯的创作量最少，只有一首！

而且这首诗也不怎么样……

> 清心为治本，直道是身谋。秀榦终成栋，精钢不作钩。
> 仓充燕雀喜，草尽兔狐愁。史册有遗训，毋贻来者羞。
>
> ——《书端州郡斋壁》

诗句很通俗，也很简单，小学文化水平的人都能读懂，所以我就不解释了。

诗句传世少，还写得这么简单，难免文人们认为包拯没啥才华，是一个“素少学问”的人。

证据二，包拯参加考试的时间。

史料记载，包拯是在天圣五年（1027年）参加科举考试的。那一年，他28岁。这个年龄参加科举考试，实在无法与“神童、有才之人”画等号，他根本敌不过那些天才们。

综上所述，以欧阳修为首的文人们认为——包拯，就是一个“素少学问”之人，也没有什么本事。

其实，在我的眼中，包拯才华了得，绝不亚于那些“天才”。

先反驳第一点，包拯的诗词。

虽然从文学水平上看，包拯的诗词确实不咋样，难说是上乘之作，毕竟在唐诗宋词中，优秀的作品太多了。但是，衡量诗句，不能只看文学价值，还有看它的思想立意，以及作者的精神境界，等等。

以这样的标准来衡量的话，包拯的这首诗，就是一首好诗了。

通过这首诗，我们能体会包拯的性格——直来直去，不拐弯抹角。诗中没有任何修饰，用最简单的话阐述自己的道理，没有那些酸腐的气息，简单明了。

越简单的道理，越让人受益。包拯虽然写诗简单，但跟他有没有学问，应该没什么关系。

诚然，在包拯的时代里，有范仲淹的《岳阳楼记》和欧阳修的《醉翁亭记》，这些都是永载史册的千古佳文，虽然包拯写不出那种名篇佳句，但他的文学造诣却不弱。

从包拯的十卷《奏议集》来看，里面句句都是金石之论，堪称掷地有声，绝对不输给那些永载史册的名文佳句。

由此可见，包拯是一个才华横溢的人，只是他为人低调，只干实事，不以诗文名世而已。

再反驳第二点，包拯参加考试的时间。

虽然在历史上，包拯参加科举时，已经28岁了，绝对是一个高龄学子，但是，大家别忘了一个现实——包拯的成绩。

史料记载，那次科举考试，一共录取了三百七十七人。这些中举的人被分为六等，也叫六甲。成绩最优秀者，一甲；成绩优秀者，二甲；成绩一般者，三甲……以此类推。

当时，包拯的成绩，赫然位列一甲，而一甲只有三十人。换句话说，包拯当年的考试成绩，在全国三十名之内。虽最终成绩不详，但这样的成绩，包拯也绝对可以光宗耀祖、睥睨众人了。

要知道，就是寇准、范仲淹这样的名人，也没有考这么好！

可见，如果包拯只是一个素少学问的人，他怎么可能考得那么好呢？一个辞赋、诗词、策论（宋朝考试制度，考试内容为三篇文章，一赋一词一策）都写得很一般的人，怎么可能在全国脱颖而出，名列前茅呢？

综上所述，虽然文人们对他有误解，但包拯可是一个学识出众、才能非凡的人。这样的人，也必将被朝廷委以重任。

当时，由于包拯的成绩非常好，他成了宋朝重点培养的年轻官员之一。

根据宋朝的官制，一甲前三十名的学子，是可以马上授予官职、留在京城做官的。但是，为了谨慎行事，从宋太宗时期起，这个制度就名存实亡了，朝廷也会把一甲学子发放地方，让他们去基层历练一下。

虽然马上授予官职的制度没有了，但为了照顾这些一甲学子，朝廷还是会给他们一些优惠政策的。这些优惠政策包括：往往会选择一个富庶的大县让他们去上任；一甲学子可以申请去离家近的地方上任，以便照顾家中的老小。

当时，包拯第一时间得到了任命。朝廷把他派遣到了建昌县，让他去今天的江西永修县当县令。

在宋朝，建昌县可是一个大县，一个毫无官场经验的人，可以奉命去管理一个大县，可见朝廷对包拯的器重。对比第一份工作去巴东的寇准，包拯的待遇简直好太多了。

然而，对于这么一个在别人眼中梦寐以求的机会，包拯却放弃了。他不仅谢绝了朝廷的好意、拒绝去建昌县上任，还干了一件令人瞠目结舌的事情。

史料记载，金榜题名后，包拯上了一份奏折，请求辞掉官职，回家侍奉父母。

这个决定，直接把朝廷打蒙了。

读书的目的，不就是为了做官吗？如今已经金榜题名了，却辞官回家了，这不能理解呀！

那么，包拯的这个决定，到底是怎么回事呢？

辞官回家

史料记载，天圣五年（1027年），在金榜题名后，包拯上疏朝廷，以双亲年事已高、无人照顾为由，请求辞职，回家照顾父母。

在古代，读书做官是士子们追求的目标，人们都梦想着“十年寒窗苦，金榜题名时”，如今马上可以升官发财、光宗耀祖了，哪有放弃这一切、弃官归田的道理？

要知道，在中国，尽孝是做人的根本，不孝之人，无以为国。因此，包拯要辞去官职，回家侍奉双亲。

当然了，包拯之所以有这个决定，也有他的家庭原因。包拯的两个家庭情况决定了他必须辞官回家。

第一个家庭情况，包拯是独子。

在戏曲中，包拯有兄弟，但却父母早逝，是靠吃长嫂的奶水长大的。包拯当官后，为了显示包拯不徇私情、秉公执法，编剧们还加了这么一个剧情——让包拯斩杀了长嫂的独生子包勉，以告诉大家，在公私两难时，包拯选择大义灭亲，以维护法律的公正严明。

虽然这出《铡包勉》（也叫《赤桑镇》）挺热闹，情节也跌宕起伏，但其实只是一个戏曲演绎，是一个民间虚构的故事。

在真实的历史中，包拯确实有哥哥——长兄包莹、二兄包颖，这个不假，但问题是，这两个哥哥都夭折了，只有他长大成人。

哥哥们都未成人，何来嫂子之说？

在真正的历史中，包拯根本没有嫂子，也没有包勉这个侄子，更没上演那场大义灭亲的戏。

由于没有兄弟，是包家的独子，包拯要是离开了，就没有人来孝顺父母了。因此，这个家庭情况决定他，只能罢官回家侍奉父母。

第二个家庭情况，包拯父母让包拯回家。

在古代，由于路途遥远，丈夫在外地办公，一年回不来几次。这种情况下，把妻子留在家中，照顾公公婆婆，是一种常见的解决方式，也是最好的解决办法。

难道说，是因为包拯的媳妇不孝顺，所以包拯只能罢官回家照顾父母吗？

关于这个问题，大家真想错了。包拯的夫人极其孝顺。包拯对这位夫人，也没有一丝一毫的怨恨和不满。

这不是胡乱猜测，有包拯夫人墓志铭为证：“夫人早归孝肃公，公初中进士甲科拜棘，平得大邑，以亲不乐去州里，即弃官归养。夫人佐公，承颜主馈，内克尽妇道，外不失族人欢心者，盖十三年。”

“内克尽妇道，外不失族人欢心”。单凭这两句，包夫人对包家的功劳，不说自明。

可见，包拯之所以还乡孝顺父母，不是媳妇不孝顺，而是他的父母离不开包拯。

那么，这里有一个问题：为什么包拯的父母非要把儿子叫回来，而不是跟随包拯去他上任的地方生活呢？

对于这个问题，我只能说，包拯的父母——太自私了。

假设，包拯上班地点距离家乡太远，包拯的父母无法忍受颠沛流离之苦，或者是他们已经行动不便，无法陪同包拯去远行，只能让包拯回家照顾自己，那么，包拯父母这种不愿离开故土的思想，也情有可原。但问题是，包拯的第一份工作是在江西永修县，距离合肥就几百公里，路程根本不算远。父母不能陪包拯去远行的说法，就有点站不住脚了。

其实，当包拯辞去永修县县令时，曾经上疏朝廷，希望朝廷给他安排一个离家近一点的地方，哪怕级别低一些也无所谓。

当时，朝廷还是很器重包拯的，就授予了他一个和州税监的官职。和州，就是今天的和县，那里距离合肥只有一百多公里，比现在北京到天津的距离还近。

史料记载，得到这个任命后，包拯甚是高兴，他拿着这个委任状对父母道："我分到这么一个近的地方当官，现在，是我自己去上班、周末回家呢？还是你们跟我一起去，咱们在新的地方安居乐业，一起生活？"

然而，对于包拯的这个任命，他的父母还是强烈反对："得监和州税，父母又不欲行，拯即解官归养"。

这里的"又不欲行"，说明先前发生过一次"不欲行"。上一次的不欲行，应该是包拯劝父母去永修县。

可见，让人遗憾的是，不管包拯去哪里上班，他的父母都不肯出门。

父母不愿意儿女离开自己，特别是不愿意让独子离开自己，这是人之常情，无可厚非。但是，儿子在外地打拼，做父母的应该支持儿子的工作，随他出行，这也是人之常情。

在这两个"人之常情"中，若儿女在外地混得不好，就应该选择第一个"人之常情"，把儿女叫回来。相反，若儿女在外地混得很好，且自己身体没有什么疾病，就应该选择第二个"人之常情"，克服一切困难，随儿子远行。

毕竟，强行把儿子叫回来，就有可能让儿子的工作受阻，甚至会毁掉他的大好前程了。这种情况在任何时代，对任何一个家庭而言，都是令人不愉快的。

然而，在这个问题上，包拯的父母太自私了，他们只想着自己的生活，只想着有人给自己养老送终，根本不考虑包拯的感受。

当然了，不管在这个问题上，包拯的父母做得多么地自私自利，但有一句话说得好——外因是变化的条件，内因是变化的根据，外因要通过内因才能起作用。

换句话说，真正想罢官回家侍奉父母的人，是包拯自己。

以“孝”治天下

一般来说，在忠孝两难的情况下，一般人会选择“忠”。毕竟，选择了“忠”，才能得到“利”；有了“利”，才能“尽孝”。

不要以为我在偷换概念，就连先贤的孟子，也赞同这个思想：第一个不孝——不孝有三，无后为大。第二个不孝是啥？就是“家贫亲老，不为禄仕”，即家境贫穷，父母年老，自己却不去当官，没有俸禄来供养父母。

可见，如果包拯强行出门，让媳妇留在家中照顾双亲，大家也不会说什么。毕竟，包拯是去当好官、造福百姓去了。反之，若包拯留在家中，只靠微薄的收入养活父母，这才会让别人说三道四，戳脊梁骨。

然而，包拯毕竟是包拯，这个饱读诗书、精通儒家思想、恪守“父母在不远行”古训的人知道——在这个世界上，要想忠孝两全，一定要先尽孝，随后再尽忠。

包拯的理由是：为父母尽孝的时间短，父母已经老了，还能再活几年？为国家尽忠的时间长，只要自己不死，就一直可以为国尽忠。所以，两害相权取其轻，两利相权取其重，但凡是一个“人”，都知道如何选择。

此外，包拯还有一个根深蒂固的观念，就是“以孝为本”。在他的思想体系里，孝义高于一切，不孝之人，无以为国。只有在家里尽孝的人，才能为国家黎民尽忠，才能鞠躬尽瘁、死而后已。

“孝”字如此重要，以至包拯的一生，都用“孝”字严格要求自己，也严格要求别人。

后来，包拯当监察御史时，三次弹劾李淑，就是对“孝”这个字最后的诠释。

史料记载，李淑才华横溢，聪慧过人，是一个不可多得的人才。当时，朝廷命他纂修《真宗实录》，李淑不费吹灰之力就给编好了。

此外，当时三馆藏书谬乱不全、书目混乱，李淑就仿唐代《开元群书四部录》，编写了一个六十六卷的《崇文总目》，用一己之力，建立了一个国家图书馆目录。

综上所述，李淑绝对是一个优秀的人才。但是，这个人才有一个巨大的毛病：一味追求高位，对自己的母亲不孝。

按照包拯的话，就是："母年八十，别无侍子，在乎礼律，不合从政，而贪冒宠利，殊无畏惮。"对于这种人，包拯给出的处理意见是：连母亲都不孝顺的人，不能为官！请罢免李淑的官职，让他回家去赡养母亲。

结果，在包拯的三次弹劾下，李淑最终被罢免了官职，下岗回家了。

李淑的案件告诉我们，在包拯的眼中，"孝"比什么都重要。他的世界观，也以"孝"为中心，一切的行为准则也以"孝"字为准。

就这样，在竭力于亲、忠于孝道的思想下，包拯毅然决然地辞官回家，侍奉双亲去了。

结果，包拯这一侍奉，竟然整整十年……

第九章 北宋第一神探

出山

史料记载，从天圣五年（1027年）开始，包拯一直留在家中，尽心尽力、侍奉双亲。宋朝明道年间，包拯的父母相继去世，包拯开始丁忧。

丁忧期间，为了更好地“照顾”父母，包拯索性在坟墓旁搭了一个草棚，在里面毕恭毕敬地为他们守孝。

景佑二年（1035年），包拯结束了守孝，终于出山了。

根据《宋史本传》记载：“后数年，亲继亡。拯庐墓终丧，犹徘徊不忍去，里中父老数来劝勉。久之，赴调，知天长县。”

这段话的意思是说：包拯守了数年孝，依旧悲痛不止，还是住在草棚里不肯出来（又守了2年的孝）。后来，村里的父老乡亲一起来劝他，大家劝得口干舌燥，包拯这才结束了长达10年的丁忧。他接受了天长县令的官职，正式步入仕途了。

这一年，是景祐四年（1037年）。此时的包拯，已经38岁了。从年龄上讲，他已是一个“不惑老汉”了。

那么，这里有一个问题：包拯整整十年不工作，他的这种情况也不算是“请假”，对于这种员工，朝廷为什么还给他留位置呢？朝廷为什么不把他驱逐出“团队”呢？

答案很简单，还是那个字——孝。

《二十四孝》告诉我们，在古代，越孝顺的官员，越招朝廷喜欢。现在的企业，也喜欢孝顺父母的人。毕竟，一个连父母都不孝顺的人，心中怎么可能有爱？一个心中压根就没有爱的人，你还能指望他去尊敬领导、关爱下属？

因此，像包拯这种以仁孝为本的员工，自然会映入朝廷的眼帘，也会得到所有同僚的敬爱。

对于包拯的孝行，当时宋朝的那些文臣们，是这样评价的：

跟宋神宗“志同道合”的吴奎（故事后面再说），称其为“竭力于亲，尽瘁于君”。

包拯的门生、曾为包拯夫人撰写墓志铭的张田，称其为“人品之高，出处之正，足以师表后世”。

文坛领袖欧阳修，称其为“少有孝行，闻于乡里，晚有直节，著在朝廷”。

后起之秀司马光，更是称其为“进士及第，以亲老侍奉，不仕宦且十年，人称其孝”。

可见，包拯的孝行，已经是名满天下了。朝廷老、中、青三代官员，都对他的孝行赞不绝口。在这些人的推举下，包拯重新出山，也就是一件顺理成章的事情了。

就这样，这个在“已经到了不惑之年、在官场上却还是一个新秀”的包拯，终于去天长县上班，报效国家、爱护百姓、造福一方去了。

那么，在天长县上班期间，包拯又干了什么事情呢？传说中的包拯断案如神，是不是真的呢？包拯到底会不会断案呢？

让我们拭目以待。

割牛舌案

虽然在小说中，包拯号称“包青天”，一生断案无数，光电视剧就拍了上百集。而这些案件中，最著名的就是那个大名鼎鼎的狸猫换太子案。

其实，所谓的断案无数，不过是剧作家和老百姓的美好愿望罢了；那个狸猫换太子案，也跟包拯没有一丁点关系。且不说这个案件本身就是杜撰的，就是真有这个事情，也不能让包拯来审理。

根据时间推断，宋仁宗出生在大中祥符三年（1010年），那个时候的包拯，不过是一个11岁的少年（999年出生），他怎么可能去审理狸猫换太子案！刘太后驾崩时，包拯才36岁，此时的他，正在合肥老家丁忧，尚未出仕做官，更不可能去审理这个皇家案件了。

其实，在正史的记载中，包括轰动一时的真假皇子案在内（后面再说），包拯断过的案子，也就仅仅三件。

没错，仅仅三件。

虽然数量少，但包拯办理的这些案件却都精彩无比。

史料记载，景祐四年（1037年），包拯在天长县当县令的时候，审理过一个棘手的案件。这个案件，史称“割牛舌案”。

当时，有一个农民来县衙鸣冤，说自家耕牛的舌头被人割了。牛被割了舌头，就吃不了草。眼看耕牛就要被饿死，还望包大人替他做主、缉拿凶手。

此案一无证人，二无证物，这茫茫人海的，怎么去抓人？

最终，包拯灵机一动，对告状者道：“你来告状的事情，可有别人知晓？”

告状者道：“草民光棍一根，无妻无子，无人知晓告状之事。”

包拯道：“好，既然无人知晓，那就好办了。如今，你这个案件，就是一个无头公案，什么线索都没有，这样吧，本官允许你回去把牛宰了卖钱，以弥补自己的损失。”

一听这话，这个农民吓得跪在地上大喊道：“大人明鉴，您就是借我十个胆，我也不敢杀牛卖肉呀！”

原来，在古代，耕牛是农家重要的生产工具，是国家管制的战略物资，所以历朝历代都不许百姓擅自宰杀耕牛和私贩牛肉，北宋也是如此。

根据《宋会要辑稿》和《宋大诏令集》记载，终两宋三百余年，朝廷至少颁布了五十道命令，重申这条刑法，禁止百姓宰杀耕牛。

假如命令有效的话，一道圣旨就够了，何需五十道之多？

原来，宋朝政府虽然下令禁止宰杀耕牛，但一直管不住百姓。官员对于这个问题，也只能睁一只眼闭一只眼。

包拯对被害者道："本官知道，私自杀牛是犯法的行为。但是你不用怕，杀了便是，本官替你做主。不过，你不要对别人说是本官让你杀的。"

听完包拯的话，这个农民回家杀牛卖钱去了。

按理来说，这个案件就算结束了。然而，对于包拯而言，这个案件刚刚开始，用不了几天，他就能把那名罪犯缉捕归案了。

果然不出包拯的预料，第二天一早，衙门就冲进来一个告状的人，这人对包拯道："报告青天大老爷，某某（那个农民）无故宰杀耕牛，请大人将他缉捕归案，以正典刑！"

包拯看完状纸后，冷笑一声道："你怎知道他是无故宰杀耕牛？"

那人道："小人亲眼见得，确切无疑……"

"啪！"那人尚未说完，包拯一拍惊堂木，大声质问道："大胆刁民，你先割人家牛舌，又来告人家刁状，是何居心？还不从实招来！"

那人被吓蒙了，大喊道："冤枉呀，不是我割的牛舌，还望大老爷明鉴！"

包拯大声道："还敢抵赖，来人，拖下去，重责四十大板！"

那人一看包拯要对自己用刑，立刻服软了，瘫在地上喃喃道："大人怎知我割了他的牛舌？"

包拯大笑道："本官怎会不知！你先前割他牛舌，就是让他宰牛卖肉，好告他一个私自杀牛之罪，是不是？"

那人一听，磕头如捣蒜一般，大声求饶道："大老爷真是神了，草民认罪。我两家有仇，所以草民才割了他的牛舌，等他杀牛卖肉时，再告他一个杀牛之罪。草民一时糊涂，还望大老爷开恩，小人认罪。"

包拯道："既然你服法认罪，本官就从轻发落。来人，责打他二十大板，以儆效尤，再命他赔一头同样的耕牛，结案。"

至此，这个案件就此告破。当地百姓一看，包拯办案竟然如此快速、精彩，大家都服了。后来，大家只要一聊到这个新来的老爷，无不竖起大拇指，赞叹道："神了！咱们的这个青天大老爷，真是一个神断啊！"

衙门的官吏们也天天缠着包大人，不仅对包拯的判罚赞不绝口，也希望包拯能透露一些办案的细节，让他们长长见识，更好断案。

对于大家的请求，包拯欣然接受，他告诉大家：“无他，只是抓住了作案者的作案动机罢了。”

大家质疑道：“就这么简单？”

包拯道：“没错，正是如此。大家想想，一条牛舌，能卖多少钱？若那人真想做贼，把牛偷走便是，何必冒着被发现的威胁，割一条牛舌。可见，作案者的目的并不是牛舌，而是跟牛主有仇，这是寻仇来了。既然是寻仇，就不会点到为止，因为作案者的目的还没有达到，所以他一定会再次出现。”

听完这番讲解后，众人道：“高，大人断案实在是高。”

如果从专业角度讲，在这个案件中，包拯用了一种非常先进的断案理念，这在犯罪心理学中，叫犯罪动机论。

所谓犯罪动机论，就是破案人员在破案前，一定要从作案者的角度出发，好好地想一想，作案者为什么要实施犯罪，他实施犯罪的目的又是为了什么，一旦想明白了这些问题，就能找到作案者的蛛丝马迹了。

除了精通犯罪心理学，包拯还特别擅长现在刑侦学的“钩慝之术”。“钩”就是上钩的钩；“慝”指的是奸贼。“钩慝之术”的意思是：使用各种诡计，引蛇出洞，诱使罪犯落网。

包拯一生中，审理的第二个案件，就是对“钩慝之术”运用最好的表现。

匿金案

根据《包拯墓志铭》记载，嘉祐二年（1057 年），包拯在当开封府尹时，曾经断过这么一个案子，具体情况如下：

有一天，有一对好朋友一起喝酒，甲能喝，乙不能喝。能喝的这位甲，身上有几两金子，他怕自己喝醉了以后金子丢了，于是，甲将金子交给不能喝酒的乙，让他代为保管，等自己酒醒后再要回来。

把金子安排好了，甲开始放心喝酒了，结果大醉而归。一夜过后，甲酒醒了，就找乙讨要金子。结果，乙竟然矢口否认道：“你喝高了吧！你从来没给过我金子，压根就没这回事。”

一听这话，甲勃然大怒，心想，咱俩之间的“小船”算是彻底沉了。于是，甲一纸诉状，把乙告上了衙门，要求乙归还自己的金子。

这个案件，极其难办，这两人私底下交换的黄金，一无人证，二无字据，孰是孰非，很难决断。要是一般的官员，就歇菜了。然而，受理这个案件的人，可是包拯。这个案件放在他面前，只是小菜一碟，立马就能破案。

那么，包拯是怎么断案的呢？

当时，包拯一方面将这二人稳住，耐心给他们做思想工作，告诉他们：“你们两人之间，肯定有一个人说的是真话。要是没有这个黄金，就不要歪曲事实，伤了和气。要是拿了人家的黄金，就赶紧交出来，大家还能继续当朋友。”

另一方面，包拯秘密派公差到乙的家中，告诉乙的家人：“乙因为偷窃金子，已经认罪了，你们赶紧把金子交出来，这样还能给乙减刑。要不然，我们只能对乙大刑伺候了！”

那家人一看官府的人都上门了，哪敢不信。再一听，乙已经“招认”了，再隐瞒下去，只能受连带责任了。于是，乙的夫人拿出了金子，如数交给了公差。

公差拿着金子回到衙门时，乙还在抵赖，声称“绝对没有拿过甲的金子”。

对于这种刁民，包拯也懒得跟他说话了，他把金子往桌子上一扔，大喊道：“大胆刁民，可认得此物，还不乖乖认罪！”

乙一看这些金子，吓得瞠目结舌，只得认罪服法。

这个案件，就是包拯“钩慝之术”的具体表现，不做多余的正面进攻，而是迂回取证。包拯派人去欺骗乙的家人，让他们误以为乙已经招认了。为了减罪，他们只能乖乖交出金子了。拿到证物后，包拯再重新审问乙，让这个刁民彻底认罪。

民间称他为“断案神探”，可谓实至名归。

当然了，包拯之所以写这个案件，还把它写在了墓志铭里，不是想歌颂自己断案多么牛，而是想告诉世人——金银有价，兄弟无价。为了区区几两黄金，就丢失了一个朋友，最终闹得反目成仇，真的不值。

然而，包拯并不知道，他的手下，就有这么一对前期亲密无间，后期反目成仇的好友。

这对好友在包拯活着的时候，亲密无间、无话不谈，堪称八拜之交。结果，在包拯死后，为了区区“几千万两银子”，这哥俩反目成仇了。

这对至亲好友，就是包拯的左膀右臂，他的两个好下属。

人一生最大的欣慰，就是看见自己后继有人。见到国家有如此栋梁之材，包拯欣慰不已。

在一个牡丹盛开的时节，一向不喜欢应酬，也从不请人吃饭的包拯居然置办了一桌酒席，宴请这对兄弟。酒宴中，包拯破天荒喝起了酒，还劝这对兄弟喝酒。

根据这对兄弟中的一人讲述——自己不喜欢喝酒，也不喜欢被人劝酒。可是，包拯不苟言笑，一脸严肃，劝酒毫无商量可言，自己心生畏惧，只得多喝了几杯。但是，不管包拯怎么劝，不管包拯怎样地声色俱厉，他的兄弟就是不喝酒。酒宴结束了，这位兄弟也是滴酒未沾。

对于这个结果，包拯毫无办法，叙述此事的人也敬佩不已。多年后，这个人对亲朋好友说起此事时，再三感叹：“以包拯之威，也不能劝介甫喝酒，以此知其不屈。”

这个人，真是一个“拗相公”呀！

现在，大家知道说这个故事的人以及这个“拗相公”，是谁了吧？

这两个人，就是本来性格相投、惺惺相惜，后来因为政见不合，彻底分道扬镳，最终不共戴天，老死不相往来的——司马光和王安石。

岁满不持一砚归

包拯在天长县当官，一干就是三年。三年后，任期已满，包拯回京接受考核。因考核成绩优秀，朝廷加官一级，给了包拯一个大理寺丞、知端州的官职，让他去端州当知府了。

端州，就是今天的广东肇庆，那里离广州很近，在珠江三角洲经济区内，现在经济非常发达。但在宋朝，端州可是一个贫穷的地方，是一个典型的穷乡僻壤。

由于与中原之间隔着五岭，导致端州交通不便，物资匮乏，经济落后。那里虽然是大宋的领地，但在那里生活的人，基本都是当地的土著，很少能看见中原人。

鉴于此，没有人愿意往那里去。当然，朝廷派包拯到那里，不是故意要整他，而是要看看包拯的能力。

朝廷故意把一个难以治理的地方给包拯，就是观察包拯，看他是不是一个能治国的“大才”。

说实话，朝廷的这种考验，对于包拯而言，基本上就是小菜一碟、毫无压力。

史料记载，包拯得到任命后，二话不说，打点行装，带着家人奴仆，第一时间奔赴端州。

到那里后，包拯修建学堂、开凿挖井、惩治罪犯。短短数年，包拯就将端州治理得井井有条，深得民众的拥护和爱戴。

当然，包拯之所以这样深入民心，是因为他干了一件大实事。

熟悉文房四宝的人都知道，端州出产一种砚台，叫作端砚，是中国四大名砚之首，堪称极品。

这个端砚好在哪里呢？明朝进士吴兰形容它：“与墨相受，如忘其石；与手相和，如忘其力。”意思是说，如果用它来研墨，会忘记它是一块石头；如果用手握住它，会忘记它的重量。

如此端砚，堪称人间一绝也。

这么好的东西，自然让文人墨客争相购买。获得一块端砚，文人墨客便如获至宝，一生爱不释手，即使死了也要带入棺材陪葬。

史料记载，唐朝名臣魏征，就有一块端砚。平时，魏征都不舍得用，只有书写奏折时才会用。魏征死前，曾多次嘱咐家人，一定要让这块端砚陪葬。

宋朝时，唐宋八大家之一的王安石和苏东坡也有端砚，他们也都舍不得用，一生爱不释手，也绝不轻易示人。只有家族聚会或来了特别熟悉的人时，他们才会拿出端砚，供大家鉴赏、把玩一番。

综上所述，古代文人对端砚就是这样如痴如醉。

当然了，这么好的东西，要是不给皇帝使用，岂不是大大地可惜？于是，从宋朝起，端砚就成了国家的贡品了。每年，端州要进贡五十个最好的端砚，供皇帝把玩。

皇帝虽然只要五十个，但端州的贪官污吏们擅自增加端砚的进贡数量，以贿赂、孝敬自己的上司，好让自己加官晋爵。

根据宋史记载，包拯上任前，端州进贡的端砚数量，已经超出了标准的数十倍了（率取数十倍以遗权贵）。

咱们都知道，但凡一个好东西，都不可能轻易得到。为了制作端砚，工人们要深入道岩洞之中，常年泡在水下，才能采集到素材。采集过程十分辛苦，堪称登天。因为采集端砚，每年受伤、致死的工人，数量很多。

可想而知，这让端州百姓们多么地苦不堪言。包拯上任后，立刻解决了这个问题。

史料记载，包拯颁布了一道命令，除了朝廷规定的端砚数量，此外的一切索取，都可以不交。任何人，包括自己在内，都不得向百姓索取端砚，违者严惩不贷。

此外，包拯还上疏朝廷，将采集端砚的辛苦告知宋仁宗，希望这位皇帝念百姓辛苦，减少端砚的进贡数量。

咱们都知道，宋仁宗是一个爱民如子的好皇帝，他连蛤蜊都舍不得吃，更不会要这么多端砚。于是，宋仁宗大笔一挥，同意了包拯的请求，将每年五十块端砚的数量，减为十块了。

得知这个喜讯后，端州百姓喜出望外，大家奔走相告——减了？真的减了！能摊上包拯这样的好官，真是咱们的福分呀！

也就是从这个时候起，百姓送给包拯一个雅号，叫他“包青天”。

为什么送这么一个雅号？因为在百姓的眼中，包拯走到哪里，哪里就云开日见、重现朗朗青天，所以就叫包拯为“包青天”。

至此，这个名字，就成了包拯的符号，并永载史册，流传至今。

羚峡掷砚

史料记载，包拯在端州，一干就是三年。三年后，庆历三年（1043 年），朝廷见包拯政绩如此优秀，便将他召回朝廷，授予了他监察御史的官职。

据说，包拯离任时，因为深得拥护和爱戴，百姓们自发地给包拯送行，码头上人山人海，大家都是依依不舍的心情。

送行时，为了感谢包拯，端州父老精心制作了一块端砚，想送给包拯，作为饯别之礼。但是，大家都知道包拯公正廉洁，直接送，包拯肯定不要。于是，大家偷偷摸摸地把端砚交给了包拯的书童，让他到了京城后再交给包拯。

船开了，包拯与端州父老挥手告别。孰料，刚刚离开端州，在一个叫羚羊峡的地方，包拯的船只就遇到了一场大风暴。只见电闪雷鸣，狂风大作，小船左右摇摆，即将翻倒。

在这危急时刻，船工一边控制船身，一边说了一句玩笑话："上天这么不高兴，这是为啥呢？莫非咱们之中有人干了亏心事不成？"

说者无心，听者有意，一听这话，包拯立刻下令清查所有的行李，看看是不是有人带了违禁物品，这才惹得上天震怒，天降暴雨。

一看要检查行李，书童知道隐藏不住了，就拿出了那个端砚，说明缘由，请求包拯饶恕。

看着这个端砚，包拯感慨颇深，他清楚地知道，这是端州百姓送给自己的一份情。但是，自己的为官之道决定了他不能收这份礼。

在一番激烈的思想斗争后，包拯拿着这个端砚，对着端州方向深深鞠了一躬，随后，手一扬，就把这个端砚扔到河里去了。

见此情景，船上的人皆大吃一惊。对于他们而言，这么好的一个东西，老爷怎么给扔了呢？辛苦了三年，拿走一块砚台也算不得什么呀。

船上的人刚想劝慰几句，让包拯收回成命，好下去捞砚。孰料，大家还未说话，接下来发生的事情，则让他们瞠目结舌了。

原来，包拯扔下砚台后，刚才还狂风肆虐的天气，立刻风平浪静、雨过天晴了。见此情景，船工还能再说什么，赶紧开船离开了。

后来，人们在包拯扔砚的地方，发现了一个新的小岛，便起名砚州。百姓们还在小岛上修建了一座掷砚亭，以纪念包拯的高风亮节。老百姓还将"包拯掷砚成州"的故事传承了下去，一直流传至今。

"包拯掷砚成州"的故事很精彩，但毕竟是一个传说故事。不过，包拯拒收砚台的事情，倒是确有其事。

《宋史》记载："包拯知端州三年，岁满不持一砚归。"后来，20 世纪 70 年代，在考古包拯坟墓时，在包拯的棺椁里发现了一个砚台。不过，那是一个普通的砚台，并不是端砚。

难怪人们要编一个“包拯掷砚”的故事，来歌颂他的这种清正廉明、两袖清风的美德。

以史为鉴，包拯的这个故事，虽然历经了千年，但依旧新见迭出、令人深省。

第十章 重回中央

杰出的外交官

庆历三年（1043 年），因政绩出色，朝廷授予了包拯一个御殿中丞的官职，命他到京城上班。

45 岁的包拯来到了开封城，终于站在了梦寐以求的舞台上，开始发挥力量，造福百姓、造福社稷了。

根据时间推算，包拯在京城当监察御史的时间，正是庆历新政如火如荼的时候。当时，范仲淹正在“轰轰烈烈”地变法，反对派们也在“轰轰烈烈”地妨碍着变法。

然而，令人遗憾的是，在这个大时代里，包拯却像是一个外人。

在整个庆历新政期间，包拯除上了一份《请依旧考试奏荫子弟》的奏章外，就与这个庆历新政没有任何的关系了。

当然了，从另一个方面讲，这也成了包拯的幸运。

庆历五年（1045 年）正月，仅仅持续了一年零四个月的庆历新政无疾而终。新政结束后，一批官员被轰出了朝廷。在这种背景下，包拯作为硕果仅存的好官，就映入宋仁宗的眼帘，被委以重任了。

至此，包拯终于走上了一条阳光大路，他准备沿着前人的步伐，先成为“某某转运使”，解决朝廷的地方难题，再以这些成绩重新回到中央，被授予一个“某某阁侍制”的官职，最终成为枢密使或宰执。

这条大路，也是所有宋朝位极人臣的大臣们必走的路线。

走这条路线前，包拯还有一件重要的事情要干——出使契丹。

原来，宋朝有一个不成文的规定：为了应付辽国的刁难和挑衅，宋朝不愿意派温和的、温柔的、弱不禁风的文臣出使契丹。因为，这种文臣经不起恐吓，契丹人随便吓唬几句，这种文人就“尿裤子”了，太有辱国体。所以，每次宋朝派人出使契丹，都要选择有勇、有谋之士。

换句话说，若这个人能完成出使的任务，那必是一个有勇有谋之士了。对于这种“蔺相如、苏武”般的人物，朝廷也势必对他们委以重任。

在这种背景下，出使辽国，就成为宋朝官员晋级的必经之路了。

为了考验一下包拯的能力，庆历五年（1045 年）八月，宋仁宗颁布了一道圣旨：任命监察御史包拯为贺契丹正旦使，出使契丹——赵祯要考察一下这个人的本事了。

说实话，对于包拯这样的人物，还需要考察吗？

那么，在出使期间，包拯干了哪些事情呢？这个合格的外交官，又是怎样炼成的呢？

史料记载，包拯出使契丹后，根本不惧契丹人的刁难和挑衅，他在很短的时间内，告诉契丹人——你们眼前的这个人，是一个真正的英雄；你们的那些小伎俩，根本搞不定我！

原来，根据惯例，契丹使者在接待宋朝使者时，都会命令手持大刀的士兵排成一个长列，让宋朝使者在这个阵中行走，以打压使者的气势，给宋朝一个下马威。

对于这个下马威，辽国人非常地满意。在他们的眼中，不管多牛的宋朝使者，只要经过这个阵就㞞了，不敢再嚣张了。这么多年了，一直如此。

然而，包拯却是那个例外。

史料记载，面对辽国的挑衅，包拯镇定自若，他昂首阔步走过了这个刀剑阵，毫无畏惧之意。且从他的表现看，包拯仿佛把自己当成了一位指挥官，简直就是在检阅自己的部队！

对于包拯的表现，契丹接待使们惊叹不已，史称“骇然”。

一计不成，契丹人又来一计。当时，包拯来到辽国中京大定府（今内蒙古宁城县）后，契丹接待使故意把包拯一行安排在了一个破旧的寺院里，准备戏耍他们一番。

契丹接待使告诉包拯等人：“不好意思，我们的大使馆正在装修，只能让各位在这里委屈几天了。当然了，这里看似破旧，但什么都有，设备一应俱全，交通也非常地便利。唯一的缺点是，这里面有一些‘脏东西’。”

宋朝使者问其缘故，契丹接待使就神神秘秘道：“这个里面呀，闹鬼。晚上经常有鬼怪游弋其中，老吓人了！当然了，只要大家不出房门，就绝对安全。”

契丹接待使还告诉包拯等人：以前，住在这里的一个人不听话，非要晚上出来一探究竟，结果失踪了，到现在也没找到。还有，前不久，他们想把这里当成驿站，专门养马，结果马住进去后，无故暴毙，到现在也不知道死亡原因，等等。

契丹接待使这番添油加醋的话，说得宋使们浑身直起鸡皮疙瘩。可唯独这个包拯，镇定自若，毫不畏惧，他告诉契丹接待使：“鬼神之说不足信！还有事吗？若是没事，就不要妨碍我们休息！”

见此情景，契丹接待使无话可说，只能微笑着离开了。

契丹人走后，在检查了一遍后，包拯告诉众人：“虽有怪勿得言。”就是说，不管晚上发生什么异常事情，你们也不要惊慌，老老实实睡觉，甭管这些“怪”怎么闹！

果不出包拯所料。当天晚上，外面的“鬼怪们”这叫一个热闹。整整一个晚上，契丹人就没有消停过。他们频繁爬到屋顶和窗口，装神弄鬼，一遍又一遍地鬼哭狼嚎、大声喊叫。然而，不管契丹人如何折腾，包拯一行人只管睡觉，始终不理不睬。

契丹人见包拯等人毫无理睬之意，只能捂着嘶哑的嗓子退去了。

第二天早上，契丹接待使来探望包拯一行，他们开门见山地问道：“昨天晚上，可安否？”

面对敌人的挑衅，包拯讽刺道：“昨天晚上，我们睡得很好。只不过，你们的治安不好。这里是辽国的京城，夜里竟然有盗贼光顾，好在我们没有丢东西。要是我们丢了东西，你们怎么解决呢？我看，只会‘叫唤抓贼’是没用的，还得加强治安呀！”

鬼神之声，成了叫喊抓贼……包拯的这番话，说得契丹接待使们无言以对，只能点头称是。

诡计失败后，契丹人深知眼前的这位宋朝使臣是一个胆识过人、有勇有谋的主，若继续调戏他，只能自取其辱了。于是，契丹接待使马上给包拯一行换了宾馆，并用最高等级的礼仪接待他们。

庆历六年（1064 年）正月初一，包拯一行参加了辽国举办的新年晚会，送上了大宋的新年贺礼。接受了宋朝的礼物，辽国也向大宋皇帝回馈了礼品。同时，根据惯例，辽国也向包拯一行人赠送了谢礼。

一生刚正的包拯焉能接收这种礼物？他毫不犹豫地就拒绝了。包拯只接受了回赠皇帝的国礼。

目睹了包拯的所作所为后，契丹君臣大为感慨，对包拯刮目相看，也更加敬重这位“包青天”了。

同年二月，包拯返回宋朝，圆满完成了这次出使任务，也就此得到朝廷的重视。

随后的日子里，包拯先后担任京东路转运使、陕西转运使、河北转运使等，在地方建功立业，增加自己的功绩，以期再次回到京城。

宋仁宗皇祐二年（1050 年），52 岁的包拯重新回到了京城，被朝廷任命为“天章阁侍制，知谏院”，终于成为国家重要官员。

在民间，百姓称包拯为“包侍制”，其根源，就在于这个官职。

正当包拯准备挽起袖子大干一场时，他却被朝廷另派重任，去审理一个超级棘手的案件。

这个案件，就是正史记载中的包拯审理的三个案件中的最后一个，也是最著名的一个——“真假皇子案”。

天下第一案

宋仁宗皇祐二年（1050 年）四月，东京汴梁发生了一场惊天巨案，堪称北宋建国以来的第一案。

史料记载，当时突然出现了一个叫冷青的小伙子，他在一个叫全大道的和尚陪伴下，在街头到处嚷嚷，要求进宫面圣，认祖归宗。

这个叫冷青的小伙子宣称——自己是流落民间的皇子，是宋仁宗的“还珠格格”，不，是一个“还珠阿哥”！如果这件事是真的，那么冷青就是仁宗唯一的亲生儿子，将来有可能主宰大宋帝国。

可想而知，如此劲爆的消息，就如同一颗原子弹，立刻在开封城里炸开了花。街头巷尾人人议论，朝里朝外人人响应，按照《续资治通鉴长编》记载：“医家子冷青自称皇子，言其母尝得幸掖廷，有娠而出，生青。都市聚观。”

在那个没有广播、电视、网络，传播消息完全靠一张嘴的时代里，能够得到一个“都市聚观”的结果，可见这件事情已经闹得满城风雨了，若再不审理，就要出乱子了。

为了辨别真伪，开封府尹钱明逸抓捕了这一老一少，将冷青、全大道抓捕至开封府，他要亲自审理此事。

这个判案过程，在宋朝司法历史上成为一个笑话。

这个搞笑故事的序幕，就从冷青的当头棒喝开始吧。

《续资治通鉴长编》记载，此案刚刚开始审理，主审钱明逸还未说话，冷青却反客为主，大喊一声：“明逸，安得不起！”这个意思是说：“你见了我，为何不站起来！”

当时，钱明逸被这么一吓，竟然糊里糊涂地站了起来。随后，钱明逸一琢磨，不对，你还不是皇子呢！我凭什么给你行礼，真是自掉身价。

钱明逸赶紧坐下，一拍惊堂木，大骂道：“大胆刁民，见了本官，为何不跪！”

冷青不屑道：“我乃皇子，为何要给你下跪。”

钱明逸大怒道：“何人能证明你是皇子？我看你就是一个江湖骗子，赶快从实招来，不然让你饱受皮肉之苦！”

一旁的全大道出列道：“启奏大人，冷青确实是皇子。他母亲是一个宫女，曾被皇帝临幸，可在怀孕期间，却被遣送出了宫。宫女回家后，生了冷青，所以他确实是皇子。如今，有宋仁宗临幸的龙凤绣抱肚为证。”

这里有两个问题，什么叫作“龙凤绣抱肚”？皇帝临幸后，为什么要送这个东西呢？

所谓龙凤绣抱肚，是一种肚兜，就是古代的一种内衣。此物男女皆可穿戴，穿在身上，舒适无比，含而不露，非常富有想象力。

当然了，女性的肚兜更加地漂亮，布料也更加少。女性的肚兜上面绣有各种精美的图案，还有各种精致的镶边，色彩也更加地靓丽无比。

全大道出示的这个肚兜，上面有龙凤的图案，很显然，只有皇家才能使用，拿它当物证，不由得让人不信。毕竟在寻常百姓家，谁敢用这种东西！

因此，不管冷青的身份是真是假，至少这个肚兜的主人曾经被宋仁宗临幸过。

那么，皇帝临幸后，为什么要送这个东西呢？

这个问题，还得从后宫制度讲起。

咱们都知道，由于皇帝的女人太多了，他在后宫走一次，就能邂逅一个美女，把人家给临幸了。当然，皇帝临幸不重要，真正重要的是，临幸后的结果。

如果女子恰好怀孕，又生下一个龙种，那就是皇族骨肉了；如果是一个皇子，闹不好就是下一任皇帝了。到时候，没有原始记录，对不上号，就天下大乱了。

所以说，记录工作很重要。

在当时，皇帝临幸一般有一帮太监围在他身边，记录他的一言一行。完事后，皇帝还要赠送一件礼物，以作证明。

以后女方怀孕了，找到原始记录，以及这个临幸的礼物，就能证明此事，不许耍赖。

综上所述，全大道手中的这件龙凤绣抱肚，就是皇帝曾临幸过冷青母亲的证据。

话虽如此，就凭一个龙凤绣抱肚，并不能说明什么问题。

毕竟，后宫佳丽三千，外加无数的宫女，皇帝临幸的人不计其数，他到底给了多少个龙凤绣抱肚，估计连他自己都不知道。

万一，一个宫女遗失了龙凤绣抱肚，让冷青捡到了，也不是没有可能。

总而言之，区区一件龙凤绣抱肚，并不能证明冷青是皇帝的子嗣；然而，冷青有这件物品，若能证明其母亲曾是皇帝的女人，那他自己也能通过这件东西，间接证明自己就是皇帝的子嗣了。

因此，这个案件不好审。

史料记载，收到了这个龙凤绣抱肚，钱明逸彻底卡壳了。他深知，此物干系重大，已经超出了自己的审理范围。他赶紧将此物交给皇帝，请求皇帝圣裁。

宋仁宗收到这个龙凤绣抱肚后，大吃一惊。对于这个皇帝而言，最缺的就是儿子，若自己真的临幸过冷青的母亲，那冷青就是一个皇子了。突然得到一个宝贝儿子，岂不是喜从天降的大事！于是，宋仁宗下令钱明逸严加审讯，务必审出一个子丑寅卯来。

皇帝让钱明逸严加审讯，钱明逸却不愿意管这件事情。或者是说，他根本就不知道怎么审理此事！

钱明逸清楚地知道，单凭一个龙凤绣抱肚，并不能证明冷青的身份，但冷青又拿不出更多的证据。反之，证明冷青是一个冒牌货，钱明逸也拿不出合理的证据。所以这个案件，只能僵持下去。

这种情况下，本可以用重刑逼供，但是，万一冷青是一个真货，怎敢对未来的皇子用刑！光是想想这个后果，就足以让钱明逸心惊胆战。

于是，在钱明逸的审理下，这个案子被审成一团糨糊了。

钱明逸让冷青拿出更多的证据，来证明自己的身份，冷青却说没有其他证据，自己就是一个皇子！不仅如此，冷青还大闹公堂，辱骂钱明逸对他无礼。

最终，钱明逸被冷青弄得束手无策，但是，他隐约觉得，此人应该是一个“假货”，若冷青是一个假货，就得按大逆罪处理，要斩首示众。这样的判罚，钱明逸又没胆判。

毕竟，万一冷青是一个真货呢？未来真相大白了，钱明逸杀了皇帝的“独苗”……到那时，钱明逸被斩首示众是跑不了了，闹不好九族都得去地狱旅游了。

这样的结果，钱明逸怎么可能有胆量去判。

钱明逸好几个晚上没睡好觉，最后琢磨出了一个绝招——判了冷青一个精神失常、扰乱社会秩序之罪，把他发配到汝州监管了起来。

钱明逸这么判，就有点儿要滑头了。他不杀冷青，也不治冷青的罪，就把他关押了起来。

钱明逸这种处理办法，让朝野上下议论纷纷，大家认为，钱明逸这样处理，明显是推卸责任，判罚也不当。但是，宋仁宗也没有下令杀冷青。

开封府推官韩琦大胆建议，认为应对冷青调查，以免“惑众”。

> 翰林学士赵概则认为“青言不妄不当流；若诈当诛”。
>
> ——《续资治通鉴长编》

这个意思是说：如果冷青说的话属实，他真是一个皇子，那就不应该流放，而是应该接回皇宫；反之，若冷青说的话有诈，他就是一个大骗子，就应该斩首示众，以儆效尤。

宋仁宗也想把这个案件审明白，看看这个冷青，到底是不是自己的孩子。那么，派谁去呢？

当时，钱明逸已经不能再审理这个案件了，对于这个“烫手山芋”，其他大臣都躲之不及，不愿意接。当然了，即使有愿意接的臣子，宋仁宗也会认为他能力不足，不敢给。

最终，除了选中赵概，宋仁宗的目光定格在了一个人身上。在他的眼中，这个人是合格的人选，也只有这个人，能够审理好这个案件。

事实证明，宋仁宗慧眼识人，选的人一点儿也不错。

就这样，包拯临危受命，开始审理这个真假皇子案了。

真皇子，假皇子

铁的事实证明，让钱明逸束手无策的皇子案，在包拯这里根本不叫事。

在很短的时间内，包拯就把这个案件梳理了出来，并找出了几个关键点：

第一，这个龙凤绣抱肚，是不是皇帝御赐之物？

第二，冷青的母亲，是不是一个被遣散出宫的宫女？

第三，宫女在出宫前，是不是被皇帝临幸过？这里面的原始记录、怀孕时间，是不是对得上？

这些关键点整明白了，冷青到底是不是皇帝的“龙种”，也就迎刃而解了。

为了解决这些问题，包拯分兵两路，他亲自入宫，去查阅皇帝的起居记录。与此同时，包拯派人去冷青的故乡，去核实冷青的身份。

没用多长时间，在一系列的调查取证后，包拯就给出了一个详细的调查结果：

第一，这个龙凤绣抱肚，确实是皇帝御赐之物。

第二，冷青的母亲，确实是一个被遣散的宫女。

第三，冷青的母亲在出宫前，确实被皇帝临幸过。

但是，冷青却不是宋仁宗的子嗣，他是一个假皇子。

原来，包拯的助手详细查询了一切与冷青相关的人，包括他的父母、邻居、长辈、朋友等。很快，大家就发现了一个重要的线索——冷青母亲出宫后嫁给了名叫冷绪的人，在生冷青之前，还生过一个女儿，也就是说，冷青还有一个姐姐。

这条线索极其重要，也就是说，那宫女生的第一个孩子是个女孩。如果说跟皇帝有关的话，也应该是那个女孩，而不是冷青。

因此，冷青跟宋仁宗之间，没有任何的血缘关系，他就是一个地地道道的大骗子。整个事件，也是一个骗局。

当然，根据宫女怀孕、出宫的时间来计算，这个女孩，也跟皇帝没有一丁点的关系，是宫女嫁人后生出来的子嗣。

至此，在铁的事实面前，冷青终于伏法认罪。

那么，冷青编造的这个皇子案，是怎么一步步谋划的呢？

原来，冷青的母亲是一个宫女，一直在后宫服侍皇帝，有幸被皇帝临幸了，但因为肚子不争气，没有生出一儿半女。

后来，宫里爆发了一场大火，宋仁宗为了请求老天原谅，就把一批宫女遣送出宫了。就在这个时候，冷青的母亲被放出了皇宫。

冷青母亲出宫后，嫁给了一个叫冷绪的人为妻，生下了一个女孩和一个男孩。这个男孩，就是冷青。

冷青长大后不愿意读书，天天游手好闲，不务正业，就想一步登天。后来，冷青在东游西逛时，遇到了一个叫全大道的和尚。全大道见他是一个“可塑之才”，就收养了他，把他带到了自己的寺院里。

史料记载，这个和尚原名高继安，本是一个罪犯，曾被发配到湖南常德做苦力。在服刑期间，他谎称自己有病，花钱打通了关节，来到了开封。

来到开封后，高继安摇身一变，成了一个和尚，到处讲经说法，以此为幌子从事诈骗活动，做了不少坏事。

遇到冷青后，在跟冷青的对话中，全大道得知其母原来是一个宫女。“职业”的敏锐让他立刻意识到，这是一个难得一遇的机会，若好好把握，完全可以一飞冲天！

在全大道的眼中，“出宫的宫女”“空虚的东宫之位”“一个流落民间的宫女后代”，若将这些“资源”重新整合一番，将大有文章可做。于是，全大道孕育了一个欺骗皇帝的骗局，准备把冷青打造成一个“皇子”，让他去皇宫认爹。

想好了这个计划后，全大道便告诉了冷青，希望他跟着自己一起干。

刚开始的时候，冷青是打死也不干的。毕竟假冒皇子，那可是株连九族的大罪，这个道理冷青不可能不懂。但是，一旦这个事情成功，冷青就会一步登天，成为人上人，这个诱惑又太有吸引力了。

最终，在一番激烈的思想斗争后，冷青终于被全大道说服了，决定干这件事情。于是，这哥俩开始了精心准备，好好地部署了一番。

在全大道的部署中，这个“认爹”的骗局，是分这么几步走的：

第一步，对冷青进行全方位的训练，教他皇宫礼仪、各种宫廷规矩等，全大道还花费重金，好好地把冷青包装了一遍。在一番调教后，全大道让冷青脱胎换骨了，起码从外形气质上，看着像一个皇子了。

第二步，把冷青送进宫，再把冷青的母亲也送进宫。

因为冷青的母亲确实是一个被皇帝临幸过的宫女，为了核实冷青的身份，皇帝必定召见冷青的母亲。冷青母亲风韵犹存，到时候，很有可能勾起皇帝的旧情……总之，如果冷青和他的母亲能入宫，这个事情就彻底成了。

第三步，如果冷青进不了宫，那就实施第二套方案，在开封的大街上散布谣言，引起皇帝的注意，以达到同样的目的。

第四步，如果没法见到皇帝，且在审讯期间被人怀疑，或者是被人揭发，那就要想办法脱身。在这个方面，全大道给出的办法是——让冷青装疯卖傻、大闹公堂，让官府无法用刑，最终顶多判一个“疯癫之罪”。

如此之安排，环环相扣、步步为营，充分体现了全大道的谋划水平，他不愧是这方面的老手。

密谋好一切后，全大道和冷青开始依计行事，先结伴进入开封城，来到皇宫门口，准备进宫认父。但很快，他们就发现，皇宫戒备森严，这哥俩根本无法靠近，也没人让他们奏报此事。于是，这哥俩只能启动第二套方案，他们开始在大街上散布谣言，惊动了官府，并成功引起了皇帝的注意。

至此，对于全大道和冷青而言，一切还按照他们的计划行事。但后来，事情的发展，就跟他们的计划背道而驰了。

由于拿不出更有利的证据，来证明自己是一个皇子，或者是仁宗皇帝在暗中观察过冷青，觉得这个人不像自己的儿子（史书上有这样的说法），所以事情越往后，就越对冷青不利。

当钱明逸都开始怀疑冷青、对他恶语相向后，全大道就敏感地察觉到——再继续下去，只能被揭穿了。现在唯一要做的，就是赶紧跑路。

于是，全大道让冷青装疯卖傻，大闹开封府尹，最终以疯癫的罪名，被判到河南去了。

眼看这哥俩就要逃出生天，谁知遇到了一个明察秋毫的包拯。包拯一出马，这哥俩的马脚再也藏不住了，只能乖乖认罪。

至此，这个轰动一时的皇子案宣布告破。

查明一切后，包拯连夜书写奏折，要求斩杀冒充皇子的冷青、幕后黑手全大道，以儆效尤。

史料记载，看见包拯的判罚结果后，宋仁宗竟然还有侥幸心理，他认为这个案件可能判错了，闹不好冷青真的是皇子呢？万一杀错了，到时候咋整？所以，宋仁宗就把这封奏折扣下了，没有第一时间去处理。

面对这么一个深度的“皇子迷”患者，包拯大怒，他立刻上了第二份奏折，要求“速令诛夷，免奸邪之类别起衅端，浸成大患”。

看见这封奏折后，宋仁宗才明白过来，下令处斩冷青和全大道。得到圣旨后，包拯立刻下令，从大牢里提出冷青、全大道，捆缚刑场，验明正身，斩首示众。

至此，这个想冒充皇子、一门心思飞上枝头的冷青，就以这样的结局告终。

这里说一下那个全大道，除了被“斩首”这一种记载，《挥录余话》上还有另一种说法。说当时斩首的人，仅冷青一人，全大道被流放到了郴州去做苦役，负责负土筑城。后来，在一个盛夏，全大道实在忍受不了这种酷热的天气，他放下手中挑土的担子，盘腿坐在路中央，大喊了四句顺口溜：“今朝六月六，老全受罪足；若不登天堂，定是去地狱。”说罢，就一命呜呼了。

冷青、全大道伏法后，那个负责审理此事的开封府尹钱明逸，也没有得到一个好的结果。

史料记载，由于案件审理不明，还在大庭广众之下被一个骗子戏弄了一番，宋仁宗恨其无能，以“坐尹京师无威望”为名，将他轰到地方去了。

至此，这场宋朝历史上非常著名的假皇子案，就以这样的结果告终。

史料记载，审理完这个案件后，包拯名声大噪，成为一个神探。我们熟知的“断案神探包拯”，其由来原因，就在于此。

钱明逸下岗后，朝廷在换了几任开封府尹后，都不甚满意，最后，皇上大笔一挥，就任命包拯为开封府尹了。

就这样，嘉祐元年（1056 年），五十八岁的包拯成了新一任的开封府尹，就此坐上了那个戏剧舞台里最著名的位置了。

那么，包拯在当开封府尹时，又干了哪些事情呢？

开封府尹包青天

如今，咱们一提到包拯，就会唱起那首歌里的一句话：“开封有个包青天，铁面无私辨忠奸。”没错，在宋朝的历史中，包拯确实干过开封府尹。但是，他在任的时间，却没有大家想象得那么长。

史料记载，嘉祐元年（1056 年）十二月，朝廷授予了包拯一个新的职位——开封府尹，也就是让包拯担任开封市长了。

这一年，包拯已经 58 岁了，这位包市长已经是一个名副其实的“包老头”了。

由于公务繁忙，虽然包拯被任命为开封市长，但直到次年，即嘉祐二年（1057 年）三月，才正式到任。

嘉祐三年（1058 年）七月，因为政绩优秀，包拯被提拔为御史中丞（相当于现在的最高检察院检察长），去朝廷监督百官、反腐倡廉去了。

综上所述，从嘉祐二年（1057 年）上任，到嘉祐三年（1058 年）离任，包拯担任开封府尹的时间，也就一年而已。

虽然只有短短的一年，但对于包拯而言，他也干了很多事情。

当然了，包拯干的这些事情，既有造福于民的好事，也有意气用事的坏事。

先说那些好事。

第一件好事，治水。

史料记载，包拯到任仅仅 3 个月，开封府就连降大雨，暴发了一场大水灾。

当时，倾盆的大雨变成汹涌的洪水，如同猛兽，瞬间就淹没了京城无数街道，史称："直冒城郭，门关折，坏官私庐舍数万区，城中系筏渡人。"

危急时刻，尽显英雄本色！面对汹涌的洪水，包拯临危不乱，他指挥若定，一面指挥百姓抗洪救险、保护家园；一面命人调查洪水不退、泄洪不顺的原因。

很快，调查结果出来了，《宋史·包拯传》是这样记载的：中官势族筑园榭，侵惠民河，以故河塞不通，适京师大水，拯乃悉毁去。

这里的"中官"，指的就是宦官。就是说：宦官仗着皇帝的宠爱，私自修建园林，以致堵塞了河道，造成了这次大水患。

咱们都知道，有曹利用的前车之鉴在，对于这些宦官，官员们全都避之不及，生怕得罪了这帮爷。即使明知道这些宦官乱修园林，堵塞了河道，前几任开封府尹也都是睁一只眼闭一只眼。

之前，京城也暴发了一场洪水。当时，明知道宦官的园林堵塞了河道，开封府尹也不敢去处理，只能任由河水上涨，摧毁民宅。

开封府尹的这种不作为，让开封百姓们义愤填膺，大家皆认为，所谓的"首都市长"就是一个欺软怕硬的软蛋。所以，大家认为这位新任的包大人也不会例外。

然而，没过多久，大家就惊讶地发现，这个包大人，仿佛就是那个例外。

史料记载，得知泄洪不顺的原因后，包拯大怒，他下令拆毁所有的违章建筑！

包拯还再三强调，只要是违章建筑，管他是什么皇亲国戚，还是什么当朝红人，全都是一个字——拆！出了什么事情，就是我一个人的事；天塌地陷，都由我一人承担！

领导都这样说话了，下属立刻一片欢腾，大家嗷嗷地就奔着那些违规建筑去了。在这个拆迁过程中，宦官们也知道包拯的办事原则，只能自认倒霉了。

最终，在包拯的治理下，洪水的问题被解决了，包拯也一时间名声大震，《宋史·包拯传》称："拯立朝刚毅，贵戚宦官为之敛手，闻者皆惮之。人以包拯笑比黄河清。童稚妇女，亦知其名，呼曰'包待制'。京师为之语曰：'关节不到，有阎罗包老。'"

"关节不到，有阎罗包老"。但凭此句，包拯在老百姓心中的地位无须言表。

第二件好事，诉讼革命。

从前，百姓上衙门告状，不能直接进入公堂，需要将状纸交给门牌司，由这些守门的差役递送到里面。

让差役"办事"，是不是得"意思意思"，给点钱呀。当然，钱多钱少都是个意思，差役不会忌讳这个，只是"心诚则灵"，给得越多，他们传递的速度就越快。

在这种规则下，有钱的，可以告状；没钱的，只能望着衙门口兴叹。到了最后，宋朝百姓索性编了一句"八字衙门向南开，有理无钱莫进来"的顺口溜来讽刺。

前任的那些开封府尹们包括寇准、范仲淹在内，都没有认为这个规则不妥，然而，现在包拯来了，这个规则就得改了！

包拯清楚地知道，这个规则有百害而无一利，老百姓告一次状，就得花钱买路。如果开封府尹清廉，可能少花点钱；但若碰上一个贪得无厌的官员，无数的银子送进去了，却连审讯的机会都没有，这让百姓情何以堪。

在担任开封府尹期间，包拯下令，在衙门口设立两面鸣冤鼓，百姓若要告状，可直接击鼓鸣冤，任何人都不能阻拦。鼓声一响，不管大老爷在干什么，你是吃饭也好，洗澡也罢，都必须第一时间升堂审案。

如此一来，告状的百姓直接跟办案的老爷“挂等号”了，那些中间想动手脚、勒索百姓的小吏们，再也无法下手了。

要知道，在法制历史中，包拯的这个小小的改动，堪称是一个壮举。

因为，这项改动为申冤者开通了一条快速通道，让百姓的申诉可以第一时间到达法官的案前。这个制度对于那些不法官僚、豪门，也将是一个不小的打击。以前那种买通衙役、隐藏状纸的时代，也一去不复返了。

咱们通过戏剧《铡美案》，就能知道以前的开封府尹，是多么地黑暗了；这些改革，又是多么地深得民心了。

改革前，官员们出于利益的需要，会出现官官相护的情况，会严防死守、以大欺小，利用手中的资源欺压百姓，比如，隐藏百姓的状纸，扼杀他们的诉讼请求。所以，秦香莲为了告那个负心的陈世美，才会那么地费劲，都没有机会见包拯一面，就被那些司衙门的官吏轰了出来。

改革后，秦香莲若想告负心的陈世美，只需在衙门口击鼓鸣冤即可，无人敢对其阻拦，开封府尹也必须第一时间升堂办案。这样的结果，如何不大快人心？这样的结果，又如何不让那些贪官污吏们心中发颤？

可见，把包拯的这个改革称为中国历史上的一次法律上的“诉讼革命”，也绝不为过。

而且，通过这件事情，我们也能够明白，为什么大家称包拯为“包青天”了。为什么大家一提起开封府尹，就第一时间想到包拯，想到这个“包黑炭”了。

要知道，宋朝的历代开封府尹，都是赫赫有名的人物——寇准、范仲淹、欧阳修、司马光等，但是，为什么没有人管他们叫作“寇青天、范青天、欧阳青天、司马青天”呢？

其原因，恐怕就在于此。

好吧，不管怎么，包拯担任开封府尹期间干的所有好事、所有的功绩，都将被世人传颂；同样，包拯所有的恶政、所有的坏事，也不会被世人忘记。

现在，好事说完了，该说坏事了。

包青天的"糊涂"事

包拯虽然是一个公正自律的人，但是，包拯也是人，他也会被感情所左右，干一些荒唐的事情。

比如说，救火。

据南宋学者曾敏行的《独醒杂志》记载，有一次，开封发生了火灾，身为开封府尹的包拯立刻组织人员去灭火，他身先士卒，第一时间来到现场，准备就近指挥灭火。

包拯到达现场后，看着这烈焰熏天、已经波及了数十家店铺的大火，忧心忡忡、甚是焦虑。就在这时，有人跑来禀告道："请示大人，如今要救火，是去甜水巷取水，还是去苦水巷取水？请大人明示。"

一听这话，包拯怒了，心想在这危急时刻，竟然还有人问这种问题，如今救火在即，还分什么甜水、苦水？

盛怒之下的包拯认定这个人是在戏耍自己，他下令把这个人抓了起来，不由分说，就斩首示众了。

目睹了这一切后，其他官员皆对包拯畏惧不已，大家都玩命地干活了，在很快的时间内，就把这场大火扑灭了。

那么，包拯的这个随便杀人的行为，真的正确吗？

在宋朝，"甜水巷"和"苦水巷"是真实存在的地名。这个人的意思就是说，请问大人，我们去哪里就近取水。结果包拯不由分说，就把他斩首示众了。

退一万步说，即使此人真的是在调戏包拯，也罪不至死，最多就是打一顿板子。

可见，包拯虽然被称为"包青天"，但他也会感情用事。虽然这个人以刚正自律名扬天下，但也有"犯浑"的时候。

更可气的是，包拯犯浑也就算了，写这个故事的曾敏行，竟然还替包拯辩解。

《独醒杂志》记载，包拯之所以不问缘由直接杀人，是因为这个人是一个"无赖子"。当时，一伙无赖的人聚在一起，想故意调戏一下包拯，所以才有了这么一问。

要是这样解释的话，这个案件就说得通了。毕竟，宋朝法律规定，有意妨碍救火的人，将被处以极刑。

即使在现在的这个社会，大家都在救火，你不帮忙也就算了，还在一边妨碍救火，那只能严惩不贷了。因为不严惩你，就是在纵容犯罪，在损害老百姓的利益。

当然了，虽然曾敏行解释，说话的人是一个“无赖子”，所以包拯斩杀了他。但是，若细细查看这个事件，也能看出很多的疑点。

比如，包拯身为开封府尹，一定是被重点保护的，一个小小的无赖子是怎么突破层层警卫，冲到包拯身前的呢？

看来，曾敏行在记述这件事情时，也包含了个人情感在里面，所以他才说，这个人是一个无赖子，而回避了包拯意气用事、胡乱杀人的事实。

综上所述，即使是包青天，也有不青天的时候。当然，但凡是一个人，就有犯错的时候，包拯犯了一两回错，我们也是能够理解的。但是，如果中了小人的计谋，导致晚节不保，这就有点儿说不过去了。

北宋著名的科学家沈括，在自己的《梦溪笔谈》中记载了包拯这么一个糗事。

这件糗事，叫作“被卖”。

咱们都知道，包拯为官，号称明察秋毫，但在沈括的笔下，我们却看见了一个不一样的包拯。

包拯任开封府尹期间，一个大款犯事了，被判杖刑。大款有钱，想花钱免罪，但包拯不爱钱。

见包拯毫无通融的意思，大款便找到了负责杖打自己的小吏。他给了小吏很多钱，希望通融一下，让自己免受刑法，最次也请他打轻点儿。

小吏收到钱后，眼珠子转了一下，道：“你放心好了。明日，包大人宣布结案时，必让我杖刑你。到时候，你只管大叫冤枉，其余的事情都交给我处理。”

大款困惑道：“这样干，行吗？”

小吏坚定道：“相信我，没问题！”

第二天，上堂会审后，果然如小吏所言，包拯宣布了判罚结果后，就让小吏对大款用刑。

大款马上按小吏的计划行事，大喊“冤枉，冤枉”，惨叫不断，叫声连连。

大款一喊冤，小吏马上道：“老爷已经结案了，判罚准确无误，你只要老老实实地挨打就好了，何必多说无用之辞？”

小吏的这番话，有一些拍马屁的味道，他告诉大款，包大人已经结案了，自然不会有错，你再喊冤枉又能有什么用呢？

要知道，一般的官吏都喜欢这样奉承的言辞，但是，包拯可不是一般的官吏，听到这些拍马屁的话后，不喜反怒，他认为小吏私自评论这个案件有越权诽谤之嫌。

于是，包拯下令停止用刑，把这个小吏拖了下去打了十几板子，此外，为了反驳小吏说的判罚准确无误的评论，反而把大款无罪释放了！

史学家们认为，包拯之所以这样做，是要打压手下嚣张的气焰，不让他们恃才自傲，随意评论判罚结果，以维护司法公正。但问题是，包拯这么做，却中了这名小吏的圈套。小吏用了一个苦肉计，就让大款逍遥法外，逃脱了法律的制裁。包拯一直被蒙在鼓里，被卖了还不知道呢。

其实，在真正的历史上，包拯之所以出名，不是因为断案，而是因为他直言进谏、弹劾百官。

史料记载，离开了开封府担任监察御史后，包拯一直铁面无私、刚正不阿，监督百官，弹劾群臣。当时，只要是被他“盯上”的大臣，基本上就没“好果子”吃。

为此，贪官污吏对他闻风丧胆，对包拯避之不及，还送给了他一个很贴切的雅号——“包弹”。

那么，包拯在当御史中丞时，到底干了哪些事情呢？这个“包弹”，又为何让群臣如此畏惧呢？

第十一章 包拯的『真正』本事

弹劾百官

史料记载，从嘉祐三年（1058 年）担任监察御史开始，一直到嘉祐五年（1060 年）担任三司使（注意这个官职）为止，包拯只担任了短短两年的监察御史，但其战绩却显赫无比。

在正史记录里，包拯监督百官期间，一共弹劾了 61 位中高级违纪的官员，并让他们全部下岗！

当然，对于包拯而言，让 61 位官员下岗的成绩很一般。他一生当中最大的本事，是让三位三司使下岗！

在北宋的官职里，三司使是全国最高财政长官，号称“计相”，是非常重要的官职。

既然是管理国家财政，三司使自然是油水极多的部门，在这里上班的官员大都富得流油。

然而，在包拯生活的时代，担任三司使可不是一个好的选择。

包拯当上御史中丞后，就瞄上三司使了，把三位三司使赶下了台。

一口气弹劾了三位国家财政大臣，包拯此举也算是前无古人、后无来者了。

第一个被包拯轰下台的三司使，就是张贵妃的伯父——张尧佐。

前文讲过，张贵妃一直想提拔自己的家人，想让张尧佐担任宣徽使一职。后来，在包拯的强烈反对下，张贵妃的计划破产。

一计不成，再施一计。没有得到宣徽使的官职，张贵妃不死心，她继续采取“枕边风”攻势，最终为伯父捞了一个三司使的官职。

然而，张贵妃费尽心力得到的官职，又被包拯搅黄了。

史料记载，得知张尧佐成为三司使后，包拯大怒，他上奏宋仁宗，强烈反对这个任命。包拯告诉皇帝，张尧佐这种外戚，就是一个没用的绣花枕头，让这种人治理一个县都够呛，怎么能让他管理国家的财政呢？

最后，宋仁宗终于同意了包拯的请求，罢黜了张尧佐三司使的官职，把他贬到地方去了。

张尧佐，成了第一个被包拯谏免的三司使。

第二个被包拯轰下台的三司使，叫作张方平。

史料记载，张方平担任三司使期间，有一个商人因为经营不善，欠下了官府很多的钱财，张方平便命他变卖店铺还债。

张方平的所作所为完全合乎律制，也没有什么弊端，但是，等商人开始变卖店铺后，张方平就开始干蠢事了。

他竟然偷偷摸摸地打击其他竞拍对手，用很低的价格购得商人的店铺，利用职权假公济私了。

得知这件事情后，包拯立刻参了张方平一本，痛骂他“乘势贱买所监临富民邸舍，无廉耻，不可处大位”，于是皇帝罢免了张方平的官职，让他下岗回家了。

张方平，成了第二个被包拯罢免的三司使。

第三个被包拯轰下台的三司使，就是那位宋朝的才子，跟皇帝“抢女人”的宋祁。

咱们前面讲过，宋祁才华有余，但道德严重不足——生活腐败奢靡，天天醉生梦死。他每顿饭要吃 36 道菜，还不许重样；家里有 32 个侍女侍奉他还嫌少，依旧在外面寻花问柳、拈花惹草。

总之一句话，宋祁就是一个“三无文人”：无良、无品、无德。对于这么一个人，包拯也无须对他客气。

就这样，刚刚当上三司使的宋祁，屁股还没坐热呢（仅仅干了20多天），就被包拯弹劾下岗了。

至此，接连弹劾了三位三司使，并让他们都下了岗，包拯从此留下了一个不畏权势、执法严明的美名。

然而，若细细品味，包拯的弹劾也未必全都正确，在我眼中，若保留下这三位三司使可能会更好。

现在，我要为这三位三司使正名。

先说第一位三司使，张尧佐。

史料记载，包拯弹劾张尧佐的原因，就两个字：外戚。其实，若抛开这层关系，张尧佐可是一位治国的能臣。他完全可以凭借自己的能力，获得三司使这个官职。

在没有成为三司使之前，张尧佐曾在犀浦县当县令。由于犀浦县地少人多，乡民因为田地归属问题，天天吵吵闹闹，甚至发生了大规模的械斗，换了几任县令也没有解决这个难题。

张尧佐上任后，立刻进行了详细的调研，重新划分了田地的边界，彻底解决了这个难题。单此一项，张尧佐便足以步入能臣行列。

划分好田地后，张尧佐还设立乡规、教化百姓，耐心告诉犀浦县乡民：“乡里乡亲，应该互相体谅，互相扶持，这才是正道。为了点儿鸡毛蒜皮的破事就打架，何必呢？大家为什么不好好说话，非要伤了彼此的和气呢？”

最终，在张尧佐的苦口劝导下，犀浦县的百姓养成了一种互相体谅、互相扶持的敦厚之风。

对比那些没有德行、只会空喊口号的官员，或者是那些有德行、却根本不会处理事情的官员，张尧佐要强得多，也完全可以胜任三司使的官职，成为一个治国的能臣。

然而，就因为“外戚”关系，包拯就对他死咬不放，最终把他谏免了。

再看张方平。

虽然张方平贪财好欲、不顾法纪、利用职权、监守自盗，被包拯弹劾下岗，受到惩罚也是早晚的事情。

但是，历史上的张方平也是一个治国的能臣，有一个人就曾评价张方平有三国时期孔融的德行，诸葛亮的智慧。

一般人给张方平这样的评价，我们完全可以不屑一顾。但是，这个人的评价，我们却无法忽视。

因为这个人，就是一生都讲真话、讲实话的——苏轼。

假设苏轼的评价是对的，那么对于包拯而言，这样处理张方平是不是太苛刻了点？毕竟，谁年轻的时候没有犯过错呢？若包拯给张方平一个机会，让他改过自新，重新做人，会不会更好呢？

最后说宋祁。

如果说，包拯弹劾前两位三司使，一个是防患于未然，另一个是捍卫法律，都有情可原，那么，包拯弹劾宋祁的理由是什么呢？就是因为他道德败坏、生活奢靡？

问题是，道德作风的问题还没有严重到法律层面，宋祁没有触犯法律就被弹劾下岗了，这让他情何以堪？

要知道，这种弹劾理由，无疑是用是否吃喝嫖赌来辨别一个人的好坏。然而历史已经无数次证明，一个人有没有本事、是不是好人，跟他的财富、地位并不完全成正比。外表衣冠楚楚的主，也可能一肚子男盗女娼；表面纨绔成性的富几代，也可以是忧国忧民的好人。

退一万步说，如果以道德标准作为标尺来衡量官员的话，就不会出现管仲、寇准、张居正这样的名相了。

这里多说一句，得亏包拯没有跟寇准见面——他们生活在不同的时代里，要不然的话，以这哥俩的脾气，非闹一个天翻地覆，不是你死，就是我亡！

书归正传，虽然包拯弹劾了三任三司使，但他毫无愧疚之情，毕竟，他认为——“廉者，民之表也；贪者，民之贼也”。

在包拯的眼中，一个清廉的好官，是人民的表率，是能为国家收揽民心的；一个贪官，则是人民的敌人，是一定要被干掉的。

在一千多年前的宋朝，包拯就旗帜鲜明地提出了“反贪倡廉”的为官准则，这个太厉害了，难怪民间称包拯为“中国古代第一清官”。对于这个称号，包拯实至名归，也当之无愧。

殊不知，这个号称“中国古代第一清官”的包拯，其实也被人弹劾过。而弹劾他的人，也是一个清官，一个比包拯还要清正廉洁、还要刚正不阿的清官。

这个清官，就是宋朝历史上大名鼎鼎的——欧阳修。

清官弹劾清官

史料记载，包拯接连弹劾了三位三司使，他是痛快了，但问题是，朝廷被他这么一顿收拾，没有人敢当三司使了。

皇帝任命甲当三司使，甲一个劲儿摇头:“怕包拯，不干。”皇帝任命乙当三司使，乙也一个劲儿摇头:“也怕包拯，不干。”最终，群臣都不敢当三司使了。

宋仁宗哭笑不得，只能无奈道:“看来，只能让包拯当三司使了。”于是，皇帝连夜草拟了一份诏书，任命包拯为三司使了。

第二天早朝时，宋仁宗把这个决定宣布了。包拯欣然领命，领旨谢恩。但群臣彻底炸了，史称“命下之日，中外喧然”。大家强烈反对包拯出任三司使。

在这些反对者中，以欧阳修的反对声最大，言辞也最为精辟。

欧阳修反对的理由，就两个字——名节。

名节是什么？简单来说，就是一个人的名誉、气节、节操。这些东西被士大夫们视为立身之本，也是他们的为官之道（虽然很多人都忘记了）。在士大夫眼中，可以丢命，但不能失节！

欧阳修认为，包拯出任三司使，就是丢了名节。因为，包拯弹劾三司使是可以的，但把人家弹劾走了，自己却抢占了这个位置，就不行了。这就好比什么呢？欧阳修举了一个很形象的例子:“蹊田夺牛，岂得无过！而整冠纳履，当避可疑者也。”

“蹊田夺牛”是一个成语，出自《左传》。蹊：践踏；夺：强取。这个意思是说，种田的人因为人家的牛把自己的田地践踏了，要求对方赔礼、道歉、交罚金，都是应该的，但是，因为这件事情，把人家的牛抢走了就太过分了。

“整冠纳履”是一个典故，出自《乐府诗集》：“君子防未然，不处嫌疑间，瓜田不纳履，李下不正冠。”意思是说，君子应该防患于未然，经过瓜田，不可弯腰提鞋；经过李树下，不要举起手来整理帽子，以免招惹无端的怀疑。

欧阳修的意思是说，包拯接连弹劾了三位三司使，现在反而成了三司使，这就成为一个“抢夺人家耕牛”的人了。身为君子，应该整冠纳履，远离是非之地，这才是正道。

举完这个例子后，欧阳修告诉皇帝：“如拯材能资望，虽别加进用，人岂为嫌？其不可为者，唯三司使耳！”

意思是说：做臣子的，要保住自己的名节。如果朝廷认为包拯有才华，可以升他的官。但是，让他当什么官都可以，唯独这个三司使，绝不可行！

这个原因很简单：“今拯欲自信其不见之心，而外掩天下之迹，是犹手探其物，口云不欲，虽欲自信，人谁信之？此臣所谓嫌疑之不可不避也。”

大意是：就算包拯君子坦荡荡，认为自己不用“抢牛”，也能够胜任三司使，但问题是，谁信呀？大家看得到的，是包拯把三司使都弹劾走了，自己才坐上了这个位置。这种情况下，包拯说没有取而代之的意思，大家会相信吗？就像把手伸进人家的口袋却说不想偷东西一样，这种话谁信呀？

总之，欧阳修建议：身为“嫌疑人”，包拯绝对不能担任三司使，他应该回避这个官职。

欧阳修的这番话，代表了很多官员的心声。

那么，在欧阳修弹劾自己期间，包拯会接受他的意见，远离这个是非之地，不去担任三司使吗？

如果他这么干的话，他就不是那个敢作敢当的包拯了。

史料记载，仅仅给了欧阳修数月的面子，包拯就接受了朝廷的任命，正式成为国家的三司使了。对于这个结果，欧阳修也偃旗息鼓，再也不说此事了。

咱们都知道，综观欧阳修的一生，那就是一部“弹劾的斗争史”。只要是他认定的事情，就一定会弹劾到底。那么，到底是什么原因，让欧阳修不再弹劾包拯、放他一马呢？

两个原因。

第一，包拯确实是一个合格的三司使，他在任期间，成绩斐然。

史料记载，包拯在任期间，采用“以民为本，宽民利国”的方针，减少国家的赋税，让百姓休养生息，大大减轻了百姓的负担，为国家立了大功。

第二，包拯干了一件欧阳修都不敢干的事情，一举堵住了这个御史的嘴。

这件欧阳修都不敢干的事情，就是立太子。

皇帝无后

不知道为什么，宋仁宗一直没有儿子，他曾经有过的三个儿子，也都“全军覆没”了。

宋仁宗的三个儿子中，长子赵昉，出生即逝；次子赵昕，活到五岁，夭折了。

连续失去两个儿子后，老三出生时，宋仁宗对这个孩子寄予了很大的期望，取名叫赵曦，希望他像早上升起的太阳一样，充满了无限的生命力。结果，事与愿违，这个孩子仅仅活了两岁就不幸夭折了！

好在赵曦病逝时，宋仁宗才 34 岁，正值春秋鼎盛之时，还能再生。所以对于储君的问题，大臣们没有太担心，皇帝本人也很有自信。

但是，随着时间的流逝，不管是大臣还是皇帝，皆发现——事情不妙矣。

这么多年了，皇帝一直生公主，却没有生过一个男孩子！

当时，为了能够生出孩子，宋仁宗除了跟最心爱的张贵妃“夜夜笙歌”外，还另外准备了十个嫔妃，号称“十阁”。

除了这些女人，宋仁宗也到处猎奇，为此，皇帝专门准备了数十个龙凤绣抱肚，作为临幸后的礼物。

除了雨露均沾、开枝散叶，宋仁宗也没忘了“后续”工作。宋仁宗下令，命内侍省（负责宫廷事务的机构）修建一座潜龙宫，专等皇子降生。

虽然皇帝很虔诚，干活也很积极，但上天就是这样地不讲道理。

史料记载，宋仁宗得了十几个女儿，却一个儿子没见着。眼看那座潜龙宫成了一座多余的宫殿，皇帝内心的酸楚感受可想而知。

皇帝心里难受，大臣们心里也不好受。如今，皇帝无后，这个国家没有继承人。一个公司要是没有继承人，大不了海选一个董事长。一个国家要是没有继承人，那还不天下大乱呀。万一哪天皇帝驾崩了，这让大臣们怎么办？

要知道，这句话绝非危言耸听，因为从“至和”时期（宋仁宗第八个年号，一共九个）起，皇帝不豫的次数就越来越多，身体也越来越差了。

咱们前面讲过，所谓的“不豫”，就是“不亦游也”——皇帝重病缠身，没法上班了。

这个词是皇帝专用的，就跟皇帝出生叫诞育，皇帝死了叫驾崩一样，咱们寻常老百姓不能用，谁用谁就得死。

这里多说一句，北宋的皇帝，除了亡国之君宋徽宗（他身体是真好），基本上都有毛病。太祖英年早逝，太宗死于箭伤，剩下的皇帝，有一个算一个，身体都不好，都出现过不豫的现象，还有好几个都是短命鬼（如宋英宗、宋神宗、宋哲宗）。

对于这种现象，史学家给出的原因是——房事不节制，生活奢靡；为了长生不老或其他目的，经常服用一些稀奇古怪的药物。这种情况下，要是皇帝不出现不豫的现象，那才叫见了鬼。

当时，宋仁宗每次不豫都特别吓人，不是昏迷不醒就是胡说八道，甚至陷入一种疯癫的状态。

宋仁宗最严重的一次不豫，发生在至和二年（1055 年）正月。

其实，如果从病症上看，皇帝的那次不豫，不是特别厉害；但是，如果从时间上看，皇帝的那次不豫，就极其严重了。

因为，皇帝不豫的时间，正好是在新年晚会时。当时，各国的使臣都在，这要是没掩饰好，让各国使臣看见了皇帝疯癫的模样，可就丢大人了！

根据《续资治通鉴长编》记载，皇帝发病时，他正在紫宸殿宴请辽国使臣。当时，双方按照宾主关系落座后，宰相文彦博手捧一杯酒，来到皇帝的金銮宝座下，给皇帝祝寿：“吾皇万岁、万岁、万万岁。”

按照礼仪，皇帝应该让文彦博平身，赏赐礼物，结果，皇帝啥也没干，只是呆呆地望着他，说了这么一句无厘头的话：“宰相，你今天不高兴吗？”

一听这话，文彦博当时就蒙了，心想这都哪跟哪呀！皇帝怎么冒出这么一句话。

一脸疑惑的文彦博抬头看了一眼皇帝，坏了，宋仁宗额头冷汗直流，全身颤抖不已，眼睛白的多黑的少，皇帝这是生病了呀！

皇帝生病了，理应宣太医诊治，但问题是，现在是宴会期间，各国使臣都在，宋辽刚刚修复了关系，这要是让敌国看见皇帝有病，恐心生歹念、再造事端。为了不动声色地解决这场突如其来的危机，文彦博啥也没说，就这么偷偷摸摸地退下去了。

历史上的这个文彦博，可是北宋仁宗、英宗、神宗、哲宗的四朝元老，出将入相五十年之久，他还是包拯的亲家、司马光的好友。

这样一个常青树级别的宰相，自然有两把刷子，更何况，文彦博还是宋朝公认的最聪明的“两个孩子”之一（宋朝有两大公认的聪明孩子，一个是司马光，成名作是砸缸；另一个就是文彦博，成名作是灌水取球），他自然能够解决这道难题。

回到自己的座位后，文彦博想了一下，立刻站起身来，对着乐队大喊道：“今天乃国家喜庆之日，你们没吃饭吗？声音小得像蚊子，给我大声点！”

宰相发话了，谁敢不从？乐队立刻使劲演奏，鼓乐吹得震天响，各种乐器一起上。

文彦博听了以后，还是不满意，他继续大骂道：“这么点声音，干什么吃的，给我再大声点！”

这一下子，乐队彻底疯了，他们使出吃奶的力气，玩命地演奏了。最终，一个细声慢语的江南曲调，愣是演奏得像出征的军鼓一般，文彦博这才满意。

文彦博满意了，其他大臣都蒙了：“什么情况？宰相疯了不成？这么大的声音，以为这是重金属摇滚吗？”

宋朝大臣蒙了，辽国使臣倒不以为然，人家本来就生活在草原之上，听惯了各种金戈铁马的音乐，细声细语的音乐他们还受不了呢。所以，对于这种喧杂的音乐，辽国使臣倒没听出什么，还以为这是大宋王朝的一种礼仪呢。

其实，真正知道文彦博这么干的人，只有皇帝身边的几个太监和极少数的大臣，这些人清楚地知道，文彦博这样干，就是要分散大家的注意力，并提高嗓音，以掩盖皇帝的胡言乱语。

当时，因为不豫，皇帝已经语无伦次、胡言乱语了数句话了，只因为这里的乐声太大，其他人没有听见，才成功掩盖了过去。

后来，喝了一会儿酒后，文彦博见时间已经可以了，就让太监搀扶皇帝回宫了。

皇帝退席了，契丹使者得问一下。文彦博赶紧解释道：“各位，不好意思，我主昨天晚上饮酒过多，现在不胜酒力，暂时回宫了。咱们这个宴会继续，由本大臣奉陪，代授国书。”

听完文彦博的解释后，契丹使者不明真相，就被对付过去了。文彦博完成了一切仪式，总算没让宋仁宗出丑。

史料记载，宋仁宗这一病，竟然整整病了一个月。直到二月初，宋仁宗才缓过劲儿来，重新上朝。

虽然皇帝能上朝了，但群臣都看出来，皇帝的精气神差多了，寡言少语，有的时候甚至呆若木鸡了。群臣有事禀告，宋仁宗也是能少说一句，就少说一句，能点头同意，就绝不开口了。

看见皇帝如此表现后，群臣彻底明白了一个道理：看来东宫空虚一事，必须赶快解决了，万一皇帝出事了，可就天下大乱了。

那么，怎么解决这个问题呢？

册立太子

自古以来，册立太子都是国家一等一的大事，臣子要是没有“金刚钻”，趁早别揽这个瓷器活。

毕竟，册立谁是皇位的继承人，那是皇帝自己的事情，你个小小的臣子，竟然敢越俎代庖，建议下一任储君，这是要满门抄斩的节奏呀！

此外，后宫的水太深了，历朝历代，太子都是多股势力殊死肉搏后的产物。一个普通的官员，在不知道这潭水多深的情况下，都避之不及，要不然死都不知道怎么死的。

最终，宋仁宗这个皇帝的状况也决定了，臣子不能轻易提立太子的事情。因为，虽然皇帝已到暮年，但皇帝自认为良好，他还认为自己能够生育。这个时候，你提出继承人的问题，不就是变相诅咒皇帝没有后嗣吗？到时候一个大不敬的罪名……

综上所述，劝慰皇帝册立太子这个任务，难度真不是一般高。

当时，为了让皇帝册立太子，一个叫范镇的大臣上奏朝廷，希望皇帝在亲戚中选择一人立为太子，解决储君的问题。

对于范镇的请求，皇帝的表现就四个字——不搭理你。

本来就是。宋仁宗再仁慈，他也有自己的私心。这万年的江山社稷，怎么能够传给外人呢？侄子再亲，也不如自己的亲儿子。

就这样，范镇吃了一个闭门羹，灰溜溜地跑了。范镇撤退后，司马光则接过了他的衣钵，继续上疏，请求册立太子了。

不愧是耍笔杆子的人，司马光的上书内容就委婉、高明得多。

司马光的上书内容，自始至终就以一个“孝”字做文章，说天下百姓都讲究这个“孝”字，庶民之孝是讲究侍奉父母，天子之孝则是让江山社稷永固。因此，皇帝只有册立太子，才能表达自己的孝心……

当然了，不管司马光说得多么地天花乱坠，皇帝还是那四个字——不搭理你。

司马光退却后，欧阳修等人也先后上疏，请求册立太子。结果，宋仁宗都挡了回去。

经过了这么几轮试探后，群臣都退缩了，毕竟立太子事关重大，很容易惹祸上身。即使是欧阳修这样的“钢铁战士”，也选择徘徊观望了。

当时，要想打破这个困局，也只能是不怕死的官员谏言了。

包拯，就是那个不怕死的官员。

《宋史》记载，包拯面见宋仁宗后，直言不讳道：“东宫虚位日久，天下以为忧，陛下持久不决，何也？”

听了包拯的话后，宋仁宗立刻阴着脸，看着他。

看着皇帝那张想杀人的脸，包拯临危不惧，继续问道：“夫万物皆有根本，而太子者，天下根本也。根本不立，祸孰大焉！”

这一下子，皇帝忍不了了，道：“卿欲谁立？”

但凡是一个明白事理的大臣，都明白这句话的意思。要是一个胆子小的大臣，就凭这么一句话，估计就能吓尿了。然而，包拯岂能被吓唬住，他继续谏言，并说了一段感人肺腑的话：“臣不才备位，乞预建太子者，为宗庙万世计也。陛下问臣欲谁立，是疑臣也。臣年七十，且无子，非邀福者。”

这段话的意思是说：“老臣不才，蒙陛下的提拔，才能坐上这个位置。今天，老臣之所以乞求皇帝册立太子，是为了江山社稷着想，别无所求。皇帝问老臣想立谁当太子，不就是在怀疑老臣吗？说来不怕皇帝耻笑，老臣都快七十了，至今还没有儿子（有一个私生子，但包拯还不知道），我立谁当太子，跟我的后人没有什么关系。老臣的这一片忠心，还望陛下明察。”

一听这话，宋仁宗笑了，心想包拯这个人，跟自己真是同病相怜呀。他满头白发了，至今也没有一个儿子。而且，自己才五十多岁，还有机会，但包拯已经六十多了，一点机会也没有了，他比我还……

最终，在包拯的劝慰下，宋仁宗高兴地说：“徐当议之。”也就是说：这件事情，我会慢慢考虑的。

就这样，在与群臣的商量中，第二年，也就是嘉祐七年（1062 年）八月，宋仁宗终于颁布了诏书，“帝悉召宗室入宫，谕以立皇子之意”。

至此，储君之事圆满结束。

可惜的是，在这一年的五月，包拯病逝了，他没有看见册立太子的这一幕。

史料记载，嘉祐七年（1062 年）五月，包拯在处理政务时突然病倒了，虽然宋仁宗下令全力抢救，但仍没有挽回这位老臣的性命。

包拯生病仅仅十余天就与世长辞了，享年 64 岁。

至此，宋朝著名的一位大臣，生命就此落幕。

包拯病逝的消息传到皇宫后，宋仁宗大惊，他立刻下令放假一天，亲自率领文武百官来包府吊唁，加封包拯礼部尚书，并追赐他“孝肃”谥号。从此以后，百姓便称包拯为“包孝肃公”了。

包拯去世的消息传到民间后，更是天下震惊，全城哀悼，史称：京师吏民，莫不感伤；叹息之声，大街小巷都可听到。

有些人活着，但已经死了；有些人死了，但还活着。包拯的一生，就是对这句话的最好诠释。

对包拯的一生，做一个盖棺论定吧：综观包拯的一生，虽然他干过让人无法理解的事情，也干过糗事，但不可否认的是，他身上那些诸如忠孝两全、爱民爱国、反贪倡廉、刚正不阿、铁面无私、执法如山、以民为本、宽民利国的精神，是值得我们学习的。这些精神，也必将成为中国传统文化的宝贵遗产。

中规中矩的话结束了，再来点“叛逆”的评语吧——得亏包拯生活的时代，是号称文人天堂的宋朝。要不然，以他那个爱告状的习惯和那个敢喷皇帝口水的壮举，早就被千刀万剐无数回了。不得不说，生活在宋朝的文人们，真是滋润。宋朝，不愧是中国历史上最开放、最重视文人的时代。只有宋朝，才能成就包拯这样的千古名臣；而包拯这样的千古名臣，也会让宋朝更加璀璨辉煌，让人无限向往。

“如果让我选择，我愿意活在中国的宋朝里……”此言不虚。

然而，大家想过没有，根据相对论——宋朝是文人的天堂，那么相应地，也该是部分人的地狱。

那些入地狱的人，就是宋朝的武人们。

如果可以选择，但凡武人，都不会选择活在宋朝。因为，宋朝是一个最最鄙视武人的时代，是“武人的地狱”。

在这个地狱生活，武人最终的结果只有一个——不得好死。

现在，我就用宋朝著名武将的故事，来验证这个说法。

这个宋朝最著名武将，叫作——狄青。

第十二章 宋朝『最惨』的武将

一个比岳飞还冤、还惨的武人

时间退回到嘉祐元年（1056 年），对于宋仁宗而言，这一年真是一个多事之年，也是一个多灾之年……

因为，在这一年中，以宰相文彦博为代表的北宋文臣集团，竟然跟皇帝来了一次彻底摊牌。

文臣集团摊牌的目的，有两个：

第一，皇帝无后，继承人空缺，必须确定谁是太子。

第二，枢密使身份卑微，难堪大用，他还意图谋反，必须撤换。

这两个问题，必须得解决一个！

然而，对于这两个问题，宋仁宗都不想解决。

对于宋仁宗而言，虽然自己无后是事实，但保不齐将来就有了呢？叔梁纥快七十岁时才和颜氏“野合”（不合礼仪的婚配）生下了孔子，自己现在还有的是“力气”，为什么非要册立别人的孩子为太子呢？

所以，第一个太子问题，宋仁宗不想解决。直到七年后，在包拯的劝说下，宋仁宗才解决了这个问题（见前）。

同时，第二个枢密使的问题，宋仁宗也不想解决。

因为，现在的这个枢密使是他一手提拔上来的人，更是他心目中的偶像。对于这么一个偶像级的人物，就是把宋仁宗打死，也不想撤换。

然而，就得换。

史料记载，面对文官集团咄咄逼人的气焰，宋仁宗在谈判多次未果后，叹着气对文彦博道："真的要这样做吗？"

作为宋朝最聪明的"两个孩子"之一（见前），文彦博清楚地知道，皇帝这么说，已经妥协了。于是，他继续道："事已至此，还望皇帝赶紧签字，罢免了那个枢密使。"

一听这话，皇帝无奈地叹了一口气，拿来罢免枢密使的文件，提起毛笔准备在上面签字。结果，在提笔时，宋仁宗停了一下，他望着文彦博说了一句非常公道且意味深长的话："这个人，可是一个忠臣呀……"

言外之意是：你们文人呀，可是最重名节的。你们今天这样做，就不怕在史书上留下一个陷害忠良的骂名吗？

孰料，对于宋仁宗的这句话，文彦博用了一句话就驳了回去："太祖岂非周世宗忠臣？但得军情，所以有陈桥之变。"

这句话，把宋仁宗噎得够呛。

因为文彦博的话意是：甭跟我来这个！当年，太祖皇帝还是柴荣的忠臣呢！结果怎么着了？既然你们老赵家当了偷腥贼，就没有资格相信别人是贞洁烈女！

听完这句话后，宋仁宗无言以对，只能默默签字，罢免了枢密使。

这个枢密使，就是北宋最著名的一代名将——狄青。

狄青，生于北宋大中祥符元年（1008 年），比范仲淹小 19 岁，跟宿敌韩琦同龄，字汉臣，汾州西河（今山西汾阳市）人。

狄青出身贫寒，16 岁时，因其兄与乡人斗殴，狄青代兄受罚，被"逮罪入京，窜名赤籍"，从此开始了军旅生涯。

史料记载，在军队服役期间，狄青骁勇善战，而且战斗方式极为骇异。因为每次打仗时，狄青都披头散发，戴一青铜面具，嗷嗷叫着冲向敌军。

两军打仗，靠的就是气势，突然冒出这么一个狂人，任谁都会吓一跳。气势一跌，仗就赢不了了。因此，狄青获得了很多胜利。

此外，狄青非常勇猛。当时，朝廷派狄青跟西夏军作战。在与敌人的战斗中，狄青共与敌军交战二十五次，无一败绩。有一次打仗时，狄青身中八箭，但身负重伤的他依旧“闻寇至，即挺起驰赴”，不杀退敌兵，决不归还。

因为狄青的这种表现，西夏军被他打怕了。在战场上，只要看见“狄”字大旗，西夏军全都躲着走，唯恐得罪了这个战争狂徒。

后来，因为狄青的这种优越表现，且因为他脸上有刺字，大家送给他一个雅号——面涅将军。

再后来，面涅将军的名声越来越广，终于引起了范仲淹的注意，他把狄青叫来，要见一下这位传说中打仗不要命的面涅将军。

史料记载，一见到狄青，范仲淹便大呼其为良将之材，对他厚礼相待。

除了视为知己，范仲淹还教他读《左氏春秋》等书，并告诉他：将帅不知古今历史，就只有匹夫之勇。在范仲淹的教导下，狄青改变了志趣，用功读书，奋发图强，成了一位能文能武的儒将。

当然了，虽然狄青很猛，但在整个宋朝一败再败的西夏战场，一个小小的将士，根本无法改变宋夏战争的格局。虽然没有扭转战局，但奋勇杀敌的他，却得到了那个人的青睐。

那个人，就是大宋的皇帝——宋仁宗赵祯。

对于宋仁宗而言，在整个宋军士气低迷、动不动就被敌军以少胜多的情况下，狄青这样的优秀将领，是北宋政府的未来。

宋仁宗非常欣赏狄青，他特别下旨，要亲自接见这位面涅将军，对他褒奖。

一个普通的将士，能够得到皇帝的召见，这是多么大的荣耀呀！得此殊荣，何止是祖坟冒青烟，简直就是在喷火。

然而，虽然皇帝想召见狄青，但是狄青却走不开。因为，每一次狄青打算去京城时，西夏军都会打过来，他只能跟西夏军继续开战。

最后，分身乏术的狄青无法离开前线，只能上书一封，婉言谢绝了宋仁宗的好意。

宋仁宗看完这封奏折后，更加对狄青产生了兴趣。在很长的一段时间里，宋仁宗一想到这位传说中三头六臂，弹指灰飞之间就能灭敌一万的大英雄，就心中发痒。宋仁宗更想见狄青了。

狄青来不了，那宋仁宗就“去”。赵祯派了一个画家到前线，专门给狄青画了一幅像，画像送回京城后，宋仁宗才解了自己的相思之苦。

史料记载，看完狄青的画像后，宋仁宗高兴地大呼这是“朕之关张”。他一下就喜欢上这员大将了，宋仁宗成了一个不折不扣的“狄粉”了。

赵祯把狄青的画像挂在自己的宫殿内，对狄青赞不绝口。

当然，皇帝这样对狄青赞不绝口，除了喜欢这位将军外，还有另外一层含义在里面——宋仁宗要趁机策划、包装一下狄青，把他树立成三军的楷模，让普通士兵有一个奔头，也给那些不争气的将领们打打气。

俗话说：大树底下好乘凉，有了皇帝这个超级大粉丝，狄青的官场之路一帆风顺，官职也越来越高。

宋夏战争结束时，狄青已经从一个小小的士兵，升级为一个高级将领了。

庆历四年（1044 年），宋夏签署和平条约，宋朝与西夏之间的战争告一段落。战争结束后，狄青终于可以上京去面见皇帝了。但是，别急，狄青去京城前，还得先解决一个人。

这个人，就是广西的叛匪——侬智高。

史料记载，皇佑四年（1052 年）四月，永不消停的广西地区的叛乱又开始了。这一次，是广源州的当地居民侬智高叛变。

刚开始的时候，侬智高只有区区几千人，结果越发展越壮大。他多次打退宋军的围剿，不仅攻陷了邕州，还攻破了沿江的九个州。最终，侬智高自立为王，建立了一个“大南国”，开始称王称霸。

眼看卧榻之旁来了一个打呼噜的，宋仁宗气得不行，他下令出兵平叛。然而，宋仁宗手下的将领都是吃干饭的，没有一个能顶用的。去了几次，都被打了回来。

最终，面对愈演愈烈的广西局势，宋仁宗大悟道：“还得用他。”

就这样，宋仁宗颁布了一道圣旨，把自己的偶像送到了广西，让狄青去那里平叛了。

事实证明，狄青不愧为一代名将。这个让朝廷毫无办法的侬智高，在狄青眼中，就是天空飘来五个字——根本不叫事。

仅仅用了数月，狄青就平息了广西的叛乱，侬智高战败逃跑，流亡至大理，从此不知所终。

狄青平息广西的消息传回京城后，宋仁宗甚是高兴，他大笔一挥，就加封了狄青官职。宋仁宗决定让狄青成为自己的国防部部长，也就是枢密使了。

正是这个决定，让狄青成为群臣的众矢之的，也害死了这位宋朝名将。

因为，在宋朝，在这个文人与皇帝共同治理天下的时代，武人若成了“政坛老大”，其结果……

狄青就是一个血淋淋的案例。

悲剧的开始

在任何一个国家，让武人担任自己的国防部长，都是一件很正常的事情。但是，这种事情若发生在宋朝，则是一件非常不合理的事情，甚至不可想象。

这个原因很简单，经历了杯酒释兵权后，武人俨然成了宋朝统治者的梦魇，为了不让这个噩梦重演，宋朝统治者们不断抬高文官的地位，贬低武官的地位，用“以文抑武”的办法，防止武将造反。

不得不说，皇帝们用的这个办法，确实能减少或遏止武将造反。然而，虽然宋朝统治者的初衷是好的，但是他们可能不知道，这种过犹不及的处理办法，只能让事情矫枉过正，起到适得其反的效果。

在这种抬高文官地位，贬低武将地位的治国方略下，终北宋一朝，文人的地位，匪夷所思地高；武人的地位，则空前绝后地低。

随便举两个例子就能证明：

史料记载，庆历三年（1043年），为了招揽天下英雄、提高宋军的战斗力，赵祯在武成王庙设立武校，创办了中国历史上第一个官方军事学校。结果呢，这个学校仅仅开了93天就倒闭了——因为招不到什么学员。

这足以说明，在那个重文轻武的宋朝，当兵是一件极其丢脸的事情，没有一丁点的尊严。

北宋的武人地位，就是这样空前绝后地低。

那么，宋朝的文人地位，又是怎么匪夷所思地高呢？

史料记载，狄青的顶头上司、四贤之一的尹洙，就是一个重文轻武的家伙。为了抬高文人地位，尹洙曾经说过这么一段话：“状元登第，虽将兵数十万，恢复幽蓟，凯歌而还，献捷太庙，其荣亦不能及矣。”

这番话，确实胡说八道得可以……

咱们都知道，对于宋朝或者是中华民族而言，收复幽云十六州，重新抢回万里长城，是每一个华夏子民的使命。一旦完成了这个壮举，必能永载史册、光宗耀祖。然而，这么大的丰功伟绩、这么高的殊荣美誉，在这些文人眼中，竟然还不如中一个状元郎。

对于这个结论，只能无语。

由此可见，北宋的文人地位，就是这样匪夷所思地高。

综上所述，在北宋，文人与武人的地位之悬殊、差距之巨大，无法想象。在这种现状下，文人是高人一等的“人种”，他们理应把持着所有的重要部门，分享着只属于自己的蛋糕。

但现在呢？宋仁宗要提拔一个武人执掌枢密院，要公开抢文人的蛋糕了，真是是可忍孰不可忍！

没有办法，自宋朝建立以来，历代枢密使基本由文人执掌。即使交给武将把持，也绝对不让他做得踏实。武人最终的结果，也只能是被文人赶走。

武人做枢密使，那就是一句话——谁做谁倒霉。

史料记载，得知皇帝要重用狄青、提拔他为枢密使、成为这个国家国防部部长后，文人们彻底炸了。各级官员们接连上疏，大家从祖制、理论、文化、名分、辈分等方面论证这件事情，最后得出一个结论——让狄青出任枢密使，不行！

然而，对于皇帝而言，只要他认定的事情，不行也得行！

本来宋仁宗是一个好脾气的皇帝，要不然他叫“仁宗”呢，但是，在这件事情上，宋仁宗却不让步了。

因为通过平叛的事情，宋仁宗已经彻底顿悟了：文人这帮东西，就是一群百无一用的“废物”，成事不足，败事有余。让他们去打仗，一个个㞞得不行；但为了争夺自己的权利，却比赵子龙还要勇敢。这帮人屁本事没有，就会摆出一副道貌岸然的面孔，用满口仁义道德唾沫横飞地攻击别人，以达到自己的目的，保护自己的既得利益。对于这种人，就欠把他们扔到战场上，去敌人的刀剑下好好地体验一番。届时，让他们再好好地想一想，自己能不能当这个枢密使。

自己不能当，还不让别人当，什么玩意儿！

当时，为了让自己的偶像当枢密使，宋仁宗算是豁出去了，他把宰执们叫来，告诉他们：“甭废话，赶紧颁布诏书，狄青必须当枢密使，这个没得商量！”

据《续资治通鉴长编》记载，让宰执们颁布诏书时，宋仁宗罕见地声色俱厉。

要知道，在中国历史上，宋仁宗可是一位非常低调有涵养的皇帝，包拯往他脸上喷口水，宋仁宗都不会发飙。但这一次，为了狄青，宋仁宗彻底豁出去了。

宋仁宗的声色俱厉，起到了很好的效果。铁的事实证明，在这群义愤填膺、一拥而上的文官中，好汉是少数，孬种是多数。在他们的眼中，本来阻止狄青上位，是为了维护自己的权益，但是，在皇帝已经愤怒的情况下再反对下去，就有赔本的危险（杀头、罢官）了，那就消停吧。

于是，宰执们立刻同意任命狄青为枢密使了。

当然了，虽然同意了这个任命，但是大臣们也不会乖乖妥协，大臣们决定玩一把曲线救国，来一个缓兵之计。

大臣们告诉皇帝，任命狄青的委任书必须得好好写，容他们回去想几天，再上交一个合格的文书。

大臣们的意思很明确，将这件事情拖一拖，把事情拖黄了；或者在拖延期间想一个反击之计。

然而，皇帝根本不中计。

史料记载，听完大臣的说辞后，宋仁宗微笑地对他们道：“各位爱卿，一个小小的任命文件不用那么费劲，大家何必回家去写。那边，大殿旁边有一个休息室，叫‘小阁子’，你们去那里写吧。要是写得太晚了，我管饭。”

可见，皇帝的意图很明确——甭跟我玩这个，今天不写完，谁也不准走；什么时候写完了，什么时候下班。

见皇帝如此行事，宰执们彻底没招了，大家只能硬着头皮写了一封委任状，任命狄青为枢密使了。

至此，“人犯”出身的狄青，终于凭着自己的努力，成了大宋王朝最高的军事长官，并创造了一个属于自己的传奇。

然而，狄青根本不知道，身处的这个舞台，其凶险程度将比战场上厉害得多；集皇帝宠爱于一身也不是幸运，而是灾难……

就这样，在不经意之间，狄青成了满朝文武的“公敌”，大家必群起而攻之，不将他“碎尸万段”难解他们的心头之恨。

在这种情况下，狄青的未来可想而知。

韩琦的“大度容人”

自从当上枢密使后，狄青就惊讶地发现——大家全都视自己为官场毒瘤，以前尊重自己的人，不尊重自己了；以前讨厌自己的人，也更加讨厌自己了。

对于这个结果，狄青也应该有点数。

因为，狄青清楚地知道，在他当定州总管时，当时的顶头上司韩琦是怎么鄙视自己的，他又是怎么讨厌武人的……

史料记载，狄青在定州当总管时，虽然是定州独当一面的大将，却不是当地的一把手。因为根据朝廷规定，当地的一把手必须得是文官，朝廷要用文官管理武将。而当地的一把手，是文官韩琦。

狄青在韩琦手下任职，双方相安无事，也没爆发什么矛盾。但是，因为一个人的出现，让这对同僚发生了矛盾，最终互相仇恨，不能调解了。

这个人，就是狄青的战友——焦用。

史料记载，有一天，焦用带领一批新兵去前线，路过狄青的防区。故人好不容易见一次面，自然要把酒言欢一番。狄青摆了一桌酒席，宴请焦用，还要跟他不醉不归。

结果，就在喝酒期间，出事了。

当时，焦用手下有一个士兵，一直对焦用不满，这名士兵就跑到了韩琦那里，告了焦用一状，告他“殴打士兵，克扣军饷”。

作为一个文人，韩琦一直讨厌焦用这种“赤佬儿”，得知这个消息后，他二话不说，就把焦用缉捕归案了。不仅如此，韩琦还要杀了他，以肃军纪。

你想呀，狄青正和焦用喝酒呢，喝得正高兴时，战友就被抓走了，这让狄青情何以堪？狄青赶紧跑到韩琦的公署衙门，准备替焦用说说情，让韩琦释放了这位战友。

史料记载，狄青来到韩琦的公署后，不敢进去。因为不得韩琦召见，他不能入内，只能在门口等着。结果在等待期间，就听见韩琦在里面正在商量如何处理焦用，还嚷嚷着要杀他。

这一下子，外面的狄青就坐不住了，着急地冲着里面大喊道："焦用有军功，好儿！"

这句话的意思是说："焦用为宋朝立下了很多汗马功劳，是一个好儿郎，不能杀，请大帅释放了他。"

这里多说一句，在宋朝，夸奖一个男人，是用"好儿"，或者是"好阿哥"来形容，绝不能用"好汉"这个词语。

因为"好汉"不是一个好词，也不是中原文化发明的词语。

现在定义的所谓的好汉，就是勇敢坚强的男子或者英雄，如小说《隋唐演义》里的隋唐十八条好汉，《水浒传》中的梁山一百零八好汉，等等。咱们常说的词语，也有"好汉做事好汉当"，代表这个人有担当，是一个纯爷们，等等。

然而，这个词汇并不是咱们汉人自创的，而是匈奴人给予汉人的称谓。

《史记》记载：武帝对匈用兵多年，屡挫其锐，匈奴惧怕汉兵，称之为好汉。可见，"好汉"最早的意思，就是一个"汉兵"，跟赞美人一点关系也没有。

在贬低武将的宋朝，要赞美一个男人，绝不用"好汉"这个词。

其实，从语法的量词上，也能看出好汉的褒贬之意。我们常说，一个男人、一位伟人。好汉用什么？一条好汉！

用"条"这种飞禽走兽的量词来形容好汉，可见好汉，到底是一个什么分量了。

书归正传，狄青这么一喊，里面的韩琦就怒了。

本来，韩琦这个人，就鄙视"赤佬儿"、鄙视狄青，也鄙视所有武将。他一听一个臭当兵的敢跟自己说什么"好儿"，真是反了。你也配说这个词！

于是，盛怒之下的韩琦，立刻对着门外的狄青大喊道："东华门外以状元唱出者乃好儿，此岂得为好儿耶？”

这句话的意思是说：“在京城，皇帝钦点的状元郎，才是好儿郎！一个臭当兵的，也敢称为好儿郎？真是贻笑大方！”

后来，骂完狄青后，韩琦一不做二不休。你不是说焦用是“好儿”吗？我就让你看看这个“好儿”的下场，也顺便灭灭你们这些“好儿”的威风。

韩琦当着狄青的面，咔嚓就把焦用斩首了，史称“立青而面诛之”。

可想而知，狄青就这样站在一旁，眼睁睁地看着自己的好战友、好朋友焦用被斩首了。这样的场景，给他带来多么大的震撼。

史料记载，焦用被斩首后，韩琦甩了甩袖子，满意地走了。狄青站在那里，彻底地傻了。

过了好长时间，才有人过来道：“狄总管，您已经站在这里很久了。”狄青这才如梦方醒，灰溜溜地跑了。

以上，就是韩琦对待武人的方式。

与此形成对比的是，在历史上，韩琦号称三朝贤相，口碑颇高，还留下了一个大度容人的历史典故，是一个宽宏大量、豁达大度的代言人。

史料记载，有一年，韩琦得到了一只非常好的玉杯，晶莹剔透，毫无瑕疵，绝对是孤品。

得到了这么一个珍宝，韩琦举办了一桌酒席，宴请好朋友来家里做客，让大家一起鉴赏把玩。结果，在传递时，有一个官员喝高了，他手一哆嗦就没拿住，咔嚓一声，玉杯掉在了地上，瞬间就摔得粉碎。

见宝物如此，大家都吓傻了，那位官员赶紧趴在地上，瑟瑟发抖。

孰料，见此情景韩琦却不慌不乱，笑着对大家说：“东西嘛，早晚都会破损。你又不是故意的，何罪之有？”

一听这话，众人长舒一口气，并称赞韩琦：“公之量宽大重厚如此。”

然而，在诛杀焦用这件事情上，却没有让人看见一个宽宏大量的人，只是一个小肚鸡肠、鄙视武人的家伙。

在宋朝历史上，以大度容人而著称的韩琦，对待武人都是这个态度，其他文人对于武人的态度可想而知。

史料记载，这件事情带给狄青的打击非常大。从此以后，狄青彻底认识到了一个可悲的现实——在宋朝，不管你的官职多大、功劳多高，只要你不是一个读书人，那些文官就不会认可你，更不会尊重你，他们只会瞧不起你。即使你成为顶级的武官，这种局面也不会改变。

是的，绝对不会改变……

文臣“围剿”武将

虽然在皇帝的据理力争下，狄青成了这个帝国品级最高的武将（国防部部长），但是，在这个“崇文抑武”的宋朝，狄青不会因为成了枢密使，就得到文官的尊重。文官对他的态度，用四个字形容足矣——严重鄙视。

史料记载，最先鄙视狄青的人，不是别人，正是狄青的下属，那些枢密院的官员们。

当时，皇帝颁布了委任状后，狄青就走马上任了，枢密院的官员们也被迫迎接了他。但是，不知道什么原因，狄青晚了几天才来上班。下属们等了几天后，就非常不耐烦了。这些官员们竟然站在大街上，破口大骂道：“迎一赤佬，累日不来！”

这句话的意思是说，一个臭当兵了，好几天都不来，摆什么臭架子！

这里的“赤佬”，是宋朝官员骂军人的一个蔑称。大家可以想象一下，自己的下属都敢公开辱骂长官，他们还能瞧得起狄青吗？狄青又怎么跟他们共事呢？

当时，狄青每天在枢密院上班，都是如履薄冰、备受欺辱。自从来到这个办公室后，狄青就惊讶地发现，自己好像不是这里的最高指挥官。这里所有的人，都把自己当成了一个透明人。除了见面打声招呼，根本没人理自己，而自己听见最多的话就是：“狄总，请您在这里签个字，谢谢。”狄青想问这是什么事，但得到的答复永远是：“你懂啥？赶紧签字，废什么话！”

对于这种情况，狄青很想发飙，但他又没法发飙。因为，自从当上枢密使后，他不仅备受歧视，就连这个枢密院也跟着一起倒霉。

狄青任枢密使时，其他部门称这里为“赤枢”，就是“赤佬们的枢密院”。整个枢密院都跟着受鄙视，枢密院的其他官员们又怎么可能会高兴呢？

除了在单位备受欺负，更让狄青忍受不了的是，文官们还对他进行各种人身攻击，总拿他脸上的刺字说事。

咱们前面不是讲过吗？狄青是一个军人，军人脸上是要刺字的，这就等于告诉了大家，自己是一个“臭当兵的”了。

当时，宋仁宗看见狄青脸上有字后，就告诉狄青：“你脸上有字，这个不好。我这里有药，能把这些字去掉。”

对于皇帝这个善意的举动，狄青是这样回答的：“臣之所以有今天，就是因这些疤痕在激励自己。臣希望保留这些刺字，以激励三军。”

听完这番话后，宋仁宗当时的表现，就一个字：“悦。”然而，群臣没有皇帝的境界，他们只要看见狄青脸上有字，就拿这些字调侃、鄙视狄青。

群臣的这种行为，让狄青的内心很受伤害。然而，还有让他更受伤害的呢！因为，不仅同僚们敢拿刺字取笑他，就连同僚们“罩着”的歌伎们，也敢拿刺字取笑他。

王铚的《默记》上，记录了这么一个故事：

有一次，狄青参加一个酒会。席间，有一个叫白牡丹的歌伎，端起酒杯，挨个敬酒。等给狄青敬酒时，这名歌伎看了狄青一眼，随后大笑道：“敬斑儿一盏。”

“斑”什么意思？疤痕。白牡丹的这句话，就是嘲笑狄青面有涅文。

敬疤痕脸一杯……这种赤裸裸的嘲笑，真是可以。

俗话说，打人不打脸，揭人不揭短。歌伎这样肆无忌惮地嘲笑狄青，狄青怎么可能忍得了？没过几天，狄青找了一个借口，把白牡丹抓了起来，狠狠地打了一顿，才算出了心中这口恶气。

当然，虽然狄青可以惩治歌伎，不许这种人嘲笑自己，但是，他也只能欺负这种社会地位低下的人。那个敢杀他战友的上级、那些天天嘲笑他是“赤佬”的下属们，狄青又能拿他们怎么办呢？他只能忍气吞声，默默忍受这种心理折磨，接受这一切。

然而，那些文官们却没打算放过他。他们无时无刻不在寻找罢免狄青的理由，誓要把这个“赤佬”轰出朝廷。

功夫不负有心人，很快，那些文官们就找到了一个借口，虽然这个借口荒诞无比，但也足以致命。

那么，这是一个什么借口呢？

害人的艺术

在中国，害人这门艺术，只有更精，没有最精……

当时，群臣为了轰走狄青，全都开动脑子，手段可谓无所不用其极。然而，狄青深知大家对自己的态度，所以他一直低调行事，别人损他，他就热脸相迎；别人骂他，他也一点也不在乎。

想轰走这么一个低调、谦虚、谨慎的家伙，还真得动一番脑筋。

话虽如此，但在宋朝，只要你想轰走一个人，有的是办法。哪怕这个办法，是多么地荒诞不经、多么地卑鄙无耻，也能起到该有的效果。

当时，群臣用的这个办法，就是“造谣生事”。

大家都知道，古代的建筑物都是木质结构，很容易着火，一旦着起来，很难扑灭。在开封这种超级大城市，火势更难扑灭。因为，街道过于狭窄，房屋之间也过于紧密，动辄就几千间、几万间房子连在一起，这要是烧起火来，肯定一发不可收拾。

鉴于此，开封城的防火设施非常到位。具体措施如下：

一、国家规定，一过半夜，家里不许生火，唯恐一着不慎，引发火灾。

二、在各个街道，国家都会安排巡逻队巡逻，这些人敲着锣，到处嚷嚷“天干物燥、小心火烛”，防患于未然。

三、在城内的各个高处，修建“望火楼”，类似今天的瞭望塔。晚上会有专人值班，这些人瞪着大眼睛瞅着京城，捕捉每一个细小的火星，然后通知大家去灭火（晚上的开封城是一片黑暗的，只要有一点点火光就会很快被这些瞭望人员发现）。

当然，虽然宋朝的防火设施很完善，但也只能尽量减少火灾的发生次数。毕竟，靠这些办法完全杜绝火灾，只能用两个字形容——够呛。

那么，这些防火设施，又跟狄青有什么关系呢？

原来，有一天深夜，一名消防人员正在望火楼上值班，结果他一看，大事不好了，狄青家的后院有火星，着火了！

消防人员不敢怠慢，赶紧报告了上级，说狄青家的后院着火了，赶紧组织人去救火。但问题是，狄青是枢密使，是国家高级官员。你一寻常老百姓家要是着火了，消防人员“咣”一脚，就踹门去救了。狄青家的门，这些消防人员不敢踹呀。

为了去狄青家救火，大家就向开封府报告，让开封府尹出示一个证明啥的。大家拿着这个凭证，才敢去狄青家救火。

拿着这个凭证，到了狄青家后，大家全都傻了眼。哪里有火？这里啥都没有嘛。

原来，狄青家根本没有着火。晚上狄府后院有光，是狄青在烧纸钱，祭拜先人。狄青知道国家规定晚上不许生火，因此在烧纸前，让管家去官府备案了，但管家稀里糊涂的，把这件事情给忘了。消防部门不知其情，以为狄府着火了，才闹出了这场“乌龙大戏”。

至此，真相大白。无人受伤，也无处着火，这样的结果，挺好……

本来，狄青解释清楚后，这件事情就过去了，但是，围观的百姓不知真相。结果，大家道听途说，越传越广，最后传来传去，就把这件事情曲解了。在大家的心中，就变成这么一件事情了——狄青是天神下凡，他晚上会在家里放光、放热。狄青“发功”时，火光四射，经久不衰，能把消防队招来，以为他家着了火……

您看，这都哪跟哪呀。

当然了，老百姓之所以这样传，原因有二：

一是大家是真心喜欢狄青。毕竟，狄青是保家卫国的将军，是宋朝的大英雄，且由刺字之身成为枢密使，是他们的榜样与希望。所以，大家用这种事情神化他，来表达一种崇拜的心情。

二是拜中国优良传统所赐，狄青是名人，自然要有一些奇事。否则，也好意思当“名人”！

当然，不管是哪种原因，老百姓这样添油加醋、到处传播狄青的神话故事，也没有什么恶意。这只是一种喜欢他的形式，或者是茶余饭后的一个话题，消遣一下罢了。

然而，当这个故事传到文人耳朵后，却彻底变味了。文臣们发现，自己找到了一个罢黜狄青的最好借口了。

因为，在文人的眼中，狄青的这种事情，跟五代十国的朱温太像了。朱温年轻的时候，也会半夜“发功”，家里也会出现火光，令人以为着火了，等大家去灭火时，却什么都没有。后来没过多久，朱温就把唐朝灭了，自己当皇帝了。

通过这个逻辑，我们可以知道这么一个公式——朱温会“发功”，狄青也会“发功”；朱温发功后，当上了皇帝，狄青发功后，是不是也要步其后尘呢？

于是，文官们开始行动了。

以欧阳修（哪里都有他）、刘敞为首的官员们，大家接连上疏，说狄青家发生了这样的事情，不管是真是假，都有“谋反”的嫌疑，且狄青身份低微，不配当枢密使。

为了罢黜狄青，文官们团结了起来，公推自己的“老大”办理此事，让宰相文彦博去逼迫皇帝罢黜狄青。

这才出现了先前的那一幕。

咱们都知道，宋仁宗是一个仁义厚道的君主，那些什么写反诗的四川老儒、胳膊上有龙图案的士兵，他都能赦免，因此，群臣状告狄青谋反，宋仁宗压根儿就不信。但在文彦博不断逼宫、不断压迫下，宋仁宗只能选择了妥协，他颁布了一道圣旨，罢免了狄青枢密使的官职。

一代名将狄青，就因为这么一个“莫须有”的罪名，最终下岗。

狄青的结局

嘉祐元年（1056年），在文彦博的逼迫下，宋仁宗最终签署了罢免狄青的文件，他撤了狄青枢密使的官职，将他发放陈州（今河南省淮阳区）。

对于这个结果，狄青很释怀——毕竟，他输了一场根本不可能打赢的战争。以一己之力，去抵御整个宋朝的文官集团，要是能获胜，那才叫见了鬼。

狄青肯定也知道——接替他的人，就是那个宋朝一代臭嘴，在他面前叫嚣“东华门外以状元唱出者乃好儿”的——韩琦。

命里有时终须有，命里无时莫强求。既然这个官职注定不是自己的，又何必自寻烦恼？

狄青可能也不知道——他是大宋帝国最后一位坐在枢密使位置上的武将。从那以后，枢密使的位置，牢牢地掌控在帝国文人的手中。帝国的军队也在文人带领下，迎向那最终的、可耻的、可悲的亡国之日。

虽然对于这些知道和不知道的结果，狄青坦然接受，但倔强的他还是需要一个答案。

用狄青自己的话说：“无功而受两镇节麾，无罪而出典外藩。”

“无功而受”，这是客气话。狄青行伍多年，身经百战，之所以能够坐到枢密使的位置，完全是凭借汗马功劳。说他无功，文人们都不好意思开口。

对比无功而受，“无罪而出”，才是根本。

狄青不服，去找皇帝，宋仁宗却不见。是的，宋仁宗没脸见。那幅狄青的画像还在宫中，宋仁宗却这样对付自己的偶像。我要是宋仁宗，也没脸见狄青。

无法见到皇帝，狄青又去见文彦博，要求他给自己一个说法。

说实话，我要是狄青，打死也不找文彦博。因为找他，完全是自取其辱。

根据《野老记闻》记载，狄青到中书省找文彦博，索要一个说法，但文彦博根本不理他。文彦博坐在一张靠椅上，跷着二郎腿，瞅着一脸委屈的狄青，就回复了六个字——“无他，朝廷疑尔”。

没别的原因，就是朝廷怀疑你了，怕你造反！

可想而知，狄青听完这句话，一定是如五雷轰顶，劈得浑身颤抖，心中无法释怀。狄青万万没有想到，自己精忠报国、忠于朝廷，结果这满腔的热血，最后换来的却是冷冷的“朝廷疑尔”。

这四个字对狄青的打击，不说自明。

听完这个“莫须有”的罪名后，狄青再无言语。对于他而言，事已至此，何必继续争辩、自取其辱呢？离开这个是非之地，远离朝廷，去地方上班，反而是一种解脱。

看透了这个世界、想明白这些后，狄青接受了任命，他收拾好了行李，离开京城，去陈州赴任了。

虽然狄青想在陈州颐养天年，远离人事纠纷，但可惜的是，不仅开封不是他的舞台，陈州也没有为他准备宴会。

千百年之后，人们只会记得，陈州那里有一个“包青天”，因为放粮翻出了一个“狸猫换太子”的惊天大案，而同样在那里当过官的狄青，则鲜为人知。

因为，在陈州仅仅待了两年，狄青就郁郁而终了。而他的死，也完全是那些人“逼迫”的结果。

原来，虽然把狄青轰出了朝廷，文官们依旧没有放过他。狄青在陈州任职期间，几乎每隔半个月，就会来一个朝廷特使，对他好好地“抚慰”一番。

当然了，所谓的“抚慰”，其实就是逼狄青去死。

史料记载，朝廷特使每次到了后，都会痛骂狄青一顿。骂完后，特使还会露一下随身携带的毒酒、宝剑，并不怀好意地说上这么一句：“看见没有，早晚有一天，我会用上这些东西。这回你运气好，没用上，咱们下回再说。”

狄青虽然是一个武将，却没有寇准那样的大心脏，也没有邓余这种人替他保驾护航，每次使者走后，狄青都惊疑终日，不能自已。

最终，狄青实在受不了这种“钝刀子”杀人的招数，在生不如死的折磨下，他宁愿一死，也不再受这种罪。

嘉祐二年（1057 年）二月，狄青在陈州郁郁而终，享年 49 岁。关于他的死亡原因，《宋史》给了一个神奇的说法——“疽发髭”。

就是说，狄青是因为头发或胡须上出现了毛囊炎，引起了面部毒疮，最后感染了脑部神经，然后就死掉了。

这种死法的人，综观二十四史，还没有发现第二个。

狄青的死亡原因告诉我们，千万不要让自己心里郁闷，否则任何细小的疾病，都足以致命。

盖棺论定一下，看看这位北宋最著名的将领的一生：

作为一个将领，狄青是幸运的，因为，他能够奋勇杀敌、建功立业，并在史书上留下自己不朽的名字。但是，作为一个宋朝的官员，狄青又是不幸的。因为，在这个重文轻武的时代里，狄青的功劳越大，越会遭到文臣的仇视，且在这些文臣的“帮助”下，除了去死，根本没有第二条出路。

而且，狄青就是死了，也是一个冤死鬼，根本不知道凶手是谁！

狄青和岳飞的结局很相似，都是冤死的。但是，岳飞要比他幸运得多，至少岳飞知道是谁害死了他，史书也记载了谁是凶手。但狄青的死，凶手又是谁呢？是鄙视他的韩琦？是嘲笑他的白牡丹？还是进谗言的文彦博？抑或是提高他官职、导致群臣跟他对立的宋仁宗？

或者，这些都不是。

是当时的那种歪曲的、畸形的、以文抑武的社会风气，最终害死了狄青，害死了这位北宋最著名的将领。这个结局，是狄青的悲剧，也是整个宋朝的悲剧。

春情不断若连环，一夕思归鬓欲斑。
壮志未酬三尺剑，故乡空隔万重山。

我个人认为，唐朝李频的这首《春日思归》，是对狄青一生最好的写照。

狄青的遭遇，是宋朝武将群体遭遇的一个缩影。透过这些武将的遭遇，我们也能清楚地看到这个王朝的未来。

别提什么宋朝的灭亡是因为“积弱”、军队无战斗力等。这些说辞，全是鬼话！

当一个王朝把武将打压到这种地步，这个王朝要是还能有未来，那才叫见了鬼！

一个毫不重视武将的王朝，没有未来，也不可能有未来。

北宋如此，南宋也是如此……

第十三章 皇帝的女儿也愁嫁

仁宗驾崩

史料记载，送走了一切该送的和不该送的大臣后，宋仁宗也终于走到了尽头，他准备把自己“送走”了。

史料记载，嘉祐八年（1063 年）二月十四日，宋仁宗再次不豫，被送回后宫。宋仁宗这次生病整整持续了半个月。至三月初，宋仁宗可以下床了，气色也好了很多。

当时，一切迹象表明，宋仁宗应该痊愈了。因为这位皇帝可以批阅奏折、临朝听政，还主持了一次科举考试，为国家招募了一批合格的人才。

然而，没有一个大臣能够想到，此时此刻的宋仁宗，只是回光返照罢了，他已经病入膏肓，即将仙逝了。

嘉祐八年（1063 年）三月二十九日，这个分别的时刻，终于来到。

史料记载，当天白天，宋仁宗还有说有笑，饮食起居与平时一样。结果到了晚上，突然之间，宋仁宗就发现自己不行了，他立刻召见皇后，准备交代后事。

曹皇后来到后，宋仁宗已经神志昏迷，不能说话。御医进行了全力抢救，什么诊视、投药、灼艾全都用了，但也没有挽救这位皇帝的性命。

当天晚上，宋仁宗在自己常年居住的福宁宫驾崩，享年53岁。这位两宋十八帝中在位时间最长的皇帝（在位41年），终于不甘心地闭上了双眼，结束了自己统治的时代。

按照以往的习惯，每一位皇帝死后，都要给他一段评价，以概括其一生的政绩。

在这些评价中，我个人认为，《宋史·仁宗本纪》的归纳最为优美、准确，堪称神来之笔。

现将这段评语，抄录如下："在位四十二年之间，吏治若偷惰，而任事蔑残刻之人；刑法似纵弛，而决狱多平允之士。国未尝无弊幸，而不足以累治世之体；朝未尝无小人，而不足以胜善类之气。君臣上下恻怛之心，忠厚之政，有以培壅宋三百余年之基。子孙一矫其所为，驯致于乱。《传》曰：'为人君，止于仁。'帝诚无愧焉。"

"'为人君，止于仁。'帝诚无愧焉……"得评如此，宋仁宗足当含笑九泉。

要知道，在中国历史上，除了宋仁宗，还有三位以仁宗自居的皇帝，分别是元仁宗，明仁宗和清仁宗。然而，这三位仁宗都名不正言不顺，根本不配这个"仁"字。

先说元仁宗。

不可否认，元仁宗绝对是元朝一个好皇帝。但是，他也是一个言而无信、出尔反尔的人。

元仁宗是从他哥哥元武宗手中接过的这个江山。当时，这对兄弟歃血为盟，哥哥死后，要根据"兄终弟及"的原则，传位给弟弟。弟弟死后，要根据"叔侄相传"的原则，把皇位还给哥哥的子嗣。结果呢？誓言之声尚未消散，笔墨字迹还未晾干，元仁宗就出尔反尔了，把哥哥的子嗣发配到了云南，还是传位给了自己的孩子。

这么一个出尔反尔、言而无信的皇帝，也配谈"仁"？

再说明仁宗。

史料记载，明仁宗也是一个好皇帝，史称："在位一载，用人行政，善不胜书。使天假之年，涵濡休养，德化之盛，岂不与文、景比隆哉。”

能把自己的国家，治理得跟“文景之治”时期一样。不得不说，这位皇帝确实是一个好皇帝。然而，这位皇帝在位的时间太短了，仅仅一载，准确地说，也就十个月。但是，若给他再长一点时间，这位皇帝还能当“仁宗”吗？而且，在位仅仅十个月，就得到了一个“仁宗”的头衔，是不是也太牵强附会了点？

可见，明朝的这位“仁宗”皇帝，根本就名不正言不顺。

最后说清仁宗。

对于这位清朝的仁宗皇帝，更没什么好说的。他在位期间，天理教、白莲教接连起义，整个国家被他治理得狼烟四起，战火不断。在这种背景下，你说他是“仁宗”，估计连他自己也不信——对外，无法平息叛乱；对内，帝国一塌糊涂。而且清仁宗在位期间，官员贪污腐败严重，玩忽职守者更是比比皆是；还出现了一介贫民入宫行刺的闹剧。

当时，由于宫廷侍卫玩忽职守，让一介贫民轻易拿刀入宫了。在行刺期间，数百名御林军竟毫无反应，无一人前来救驾。若不是本族亲王舍身相救，清仁宗就被一介贫民刺杀了。当皇帝当成这样，基本上就是一场闹剧了。因此，这个皇帝也不配谈“仁”。

综上所述，在这四位“仁宗”中，只有宋仁宗实至名归，配得上“仁”。他才是中国五千年历史中唯一一个“仁宗”，无愧焉。

然而，在这个风光无限、永载史册的“仁宗”背后，我还看见了另外一个仁宗。一个胆小怕事、听信谗言的仁宗；一个毫无原则、遇到事情就妥协的赵祯。

毕竟，若不是这位皇帝胆小怕事、听信谗言，那场轰轰烈烈的庆历新政也不会无疾而终；范仲淹这位千古能臣，也不会被轰到地方，郁郁而终。

毕竟，若不是这位皇帝毫无原则，遇到事情就妥协，狄青也不会被他轰出朝廷，最终在文臣的围剿下惨死他乡。

在我的眼中，干出这“两大壮举”后，赵祯的这个“仁宗”头衔的含金量，应该要减掉不少。而且，干出“第三大壮举”后，这个“仁宗”头衔的含金量，就更要减分了，甚至减得荡然无存了。

毕竟，若皇帝发配范仲淹和狄青，是为了江山稳固，还情有可原。但要是为了自己的“一己私欲”，就这样坑害自己的女儿，亲手毁了闺女一生的幸福，还让女儿生不如死，最终郁郁而终，就有点儿说不过去了。

那么，宋仁宗在生命最后时刻坑死的这位公主是谁呢？这位金枝玉叶的公主，又是怎么被剥夺一生的幸福，最后郁郁而终的呢？

现在，就请这位公主出场。

这位公主，就是“唯愿来生做牛马，也不生在帝王家”的宋朝最惨的公主，宋仁宗的第一个女儿——福康公主。

福康公主出嫁记

史料记载，宋仁宗结婚很早，十五岁就已经大婚了。可是，他的子嗣却很少。

宋仁宗直到 29 岁时，才有了第一个女儿，史称福康公主。福、康代表着皇帝对这个女儿福慧、健康的祝福。皇帝对这个女儿的宠爱，可见一斑。

后来，虽然宋仁宗一生有十三女三子，但是除了四个公主外，其他全部夭折。后来的三个女儿，也是宋仁宗晚年时才出生的。这些女儿嫁人时，已经是宋神宗时期的事情了。

由于没有其他的儿女，在宋仁宗漫长的岁月里，福康公主就成为他“唯一”的子嗣，从一出生就获得了宋仁宗所有的父爱。

史料记载，宋仁宗对福康公主非常溺爱，对她言听计从，无微不至。普天之下，只要福康公主看上的东西，除了天上的星星、月亮没戏，其他随便给。

当然，福康公主也非常懂事，非常孝顺。

有一年，大概在福康公主八九岁的时候，宋仁宗病倒了，久病不愈。为了让父亲身体健康起来，福康公主竟然光着脚对月亮祈福，希望替父亲承受这种病痛之苦。病愈的宋仁宗知道此事后，对福康公主更是百般宠爱。

等福康公主十岁时，宋仁宗亲自动手，准备替她找一个好婆家。然而，这个寻找驸马之旅，却非常不顺，甚至比西天取经还要艰苦。

世上有一句俗语，叫“皇帝的女儿不愁嫁”，其实呢，正好相反！皇帝的女儿，可是很愁嫁。

因为，这里面有一个非常重要的问题——身份。

现在的某些小说、连续剧中，主人公能够轻而易举地迎娶公主，甚至把她当成自己的一名妾（比如《鹿鼎记》）。其实呢，这根本就是不可能的事情。

古代的社会体系里，讲究门当户对，主人公再厉害，也不能轻易迎娶公主，得获得相应的官职才行。而且，古代妻妾身份悬殊，皇帝的女儿身份尊贵，只能做正室，根本不能当妾。

这里说一个问题，很多人说古代的婚姻制度是一夫多妻制，实则大谬！我国古代的婚姻制度，是一夫一妻多妾制。

在这种制度中，妻是主，妾是奴，且是不可能改变的事情。古代的很多书籍，也都解释了小妾的含义，以及小妾在家里的地位。

《白虎通·婚嫁篇》中云："妻者，齐也，与夫齐体；妾者，接也，以时接见也。"

可见，在古人的思维里，妻子和丈夫是一体的，小妾则是一个临时的替代品，一个行乐和生育的工具罢了。

如果一个女子当了小妾，她在家里是没有地位的。小妾要一辈子侍奉丈夫、侍奉婆婆，还要伺候正室夫人。

在古代，只要是稍微有点钱、有点权的家庭，是坚决不同意女儿做小妾的。因为，女儿做了小妾，就跟奴隶一样，永世不能翻身。

有点钱、有点权的家庭都尚且如此，皇家的女儿又怎么可能去做小妾呢？皇帝的女儿必须做正室夫人，这个没得商量！

必须当正室夫人，还要门当户对，这个选择面就很窄了。可在当时，皇家在嫁女儿时，还有一系列的抑制政策，这就让皇帝嫁女儿的范围更加狭小。

这些抑制政策很多，但其中有两条最为给力，也最让驸马们无语。

第一个抑制政策，限制驸马的官职。

宋朝为了防止外戚势力，在嫁公主时会剥夺驸马所有的权力。咱们现在看某某连续剧，说谁谁当上驸马后，官职大得吓人。其实呢？完全不是那么回事。

在宋朝，驸马迎娶公主后，虽然抬高了自家的门槛，但同样地，也等于阻断了自家的仕途之路。

当时，虽然驸马爷的头衔显赫无比，但皇帝根本不会给他们实权，只能得到一些荣誉官职，比如“兼任某某节度使”等。这些官职看着很大，其实除了白领一份工资，啥权力也没有。

而皇家的下一个抑制政策，对这些驸马爷的打击更甚，让他们叫苦不迭、无法释怀。

第二个抑制政策，限制驸马的权力。

在中国封建社会里，男尊女卑、夫为妻纲，男人是一家主子，女人要讲三从四德，对丈夫言听计从，是男人的“奴仆”，这个没得商量。但是，在皇家，这个制度完全颠倒了。公主是一家之主，驸马什么的才是奴仆！

根据古代制度，公主出嫁叫“下嫁”，或者叫“出降”，驸马迎娶不能叫“娶”，叫“尚”。

何为“尚”？就是“上，攀上高枝”的文雅用词。在驸马府，公主是高高在上的主子，驸马是趴在地下的奴才，这个没得说。

除了身份悬殊，公主还有很多的特权，用来对付自己的公婆和丈夫。

比如，别的家庭里，都是妻子对公婆、丈夫请安；在驸马府，则完全颠倒过来。因为公主是“君主”，所以丈夫也好，公婆也罢，每天要向公主请安问候。要不然得罪了公主，公主随便告一个御状，就能让他们吃不了兜着走。

再如，驸马对自己的妻子，必须足够重视，不能随便动手动脚；驸马的一切行动，必须听从公主的安排；驸马的交友往来，也必须向公主汇报；没有公主的允许，驸马不得进入公主的寝殿——你想跟公主睡觉，得人家同意才行。

这种种限制，已经践踏了驸马的尊严、让男方苦不堪言了。更神奇的是，这些限制才刚刚开始。更加严格的制度，还在后面呢！

根据宋史记载，驸马迎娶了公主后，就不能再迎娶其他妾室。除非公主首肯，驸马才能纳妾。万一公主不同意，或者是公主不能生育的话，驸马府就是“绝后”了也没地方去说理。

可见，从某种意义上讲，公主的权力比皇后还要大。皇后权力再大，也不能限制皇帝拈花惹草，雨露均沾，但是公主就可以。只要老娘不高兴了，驸马这辈子甭想跟任何女人有染，一生“守活寡”吧！

至于驸马背地里寻花问柳、在外面风流什么的，可以。只是别让公主知道了，否则……嘿嘿，后果自负！

综上所述，因为公主的这些特权，在封建社会，但凡是一个门当户对、有点能力和本事的男人，都不会选择迎娶公主，干这种自废武功、甘心为奴的事情。

所以在宋朝，皇帝的女儿成了一个大家避之不及的“雷”，很难嫁得出去。

在一番寻找后，宋仁宗找到了一个正确的解决办法——从外戚家族中选驸马。

宋仁宗的这种想法，无可厚非，毕竟外戚家族就是替皇帝排忧解难的人。迎娶公主这种“倒霉”的活，你们不干，谁干？

于是，从宋仁宗时代开始，公主的出路大都只有一条，就是嫁入朝中的外戚家族。与这些亲属互相通婚，这是公主的唯一出路。

当时，在宋仁宗眼中，有资格迎娶公主的外戚家族主要有四家。那么，这四大家族中，又有哪个家族能迎娶福康公主呢？

四大家族

史料记载，当时有资格迎娶福康公主的外戚家族，主要有以下四家：

第一家，宋仁宗的嫡母皇太后刘娥家。

第二家，宋仁宗的养母杨太后家。

第三家，宋仁宗的皇后曹皇后家。

第四家，宋仁宗的生母李太后家。

虽然有四家可以选择，但从一开始就有两家自动出局了。这两家，就是“主动放弃”的杨太后家和“关系混乱”的刘娥家。

先说“主动放弃”的杨太后家。

史料记载，杨太后有几个侄子，与福康公主年龄相仿，完全可以迎娶公主，但问题是，杨太后的弟弟太混蛋，根本没有资格当公主的公公。

杨太后的弟弟，叫作杨景宗，此人就是一京城无赖。杨景宗天天无事可做，只会喝酒、赌博、耍钱、斗殴。

杨太后掌权时，为了让弟弟改邪归正，给了弟弟一个官职，让他入朝为官。结果，当上官员后，杨景宗陋习不改，成为一个祸国殃民的大臣。

见杨景宗如此行事，宰相吕夷简就多次劝告，希望他改邪归正，否则只能以国法行事了。孰料，杨景宗一点不听劝，反而给杨太后打小报告，诬告吕夷简不尊太后，欺负官场新人。

您想呀，吕夷简跟皇帝什么关系，杨景宗又跟皇帝什么关系，范仲淹都告不倒吕夷简，杨景宗这样干，不是鸡蛋碰石头，自寻死路吗？

得知杨景宗诬告自己后，盛怒之下的吕夷简下手了。他略施小计，就把杨景宗轰到地方去了。

后来，杨太后去世，宋仁宗念及杨太后的养育之恩，把杨景宗调回中央，授予其皇城司的官职，让其负责守卫皇宫。

按理来说，在地方上吃了那么多的苦，重新回到中央后，杨景宗应该洗心革面，珍惜这个机会才是。结果呢？这哥们儿真是“狗改不了吃屎”。

担任皇城司期间，杨景宗玩忽职守、渎职犯罪。只要对方给钱，他就随便放纵可疑人物进入皇城。而且，哪怕对方身上有刀，他也照放不误。

见杨景宗如此办公，宋仁宗颁布了一道圣旨，又把杨景宗贬到地方去了。

若干年后，杨景宗老了，希望朝廷给他一个实职，让他挣一些养老钱。杨景宗的要求不高，只要给他一个偏远山区的知州（三线城市市长，从五品）就行了。

对于杨景宗的要求，群臣觉得不过分，就同意了。然而，宋仁宗却说，自己的这个舅舅太混蛋，性格残暴贪婪，老了也“涛声依旧”，怎么能把一个州交给他呢？这不是祸害那个州的百姓吗？

可见，在宋仁宗眼中，对于杨景宗这个人，不杀他，已经是天大的恩赐，又怎么可能让杨景宗成为自己女儿的“公公”呢？

杨家人就此出局。

下一家，就是“关系混乱”的刘娥家。

史料记载，刘娥有一个侄子叫刘从德。此人不守国法、蛮横无理，跟杨景宗有一拼。但是，刘永德却有一个好儿子，此人叫刘永年，一表人才、彬彬有礼，是一个合格的乘龙快婿。

除了长相英俊，刘永年还能文能武，又加分不少。

先说刘永年的文采：

有一年，宋仁宗指着一座假山，让众人作诗。当时，年幼（估计不到10岁）的刘永年不假思索，立刻书写了一首《小山诗》。

看完刘永年的诗句后，众人不仅对他写作的速度拍案惊奇，更是对他诗中一句“一柱擎天”的句子赞不绝口。

单凭此事，刘永年的文采可想而知。

再说刘永年的武艺：

史料记载，宋朝曾派他出使契丹，以增加他的履历（大家懂得）。契丹人一看，宋朝派来的人竟然是一个毛头小子，就有意戏耍一下他。

契丹人故意在门口堵上一块大石头，不让刘永年等人进门。

进不去门，宋朝使者们很生气，说契丹人欺人太甚了，不让进门，难道要钻狗洞吗？

宋朝使者们刚要上前抗议，刘永年却对大家摆摆手道：“区区小事，看我的。”说罢，刘永年上前一步，气运丹田，就把这块巨石举起来，扔到一边去了。

见此情景，契丹人都傻了，他们认为刘永年是一个神人下凡，再也不敢小看他了。

文武兼备，一表人才……不管怎么看，刘永年都是宋仁宗的合格驸马。但是，当时宋朝所有的文武百官，都不看好刘永年。这些官员们也相信，宋仁宗不会选刘永年当自己的驸马。

毕竟，这个人与宋仁宗皇帝的关系非常地“不清不楚”，刘永年还极有可能是皇帝的私生子！

那么，这个私生子的说法，是怎么来的呢？

龙虎之争，各显神通

关于刘永年是宋仁宗私生子的说法，并非空穴来风，因为刘永年的母亲，就是宋仁宗的初恋情人——王氏。

还记得吗？宋仁宗情窦初开时，他心中的皇后人选，就是那位姿色冠世的蜀地富豪王蒙正的女儿王氏。虽然皇帝想迎娶王氏为妻，但刘娥却认为郭氏一族更有用。

最终，在刘娥的强烈干预下，宋仁宗跟王氏分手了，奉命迎娶了郭氏，并让郭氏成了皇后。

可宋仁宗却没有忘记这位初恋情人。只要一有机会，他就偷偷摸摸跑出皇宫，跟王氏幽会，以解自己的相思之苦。

再后来，皇帝和王氏的这种偷偷约会，让刘娥知道了。为了防止历史重演，刘娥一不做二不休，下令王氏嫁人，彻底断了儿子的念想。

刘娥让王氏嫁人，这个没有问题，毕竟谁也不敢违抗懿旨。但问题是，谁敢娶呀？好家伙，敢跟皇帝抢女人，这是“太岁头上动土”啊！一想到这个事情的结果，就能让人冷汗直流、浑身颤抖了。

因为一直找不到肯接手的人，恼羞成怒的刘娥颁布一道圣旨，命自己的外甥刘从德迎娶了王氏，替自己解决了这道难题。

现在想想，这个刘从德，真是一个不怕死的人。敢娶皇帝的女人，敢动宋仁宗的禁脔……

既然王氏改嫁他人了，宋仁宗就该死心了吧。很遗憾，宋仁宗压根儿就没死心，因为老天爷“开眼”了，刘从德年仅二十四岁就英年早逝了。

伴随着刘从德的离奇逝世，宋仁宗死灰复燃，再次与王氏眉来眼去了。

当时，宋仁宗以追封刘从德官职为借口，大肆封赏刘氏一族，并加封王氏为遂国夫人。既然被加封，王氏就要进宫面圣、以谢皇恩；既然要进宫面圣……那就好办了。

就这样，在未来很长的一段时间里，宋仁宗都以追赐官职、照顾遗孤为借口，频繁召王氏入宫，再续前缘。

刚开始的时候，见儿子竟然敢如此行事，刘娥大怒，就想把王氏赶出皇宫、逐出京城。但是，刘娥转念一想，自己已经老了，已经管不了儿子了，而且早晚有一天，宋仁宗必将知道自己的真正身世，到了那个时候，为了自己死后的刘氏一族，刘娥选择了妥协，不再跟皇帝对着干了。

刘娥默许了王氏频繁进宫的行为，对于他们之间的事情，刘娥也是睁一只眼闭一只眼了。

宋仁宗与心爱的王氏长相厮守了十余年后，刘娥病逝。母亲这座大墙的轰然倒塌，让宋仁宗如释重负。这个皇帝坚信，从此以后，这个天下就是自己做主了，他终于可以与心爱的女人在一起，赐给王氏一个合法的身份了。

可惜的是，血淋淋的现实告诉他——不行。

刘娥虽然病逝了，但后宫还有郭皇后和杨太后。这娘俩就跟两根道德标杆似的，无时无刻不告诫着皇帝——你想迎娶王氏为妻，可以，等我们死了以后再说。

后来，伴随着郭氏被废、杨太后病逝，宋仁宗终于除掉了这两根道德标杆，后宫再也没有人能够约束皇帝了。宋仁宗再次坚信，自己终于可以做主，迎娶王氏为妻了。

可惜的是，血淋淋的现实告诉他——还是不行。

原来，两根道德标杆倒下了，无数道德标杆却站了起来！这些道德标杆，就是满朝文武。

在群臣的眼中，他们早就看这个遂国夫人不顺眼了。一个年轻的寡妇，不在家里守妇道，天天往宫里跑，这像什么话！何况，宋仁宗自认为他与王氏干的那些事情，天衣无缝，无人知晓，可这天底下又哪里有不透风的墙呢？

群臣们早就知道了皇帝与王氏的那些龌龊事了，而且，群臣还极度怀疑，王氏的儿子刘永年，这个人根本不是刘从德的孩子，而是宋仁宗的私生子！

对此，群臣的证据有二。

第一，刘永年四岁时，皇帝就加封其为内殿崇班，可以自由出入皇宫，这样越级的赏赐，是不是太好了一点？

第二，刘永年从四岁起，基本生活在皇宫里，一直到 12 岁也没有出宫的意思。皇帝这样行事，到底意欲何为？

在群臣的眼中，宋仁宗这样宠爱刘永年，远远超过一般的亲戚子弟。这里面，肯定有什么不可告人的秘密，是爱屋及乌？还是另有隐情？

最终，群臣们得到了一个神奇的结论——这个刘永年，根本就是宋仁宗的私生子！也就是因为这个原因，刘永年没法成为宋仁宗的驸马。因为，他要是迎娶了福康公主，那就是哥哥迎娶妹妹，一场大乱伦了。

至此，因为关系混乱，宋仁宗只能忍痛割爱，把王氏轰出皇宫，再也不见面了。而王氏的子嗣刘永年，宋仁宗也不让他当驸马了。

至此，刘娥家也出局了。

刘永年到底是不是宋仁宗的子嗣，由于史料匮乏，已经不得而知。但是，我个人认为，刘永年应该不是宋仁宗的子嗣，这应该就是群臣的猜测罢了。毕竟，这种怀孕生产的事情，目标太大，也不好隐藏……所以说，刘永年应该是刘家的子嗣，跟宋仁宗没有一毛钱的关系。

那么，既然毫无关系，宋仁宗为什么不选刘永年当驸马呢？

关于这个原因，两点足矣。

第一个原因，根据时间推断，福康公主出生时，刘永年已经 20 岁了。虽然史书不详，但这个年龄段的男人，要是没有妻妾，那才叫见了鬼。如果福康公主嫁过去，那只能当小妾了。这样的结果，是皇家绝对不能同意的。

第二个原因，宋仁宗深知外戚的危害，被刘娥“管理”了十余年后，刘氏外戚已经成为宋仁宗心中的一个阴影。所以，为了自己的权力，宋仁宗绝不可能再培养刘家的势力，让刘太后的残留势力死灰复燃，继续祸害朝廷。

这两个原因，足以让刘永年无法当驸马，与这个位置失之交臂。

其实，第二个原因，不仅适用于刘家，也适合后面两个家庭。

这两个家庭，就是硕果仅存的曹家和李家。

最终胜者

经过一番对比后，杨、刘、曹、李四大家族中，“主动放弃”的杨家和“关系混乱”的刘家已经出局了，现在只剩下曹家和李家继续“战斗”。

当时，如果让满朝文武押宝的话，我相信，百分之九十以上的官员会选择曹家，认为曹家会最终赢得美人归。

事实正是如此。

第三家，夺冠大热门，宋仁宗的皇后曹皇后家。

史料记载，曹皇后有一个弟弟叫曹佾，此人是传说中的八仙之一——曹国舅。曹佾都当“神仙”了，他的人品和家风，无须笔墨，不说自明。

曹佾有一个孩子叫曹评，此人非常优秀，相貌出众、轻财好施、谦虚善良，为人处世十分低调，对周围的人也十分客气，没有一丁点“官 N 代”的做派，完全继承了父亲的优良品质。

除了淳厚、有君子之风，曹评还有一个超级大的优点——文武兼备。

对比同样能文能武的刘永年，曹评更是青出于蓝而胜于蓝、有过之而无不及。

先说曹评的文：

史料记载，曹评的书法造诣非常高，他的楷书堪称一绝。曹皇后曾让曹评书写了一个“福”字，贴在了自己后宫的屏风上。宋仁宗精通书法，看见这个字后仍赞不绝口，可见曹评的书法造诣之高。

除了书法造诣高，曹评还饱读诗书。当时，皇帝游玩时，曹评就侍奉在皇帝左右，宋仁宗一高兴，就随便出一个历史典故让大家猜。

皇帝的问题，满朝文武甚至是一些翰林大学士们都常答不出来，唯独这个曹评，知无不言言无不尽。宋仁宗不知道的问题，他也能对答如流。

再说曹评的武：

有一年，契丹使者访问宋朝，大家在演武场上切磋武艺，比试箭术。契丹使者首先让准备已久的神箭手出战。这个神箭手接连射中靶心，扬扬得意，不可一世。

见对方老是射中 10 环，宋仁宗就有点生气，心想手底下的人干什么吃的，怎么这么不中用。结果，年轻的曹评出阵射箭，但见他举起了手中的弓箭，上箭拉弦，弓如满月，连射两箭。曹评的第一箭，直接射穿了靶心；而第二箭，又从被射穿的靶心内钻了过去。

目睹了如此神技后，围观群众爆发出了雷鸣般的掌声，大家都称赞曹评如此年纪，就拥有这样的本事，真乃神箭手也。对于这个结果，契丹使者也输得心服口服，对曹评出神入化的箭术也赞不绝口。

单凭此事，曹评的武艺水平，可想而知。

英俊潇洒，出身权门，谦恭善良，还能文能武……不管怎么看，曹评都是宋仁宗乘龙快婿的第一人选。就连福康公主，也对曹评心动不已。

相应地，对于曹评的竞争对手，那位李家的二公子李玮，福康公主更是不屑一顾了。

第四家，宋仁宗的生母李太后家。

也难怪福康公主瞧不起这位李玮，对比曹评，李玮真的没法看。他们一个在天上，一个在地下；一个是卧龙，一个是人彘；一个是天上的皓亮明月，一个是田野里的小萤火虫……

其实，从家世对比上，李玮就输了不止一星半点，堪称完败。

咱们都知道，曹皇后的曹家，虽然不是曹彬的直系子孙，但好歹也有一块“曹家”的金字招牌，是名副其实的官宦之家。反观李家，就是一个无权无势的小家族。若没有“借腹生子”这件事情，李太后就是一个默默无名的小宫女，她的弟弟李用和也早就抛尸荒野、暴死街头了。

遥想当年，李用和就是一个香烛铺的小伙计，因为姐姐的关系，才成为了皇族的外戚。因为出生卑微，李用和的见识和胸襟还停留在“原始阶段”，他就是一个下层老百姓，一个目光短浅的村民。这个人当上大官后，也恪守本分，一直低调生活，绝不敢“闹事”。

史料记载，宋仁宗知道自己生母后，立刻追封李氏为太后，并越级提拔了舅舅李用和。后来，宋仁宗加封他为同平章事，拥有很高的职衔了。

在这种背景下，如果李用和提一些什么要求，干一下什么过分的事情，也能理解。然而，李用和一直小心谨慎，不参与任何政事，也不跟朝中权贵有任何的往来。

此外，李用和一生勤俭节约，从不轻易乱花钱，在京城也从来不置办房子。一个堂堂的国舅爷，竟然租房子住，真是匪夷所思，但这就是事实。

对于李用和的所作所为，朝中大臣们评价颇高，认为这样的人，才是一个“合格”的外戚。然而，在暗地里，朝中大臣们却很鄙视李用和，认为这个人生活穷酸，根本没有资格跟他们玩。

大家背地里，也不叫李用和“国舅爷”，而是称其为“卖纸钱的”。

李玮，就是生活在这么一个“卖纸钱的”家庭里，皇族外戚对他的鄙视，可想而知。

史料记载，李玮是李用和的二公子，他完全继承了父亲的基因，容貌丑陋、性格木讷、见识浅薄、呆头呆脑的，史称“朴陋”。这个人根本无法跟曹评竞争，也不可能获得福康公主的欢心。

此外，李玮身上还有一个致命的弱点。他并非李用和正室所生，而是一个小妾之子。对比三国时期袁绍和袁术的履历，我们就能知道——这样的出身，自然更加让人瞧不起。

总之一句话，在福康公主的眼中，曹评才是自己的梦中情人，李玮最多是一只想吃天鹅肉的癞蛤蟆。除非是老天瞎了眼，出现了什么“奇迹”，父皇才会把自己许配给这个癞蛤蟆为妻。

福康公主的这个结论，也是群臣普遍的认识。

然而，就当群臣认为曹评必当驸马的时候，这个奇迹却悄无声息地降临了……

史料记载，在对比了这两位驸马爷候选人后，宋仁宗毅然决然地颁布了一道圣旨——任东头供奉官李玮为驸马都尉，尚福康公主。

此诏书一出，如同晴天霹雳一样，把群臣雷晕了，福康公主也被劈傻了。大家万万没有想到，皇帝竟然选择李玮当自己的驸马，竟然让这个癞蛤蟆吃上天鹅肉了！

那么，到底是什么原因，让宋仁宗放弃了才华武艺兼备的曹评，硬要把女儿嫁给平庸的李玮呢？

第十四章 奈何生在帝王家

悲惨爱情

得知自己要嫁给李玮后，福康公主就一个感觉——天塌了！

在这个金枝玉叶的公主眼中，父皇除非是疯了，才会把自己嫁给李玮。毕竟在李玮身上，有很多福康公主接受不了也忍受不了的事情！

首先，福康公主是皇家的金枝玉叶，李玮不过是一个“卖纸钱的”，他们之间身份悬殊，这种“门不当户不对”的婚姻，焉能有幸福可言？

其次，李玮出身市井，学识浅薄，家庭又疏于教育，基本就是一个文盲，诗词歌赋完全瞎掰，琴棋书画更是一窍不通。这么一个要啥没啥的人，根本无法与公主产生共鸣，也不可能博得公主的青睐。

最后，在福康公主的眼中，这场所谓的亲上加亲的联姻，从本质上就荒唐透顶。

因为，从辈分上讲，李玮跟宋仁宗是一个辈分的人，他是宋仁宗的表弟，也就是公主的表叔，这根本就是一场乱伦。从年龄上讲，李玮也比公主大十多岁，这是一场“大叔与萝莉”的婚配！

综上所述，福康公主与李玮，根本就是两个世界的人，福康公主要是不全力反对这门婚姻，那才叫见了鬼！

史料记载，从十岁定亲开始，福康公主就无数次找母亲苗贤妃，在她面前撒泼打闹，希望退掉这门婚事。

为了女儿的婚姻，苗贤妃也多次找宋仁宗，希望皇帝能够收回成命，另选一个合格的驸马爷。但是，在这个问题上，宋仁宗就跟吃了秤砣一样，他明确地告诉苗贤妃：“女儿的其他要求，我都可以依她，唯独这件事情，毫无商量的可能。”

表明态度后，宋仁宗还告诉苗贤妃，我之所以让福康公主下嫁李家，主要是因为两个原因，希望女儿能够理解，你也帮我劝劝女儿，让她别再闹了。

宋仁宗的两个理由是：

第一，生母李太后在世时，自己没有尽到一天孝道，心里愧疚不已。所以，他希望通过这场联姻，弥补心中的愧疚。

第二，李玮虽然才华有限，但他性格淳朴，为人忠厚老实，一旦迎娶了公主，必厚待之。福康公主嫁给他，不吃亏。

其实，除了这两个理由外，宋仁宗还有一个更加重要的理由，只是不能说。

听完宋仁宗的理由后，苗贤妃找到了福康公主，代为转达。福康公主听完后沉默不语。

福康公主也是一个孝女，深刻知道那种与生母不能见面、无法尽到孝道的感觉，也明白其中的悲痛与遗憾。只是，用自己一生的幸福，换取父皇的一片孝心，这样的结果到底是值还是不值？

对于这个问题，福康公主困惑了。到底是为了自己的幸福，还是成全父亲的孝心，她不知道该如何选择。

好在，日子还长，十岁定亲，可以拖到二十岁再出嫁。福康公主有整整十年的工夫，来好好考虑这个问题。

整整十年的时间，鬼知道中间能出什么事情。万一父亲回心转意了呢？万一李玮命丧黄泉了呢？这都不好说。

就这样，福康公主选择了耐心等待，等待这十年间的可能，等待那个峰回路转的时刻。

然而，命运就是这样地荒诞不经，整整十年，也没有发生任何事情。当福康公主二十岁时，她终于迎来了那个耻辱和悲痛的时刻——下嫁李玮为妻。

嘉祐二年（1057 年）六月，宋仁宗颁布圣旨，加封福康公主为兖国公主，并为其举行一场盛大的册封典礼。

这场盛大的册封典礼，在朝廷还引起了一场轩然大波。

史料记载，得知宋仁宗要为女儿举行册封仪式后，翰林学士胡宿非常不满，他谏言道："皇帝要册封女儿，无可厚非，可举行册封仪式，真是前所未闻。昔日，皇帝册封楚国大长公主、魏国大长公主时（皇帝的女儿叫公主，姐妹叫长公主，姑母叫大长公主），并没有举行册封仪式。如今，皇帝却要给自己的女儿举行册封仪式。这样的结果，置两位大长公主于何地？如此不分主次、轻视自己的两位姑母，实在有违礼制。"

对于胡宿的意见，史称宋仁宗"不从"。

胡宿再次谏言道："若皇帝非要举行册封兖国公主的仪式，请先为其母亲苗贤妃（刚升级）举行册封仪式。母亲尚未举行册封大典，女儿怎么能够僭越呢？如此一来，母子之间一行一不行，礼意尤不相称。书于史册，后世将有讥议，必谓陛下偏于近情，亏圣德之美。"

对于胡宿的意见，史称宋仁宗依旧"不从"。

其实，宋仁宗清楚地知道，胡宿的话是对的，但是，自己亏欠女儿也实在是太多了。他只能通过这种方式来弥补了。

宋仁宗也知道，李玮根本配不上自己的女儿，女儿也一定不想嫁给他。但是，为了大宋的江山社稷，为了朝廷的局势平衡（后面再说），也只能出此下策，让女儿下嫁给一个她根本不爱的人，来维持自己的统治。

为了弥补女儿心中的委屈，宋仁宗尽其所能，给女儿一个风风光光的册封仪式，让她接受文武百官的朝拜，也算一个补偿。

为了继续补偿女儿，宋仁宗还下令，拨款数十万缗钱，为公主建造府邸。这个府邸的规模和规格，为诸王第一。还有，福康公主出降后，月给千贯，待遇等同皇太子。

宋仁宗的爱女之心，可见一斑。

然而，对于这些越级的待遇，福康公主却毫不在意。她只有一个请求——

让自己的贴身宦官梁怀吉同行，陪嫁至驸马府。

对于福康公主的这个请求，宋仁宗非常为难。自古以来，公主出降，可以带奶妈，可以带丫鬟，哪有带一个太监的道理？但是，看着女儿那极度委屈、近乎哀求的眼神，宋仁宗又怎么可能忍心拒绝？

最终，宋仁宗大笔一挥，同意了福康公主的请求，让宦官梁怀吉陪嫁至驸马府。

殊不知，对于宋仁宗而言，这个决定，将是他一生中最错误的决定。因为，正是这个决定，在三年后引起一场轩然大波，并爆发了一场大宋公主与宦官的不伦之恋。

公主与宦官的不伦之恋

嘉祐二年六月（1057 年），宋仁宗晋封福康公主为兖国公主，令所司择日备礼册命……

七月，册封兖国公主，百官拜表称贺……

八月，兖国公主出降……

至此，对于李玮来说，在整整等待了十年后，他守得云开见明月，终于抱得美人归了。

然而，李玮根本不知道，自己一生的噩梦，也就此开始。

史料记载，在新婚当天，李玮怀着忐忑激动的心情来到了公主的寝室，想跟公主鸾凤和鸣，完成最后的仪式。

当时，李玮来到寝室后，看着坐在床上的公主，激动地对下人摆摆手，意思是让众人退去。然而，李玮万万没有想到的是，下人根本没有退去的意思，公主反而对他摆摆手，让他退去。

这是一个什么情况？！

新婚之夜，公主轰驸马出门？对于这个结果，李玮目瞪口呆，只能呆呆站在那里。

李玮清楚地知道，公主不喜欢自己。之前整整十年的时间里，公主每次看见他，都避之不及。但是，既然“上天注定”要我们在一起，公主为何还要

"逆天而行"呢？于是，李玮没有退去，他依旧站在那里，希望公主能够回心转意……

一番沉默后，福康公主终于打破了沉寂，极度委屈的她开始哭泣，之后竟然号啕大哭。李玮手足无措，想上前安慰，却被公主一把推开。

哭泣了一段时间后，心情平复的福康公主告诉李玮："今夜，你可以住在公主寝室，但只能睡地下，不许近身。以后不得宣召，不得入公主寝室。"

对于这个要求，李玮答应了。结果……如此一夜……如此三年……

整整三年时间，李玮再也没有进过公主的寝室，也没有碰过公主的身，甚至是她的一根手指。

在这三年的时间里，为了打动公主，李玮可谓煞费苦心。

李玮知道公主喜欢飞白体，就日夜苦练，笔墨不断；李玮知道公主喜欢书画，就花费重金买名家作品，供公主欣赏把玩；李玮知道公主喜欢赏花，就聘请一流名匠打理花卉，把公主府打造得繁花似锦、四季长春。

可惜的是，李玮越讨好公主，越适得其反，越招公主讨厌。

李玮识字不多，写字费劲无比，他写的飞白，无非是照猫画虎，徒具形式。

李玮出身庶门，对书画之事完全不懂，他花费重金购买的名人字画，却难得精品，徒增笑料。

李玮对花草一窍不通，虽然有名匠打理，公主府也香味浓郁，但实际却是众多花卉串味的结果。

俗话说，为官三世，方知穿衣吃饭。一个好的生活品位，是在漫长的过程中不断积累出来的。暴发户们越是着急，越是想进入这个圈子，只能越快地显露出自己的粗俗和无知。

史料记载，李玮的这些行动，让公主异常难堪。她对驸马的反感，也升级到了鄙视的程度。最终，福康公主索性与驸马连日常的见面也免了。

当然了，虽然选择了不见面，公主还是给了李玮最后一丝的怜悯——公主特许，李玮可自由纳妾，延续李家香火。这也算是这对夫妻最后的一点"感情"了。

对于这个结果，李玮的母亲杨夫人很高兴，毕竟三年了，儿媳妇进门后，一直没有动静，这人前人后的，杨夫人也受尽了冷嘲热讽。如今儿子可以纳妾了，自己终于可以抱孙子了。

然而，对于这个结果，李玮却非常生气，他赌气似的告诉母亲——今生今世，在没有赢得公主芳心之前，自己决不纳妾！

直到这一刻，杨夫人才知道这里面的所有事情。原来，整整三年，公主压根儿没跟李玮圆房。公主的小手，也没让儿子碰过一下！

史料记载，李玮的母亲是一个出身卑微的妇人，因为有点姿色，成为李用和的小妾。所以杨夫人根本不懂宫廷的礼法规矩，也不懂君臣礼仪。

某个晚上，得知公主与梁怀吉相会，杨夫人不顾身份，在公主的另一个房间偷看，却又不慎被公主发觉。

公主大怒，杨夫人也指责公主：好一对狗男女……好一对奸夫淫妇……

两人争吵很激烈，随后，就是一场互相推搡的肢体运动……《读炎治通鉴长编》记载道："公主尝与怀吉饮，杨氏窥之，公主怒，殴杨氏。"

挨了一顿打后，杨夫人怒不可遏地说："你们这对狗男女等着！偷人还偷出理了！难怪这么多年，你对自己的夫君爱搭不理，原来是忙着偷汉子！你们给我等着，明天我就入宫面圣，让皇帝来评理！"

福康公主被如此痛骂羞辱，岂能无动于衷。福康公主大喊道："我受够了，这个家我不待了。我要入宫，我要去见父皇。"随后，福康公主推开众人，坐上一辆小马车，回娘家去了。

当时，天色已晚。宋朝有规定，入夜之后，不得再打开宫门，以防变乱，违者严惩不贷。

福康公主知道这个规矩，但她回家心切，就一直在宫门外叩门。守军不敢阻拦，只得让福康公主进入。

福康公主回家后，泪如雨下，把自己在婆家受到的耻辱，全部诉说了一遍。

宋仁宗听完后，勃然大怒。什么？杨夫人敢辱骂公主！真是反了你！老子要是不收拾你，真当公主娘家无人了！

宋仁宗安慰了女儿几句，并一再表示，明天天一亮就严惩李玮，替女儿出气。说罢，就安排福康公主休息去了。

一夜无语，第二天天一亮，李玮第一时间进入皇宫，主动上表请罪。

面对这个"罪臣"，盛怒之下的宋仁宗懒得听他解释，直接颁布一道圣旨——将李玮贬官一级，调离京城，发配地方。

此诏命一出，满朝哗然。

对于这种不公平的结果，群臣不服。大家皆认为，这么些年了，公主刁蛮任性、不守妇道、欺凌驸马，早就应该对其严惩了。

何况，身为宋朝公主，半夜擅闯宫门，这已经违反制度了。身为一国之君的皇帝竟然不秉公办理，反而放纵女儿，这是一个什么道理？

总之一句话，驸马无罪，不能惩罚；公主犯法，必须严办；擅自打开宫门的守卫有罪，也必须严惩不贷。

以“天下为己任”的大臣们纷纷向皇帝上书，痛斥公主“不更傅姆之严，未知失得之明。纵恣胸臆，无所畏惮，数违君父之命，陵蔑夫家”；痛骂梁怀吉“不自谨，过恶至大。罪恶山积，当伏重诛”，等等。

一代贤臣司马光也参与其中，他接连上奏《论公主内宅状》和《正家札子》，以祖宗家法来要求宋仁宗“戒饬公主”，给天下人一个交代。

面对这些奏折，宋仁宗深知，这帮大臣动不动就拿祖宗家法、宗教礼仪这种大帽子来压人，却根本不懂女儿心中的苦。在这场不幸的婚姻中，这么多年了，女儿是如何扛下来的，这些官员一点不管，也不想管。

虽然明知道女儿深受委屈，宋仁宗也无计可施。毕竟，女儿确实干了过分的事情，以致如今身陷困局，而且宦官梁怀吉也难辞其咎，理应严惩不贷。

最终，在群臣的压力下，宋仁宗颁布了一系列决定：

第一，褫夺福康公主“兖国公主”的封号，降为“沂国公主”，仍在宫廷居住。

第二，驸马李玮对公主不尊，发配卫州（没过多久，就给调回来了）。李母归李玮兄长李璋奉养。

第三，梁怀吉发配西京洛阳，去那里打扫皇陵。公主乳母韩氏管教不严，驱逐出京。陪公主出嫁的其余宦官、宫女，全部贬到地方。

惩罚了这对夫妻、严惩了梁怀吉后，宋仁宗认为，这件事情应该过去了。然而，这个事情还远远没有结束。

因为，没过多久，宋仁宗就惊讶地发现，没有了梁怀吉的福康公主，就如同一个失去了救生圈的溺水之人，失去了所有的希望和未来，几近疯了……

最后的秘密

在福康公主的眼中，梁怀吉不是一个宦官，而是她生命中重要的人之一。

曾几何时，当福康公主知道自己要嫁给李玮后，她的整个生活都变成了灰色、前途也黑暗无比。在这种黑暗的、永无尽头的日子里，只有梁怀吉陪伴着她，成为那片黑暗世界里唯一的一线光明。

毫不夸张地说，对于福康公主而言，梁怀吉已经不是她的奴才了，这个人已经成为她的朋友，她的依靠，是她不可分割的一部分。只有这个人，能够陪伴自己，支撑自己，熬过黑暗的婚姻生活，向往那可望而不可即的光明……

可是现在，自己生命中最重要的人，却被父皇驱逐出京了。

恐惧、苦闷、愤怒、无奈……各种感情交织在了一起，让福康公主彻底爆发了。

史料记载，梁怀吉出宫后，福康公主就开始歇斯底里了起来，她一再哭闹，要求父皇收回成命，让梁怀吉回京。

对于公主的请求，宋仁宗并没有答应。在他的眼中，女儿只是在耍小性子，哭闹几天就过去了。

然而，没有一个人想到，福康公主的这种哭闹日复一日、月复一月、年复一年，没完没了。并且，公主的这种哭闹，还不断升级……

史料记载，整整两年的时间里，公主天天以泪洗面、哭喊不息，嘴里反复说一句话:“还我怀吉。”

后来，公主恍如疯癫，经常数日不吃不喝。一遇生人，便扑上前去，大喊道:“怀吉，怀吉……”

宋仁宗得知这种情况后，马上派御医诊治，但把脉过后，御医皆无可奈何，自请治罪。

毕竟，公主得的是心病，这种心病只能用“心”来医。

听完御医的汇报后，宋仁宗气得无话可说，堂堂一国公主，竟然为一个太监疯癫成魔，真是枉费自己多年的疼爱。

从此之后，宋仁宗索性不理了，任由福康公主继续胡闹下去。结果，福康公主的疯癫举动再次升级。

史料记载，福康公主以刀割脉、放火焚屋，非让父皇召回梁怀吉等人。

目睹了这一切后，宋仁宗也彻底地傻了……

嘉祐七年（1062 年），看着女儿那张惨白憔悴的脸，以及隐约感到自己大限将至（还有一年驾崩），痛心的宋仁宗告诉福康公主：“不要再闹了，朕这就颁布圣旨，让梁怀吉回宫。只不过，你们不能再见面了。毕竟，人言可畏。”

此外，对于女儿不幸的婚姻，作为“罪魁祸首”，宋仁宗还说出了一个秘密，一个整整隐藏了十五年的秘密。

宋仁宗：“女儿，我知道你喜欢曹评。但是，你知道我为什么非让你嫁给李玮吗？其实，一句话解释这个原因，足矣。”

这句话就是——“怎可让天下外戚皆姓曹”！

这个理由，就是宋仁宗让福康公主下嫁李玮的真正原因。

在宋仁宗的眼中，曹皇后的势力已经无法无天了，自己百年之后，这位皇后必将垂帘听政，并成为自己母后的翻版。到那个时候，朝廷必须有一股强大的力量，才能制约这个曹皇后。

这种说法绝非危言耸听。宋仁宗无子，下一任皇帝将是他的养子赵宗实（宋英宗赵曙）。这个未来的皇帝，现在归曹皇后抚养；这个未来皇帝的皇后，是曹皇后的侄女（高皇后）；这个未来皇帝身边的大臣，都是曹皇后的亲信。如今，曹皇后完全可以架空皇权，垂帘听政，把皇帝当成自己的傀儡，挟天子以令诸侯。

事实证明，宋仁宗的预测完全正确。宋仁宗百年后，曹皇后果然垂帘听政，直到数年后才还政给宋英宗。当然了，这些都是后话。

可见，宋仁宗不可能跟曹家联姻，增加曹家的势力。哪怕公主再喜欢曹评，宋仁宗也不可能允许他们在一起。

同时，宋仁宗晚年的主要工作，就是打压曹家的势力，培养赵宗实的势力。他要用联姻的方式，替赵宗实培养一股强大的力量，以对抗曹皇后。在这种背景下，李家，就成为宋仁宗心目中驸马的唯一人选了。

事实证明，宋仁宗替养子找的这股力量，确实不错。史料记载，宋仁宗晚年时，为了保证赵宗实能够安全继位，他任命李玮兄长李璋为殿前都指挥使，负责皇宫的安全。

宋仁宗驾崩后，因为即位的宋英宗不是正牌皇子，宰执们曾建议增加京城的军队，以防万一。李璋却说：“现在是新皇登基的关键时刻，都很容易招来流言蜚语。这么大规模的调动军队，万一引起什么骚动，谁来负责呢？”

李璋的建议是，什么都不干，以不变应万变。后来，群臣接受了李玮的建议，这才没有因为胡乱调动军队而给那些野心家机会。

宋英宗登基时，宫廷侍卫们听说，当年宋仁宗登基赏赐了很多水果点心，在水果点心里面有黄金。如今新皇登基了，肯定也有这种赏赐。

其实，宋仁宗登基已经是40年前的事情了。这些侍卫们怎么可能会知道当时的赏赐之物。因此，这基本是一小撮人造谣生事、胡说八道。但是，侍卫们却都相信了这个谣言。

宋英宗登基仪式结束后，朝廷依旧赏赐了很多水果点心，但侍卫们翻来翻去，把水果点心都翻烂了，也没有找到黄金。将士们一片哗然，大家来到宫门外，吵吵着要面圣，要新皇帝给一个说法。

眼看一场兵变就要发生，在这个危急时刻，李璋又站了出来，他对这些侍卫大喊道：“如今新皇登基，你们竟敢聚众闹事，要造反吗！你们有什么功劳，敢向皇帝要赏赐？再敢喧哗，杀无赦！”

李璋是皇亲国戚，威望很高，且说的话也在理。将士们全都不敢出声，只好慢慢散去了。

至此，一场迫在眉睫的兵变，就这样消弭于无形。

综上所述，对于宋仁宗而言，与李家联姻，让李家为宋英宗保驾护航、打压曹家，堪称是一手妙棋。但是，这一手妙棋在平衡朝中势力时，却彻底毁掉了女儿一生的幸福。这样的结果，宋仁宗让女儿默默承担了。

没有办法，谁让你生在了帝王之家……

这个故事，也证实了我们之前说过的一个真理——早晚有一天，你会变成自己最讨厌的那种人。

当年，刘娥选儿媳妇时，坑死了儿子；现在，宋仁宗挑驸马时，又坑死了闺女。

这轮回，无话可说。

恩断义绝

史料记载，目睹了女儿的惨状，宋仁宗终于妥协了，他把梁怀吉召回了皇宫。

虽然无法再见到梁怀吉，但福康公主已经心满意足了：虽然她与梁怀吉天各一方，从此不能见面，但毕竟都还好好地活着，也算是一个“圆满”的结局了。

对此，司马光、杨畋等人再次力谏，然而宋仁宗不为所动。

司马光义愤填膺谏道：“昔日，宋太宗之子兖王赵元杰任性放纵，胡作非为，他听信手下的话，在家里故意生病，以驱除自己讨厌的大臣姚坦。结果，宋太宗召奶妈，问起赵元杰的病情，在知道真相后，他大骂奶妈，认为是他们没有奶妈引导赵元杰，教坏孩子，把她打了一顿，并把她驱逐出了京城。宋太宗此举，被世人称道，望陛下效仿先帝，严格约束皇室随从，这才是一个明君所为。”

宋仁宗知道司马光的意思，一时沉默不语。

见皇帝不表态，司马光索性告诉宋仁宗：“梁怀吉是朝廷贬斥的罪人，是玷污公主声誉的魁首，不杀他，已经是法外开恩了。如今，他却已经回京了，这是一个什么道理？

此外，司马光还告诉皇帝：“自古以来，嫁鸡随鸡嫁狗随狗，公主现在住在宫中，已有两年之久，她为什么不回公主府？难道皇家的女子，就能特殊化吗？”

对于司马光的建议，宋仁宗根本不可能“从”。子非鱼，焉知鱼之乐，同样，子非朕，焉知朕之苦！虽然在宋仁宗的眼中，司马光说的话很对，也是一个明君应该干的事情。但是，杀了梁怀吉，朕的女儿就完了！把女儿送回婆家，就是把女儿再次推进火坑了！朕虽然是一个皇帝，但朕也是一个爱女儿的父亲！

然而，司马光哪里知道这些。他只知道，应该杀了梁怀吉，或者把他轰出京城；让公主回婆家，一个出嫁的媳妇天天在娘家里待着，这算怎么回事？

司马光等一帮大臣玩命上疏，天天就说这点事，让皇帝苦不堪言。

见皇帝如此痛苦，福康公主的母亲苗贤妃是看在眼里、急在心中。她在后宫聚集了一帮人，天天商量此事，寻找解决的办法。

当时，有一个嫔妃建议，可派人日夜监视李玮，一旦发现李玮的过错，就以此为借口，让福康公主跟他离婚。公主跟他离婚了，这件事情就算结束了。

主意很好，可惜的是，根本没法实现。

原来，李玮本就谨慎，自从福康公主回宫后，李玮心灰意冷，天天闭门谢客。他每天不是读书作诗，就是绘画练字。几年下来，书法和绘画竟然大有起色。他这根“铁杵”，竟然真的“磨成针”了。

经过几年的深造，李玮的才华突飞猛进，史称“喜吟诗，才思敏捷”，他在章草、飞白、散隶上，也有很高的造诣。

在绘画上，李玮绘画的《水墨蒹葭图》，画风精美、笔法老练，堪称大师级的作品。画院的名家大师看完后也赞不绝口，认为此画必能流传千古……

书归正传，监视了很久，始终找不到李玮的差错。

这个时候，一个妃子再次建议道：“干脆，让陛下赐给李玮一杯毒酒吧，一了百了。”（“但得上旨，务滋请以卮酒了之”）

对于这个建议，刚开始的时候，苗贤妃决不同意，但为了自己的女儿，苗贤妃还是接受了这个建议，并告诉了皇帝。

现在，该皇帝头疼了。

对于宋仁宗而言，杀了李玮，确实是一劳永逸的好办法。但问题是，要是让大臣们知道了还不得跟自己拼命呀。但是，不杀了李玮，以司马光为首的官员们，就会逼自己把公主送回婆家，他们也得跟自己拼命。

除了拼命，还是拼命……

最终，在宋仁宗左右为难之际，还是曹皇后的一番话，让宋仁宗下定了决心。

曹皇后告诉他：“陛下是因为念及母后的恩情，才让公主下嫁李家。如今，怎么能干这种绝情的事情？”

这番话，让宋仁宗醍醐灌顶、茅塞顿开，他决定不杀李玮了。因为，一旦杀了李玮，自己在九泉之下也没脸见亲生母亲了；宋仁宗一生的仁孝之名，也算是彻底毁了。

就这样，李玮的这条命，算是保住了。

天下没有不透风的墙，皇家的墙也一样。不知道怎么回事，苗贤妃想要毒杀女婿李玮的事情，竟然传出了皇宫，传到了李玮的耳朵里。

李家人全都惊呆了。当时，身为一家之长的李璋跟弟弟商量道：“如今，福康公主是恨死你了，不然苗贤妃也不会想出毒死你的招数。为今之计，为了保住李家和你的生命，咱们只能主动提出退婚。虽然这样做，古今未有，你也肯定会惹来非议，被朝廷大臣指责，但是，这样咱们能换来苗贤妃和福康公主的宽恕，李家也能保存下来。”

对于哥哥的建议，李玮只能遵从。第二天，李璋上疏朝廷：“弟弟李玮为人愚拙，不足以承受天恩，恳请皇帝降旨，判他与公主离婚。”

看完这篇奏折，宋仁宗感慨颇深，他立刻招来李玮，对他好言相劝了一番，以示安慰。

当天，宋仁宗颁布一道圣旨——剥夺李玮驸马爷的身份，命他与公主离婚。

至此，伴随着这对“苦命鸳鸯”的分手，宋仁宗自信地认为，这件事情终于算是过去了，大臣们也终于不会再闹了。

不再闹了？非也！以司马光为首的那班大臣们，只有他们心中还有自己所谓的“公理”和“正义”，这件事情就根本别想完！

公主最后的“爱情”

史料记载，得知皇帝打算剥夺李玮驸马爷的身份后，以司马光为首的大臣们纷纷上书，强烈反对。

司马光反对的理由是：当初，是宋仁宗为了尊崇生母，才把女儿嫁入李家。如今，李家人什么错都没有，反而“母子离析，家事流落，大小忧率，殆不聊生”，这难道是陛下的初衷吗？怎么能够轻易废除驸马身份呢？再者，就算李玮有问题，难道公主就没有过错吗？

除了司马光反对，很多大臣也不同意，就连一贯谨慎的宰执们也表示了反对，希望皇帝收回成命。

皇帝的女儿怎么了？凭什么仗势欺人？明明是公主有错，为什么不严惩公主，反而让驸马埋单！

一时间，山雨欲来风满楼，各种唾沫星子满天飞。官员们群情激昂，天天找皇帝干架，要皇帝收回成命，严惩公主。

为了平息群臣的愤怒，李玮主动找到司马光等人，道："诸位大人不要再闹了，这是我们两口子的事情。我跟公主感情不和，理应离婚，不存在谁休谁的问题。李某已经接受了这一切。"

一听这话，司马光道："呸！我们反对这件事情，不是为了你李玮个人，我们反对的是——皇帝不能仗势欺人，用皇权压人！"

这，是宋朝官员们的骨气，也是他们反对皇帝休驸马的真正原因。

宋仁宗彻底服软了，他是一个仰畏天、仰畏人，虚心纳谏、宽仁恭俭的好皇帝，见群臣如此反对，也就顺坡下驴，收回成命了。

宋仁宗颁布一道圣旨，恢复了李玮驸马都尉的职务，驳回他离婚的请求。只不过，公主还在"生病"，不能回李府，只能在宫中继续养病。等公主病好了，再让李玮接公主回府。

当然，公主到底得了什么病，还需要养多久，宋仁宗没说，李玮也没问。大家心知肚明，何必另寻烦恼。

至此，福康公主一直与李玮分居，生活在宫里。宋仁宗去世后，福康公主也没有出宫回到李府。

一年后，嘉祐八年（1063 年）三月二十九日，赵祯病逝，享年 53 岁。

宋仁宗病逝后，宋英宗、宋神宗相继即位。苗贤妃曾请宋神宗做主，解除福康公主与李玮的婚姻，然而，宋神宗以"仁宗圣德，尚不能判人离婚，我一个后生晚辈，哪敢做主"为由，坚决不同意。

就这样，因为无法离婚，福康公主只能继续维持这段不幸的婚姻，一直耗到油尽灯枯、香消玉殒那一刻。

宋神宗熙宁三年（1070 年），经历了十三年的痛苦婚姻后，福康公主终于郁郁而终。去世时，年仅 33 岁。

英年早逝，让人唏嘘不已。

世上的女子，向往生在帝王家，穿金戴银，锦衣玉食，前簇后拥，一呼百应，成为天之骄女。然而，公主背后的那些苦楚，又有几个人能够明白呢？

看看这位福康公主吧，背负一段不幸的婚姻，无法追求属于自己的幸福，最终抑郁而终。如果可以的话，只怕福康公主宁愿成为一个高墙外的女子，虽荆钗布裙、粗茶淡饭，但可以追求属于自己的幸福，找一个真正喜欢的人，相夫教子，颐养天年。

可惜的是，人生没有如果，也无法重来。唯一有的，也只是福康公主临终前那无奈的诅咒：唯愿来生做牛马，也不生在帝王家……

公主不幸，李玮就好吗？他驸马的显赫头衔、他迎娶公主的辉煌、他那个荣耀的婚姻，给他带来了什么呢？

恐怕，只是一个笑柄而已。

好吧，不管怎样，伴随着宋仁宗、福康公主的仙逝，一个属于他们的时代终于落下了大幕。

那么，在新的时代里，以养子身份继承大统的宋英宗，又会干出什么事情呢？

第十五章 宋英宗的这四年

新君登基

命里有时终须有，命里无时莫强求……

对于这句话，宋朝的濮王、宋真宗的侄子赵允让，深有体会。

赵允让，北宋皇族，字益之，宋太宗的第四子商王赵元份的第三子。史称天资浑厚，外庄内宽，喜愠不见于色。

咱们前面讲过，宋真宗在即位后一直没有子嗣，当时，为了确定后嗣、安定社稷，宋真宗无奈地颁布了一道圣旨——将侄子赵允让接入宫中抚养，作为皇位的继承人。

宋真宗之所以选择赵允让，原因有二：

第一个，丧父。

前文讲过，赵允让的父亲赵元份是一个胆小鬼。澶渊之战时，赵元份在断案期间，竟然受到了惊吓（打断罪犯腿事件），被活活吓死了。

虽然赵允让幼年丧父，但在皇帝眼中，这却是一件好事。毕竟，若父亲还在，其子登基后，父亲必成为太上皇，届时，万一父子争权就热闹了。

第二个，年幼。

史料记载，赵元份一共有三个儿子，但宋真宗挑选了他最小的儿子。毕竟，从小开始抚养，才能联络感情。而且，孩子永远比大人好控制。

就这样，咸平六年（1003 年）时，宋真宗以绿车旄节迎接赵允让进宫，代为抚养。

这一抚养，就是八年。

八年后，大中祥符四年（1011 年），刘娥生下一个太子，赵允让的好日子算是到头了。

赵祯出生后不久，宋真宗就举办了一场宴会，大家高高兴兴地把赵允让轰出了皇宫。

至此，赵允让的皇帝梦，就这样破碎了。

离开皇宫后，赵允让深知中国历史上那些废太子们的下场。于是，在后来的岁月里，赵允让选择了韬光养晦、闭门不出，规规矩矩过日子。

因为赵允让一直“很乖”，所以在宋仁宗时期，宋仁宗对这位堂兄很是器重，也没有为难他。

嘉祐四年（1059 年），赵允让安然逝世，享年 65 岁。宋仁宗悲痛不已，赠他太尉、中书令，追封濮王，以作安慰。

赵允让走完一生，也没有完成“皇帝梦”。然而，命运就是这么地荒诞不经，赵允让无论如何也想不到，历史又一次重演了！

因为，他的儿子成了宋仁宗的养子，变成了国家的储君。

前文讲过，宋仁宗一生无子。为了不让赵氏绝后，宋仁宗只能行父亲之事，从子侄辈中选择一个人作为自己的养子，以继承大统。

当时，有资格被选择的宗室家族，共有两家，一是八王爷赵元俨家，二是四王爷赵元份家。本来，从当时宗室的名望、权势来看，八王爷家远远高于四王爷家，理应从他们家选择一个男孩作为养子。

话虽如此，但大家都明白，在宋仁宗时期，八王爷干了一件“惊天动地”的事情，导致宋仁宗极其厌恶这位八叔。宋仁宗没有杀掉这位八叔，已是最大的恩赐了，他怎么可能选八叔的孩子继续危害自己呢？

最终，在赵元俨被排除后，四王爷赵元份家，就成为宋仁宗选择养子的唯一家庭了。

史料记载，赵允让一共有十五个儿子可供宋仁宗挑选。宋仁宗不愿意干这种事情，就委派杨太后出宫，选择子嗣。

在挑选的过程中，还出现了一个小花絮。

当时，杨太后没有穿太后服装，而是化装成了一名尚宫（管理后宫事务的宫女，类似于今天的大堂经理）。她带着两个普普通通的宫女，就来赵允让府上选人了。

由于宫内提前通知过，赵允让的孩子们都知道今天杨太后亲自来选人的消息。孩子们一门心思准备着，有的孩子整理衣裳，有的孩子调试乐器，有的孩子背诵诗书，大家斗志都很高，准备待会好好表现一番。

当时，杨太后身穿一身尚宫服走了进来，孩子们一看，来了一个品级低微、又老又丑的老尚宫，就没人搭理她。杨太后随便找了几个孩子聊天，得到的结果都是——一边待着去、别妨碍我等。

问了几个孩子后，杨太后失望地叹着气，心想："赵允让呀赵允让，你都教育出了一堆什么东西！小小年纪，就如此势利，这要是成了一国之君，还得了！"

就在这时，杨太后惊讶地发现，在一个角落里，有一个孩子正在用功读书。这个孩子眉清目秀，看着就知书达理，也很有教养。

杨太后走了过去，那孩子看见这名尚宫，立刻合上书本，站起来毕恭毕敬地行礼，态度也非常恭敬。

见此，杨太后大喜，但假装回礼道："王子千金之体，怎能对一老奴行礼，这是折杀奴婢也。"

这个孩子道："尚宫娘娘乃是长辈，受小辈礼拜，本是应该，何来折杀之说？"

见这个小孩如此知书达理、尊老敬贤，杨太后大喜，说这个孩子有仁君潜质，于是，挑明身份，把这个小孩抱回了皇宫。

这个小孩，叫作赵宗实，也就是未来的宋英宗——赵曙。

家庭和睦最重要

光阴似箭，岁月如梭，一晃就是数十年。

在苦等了数十年“未果”后，嘉祐七年（1062 年）八月，在包拯等人的建议下（或者是逼宫下），宋仁宗终于下定了决心，册封 31 岁的赵宗实为皇太子，改名赵曙。

斗转星移，宋仁宗病逝后，曹太后下令封锁宫门，严禁消息外泄，同时派人宣召赵曙进宫，让其登基。

孰料，得知父皇驾崩、自己即将登基的消息后，赵曙竟然大惊失色道：“我不敢做这种事情！我不敢做这种事情（某不敢为，某不敢为）！”

赵曙当时这么说，到底是故意推脱，还是真不想干，不得而知。但在曹太后眼中，事已至此，你不想干，也由不得你了！

曹太后下令，命宫女、太监们抓住赵曙，强行给他换上一身龙袍。在穿衣服时，由于赵曙一直在挣扎，他没有穿好衣服，宫女也没法给他梳理头发。

见新君如此行事，曹太后也不管不顾了，她就让赵曙这样一身邋遢、披头散发地走上了宝殿，坐在龙椅上接受文武百官的朝拜了。

群臣三跪九叩后，宋朝一位崭新的君主就此诞生，史称宋英宗。

这是宋朝历史上第一位以宗室子弟身份继承皇位的皇帝，也是宋朝在和平年间在位时间最短的皇帝。

不管怎样，一个新的时代就此展开。

当然了，根据传统，既然新的时代已经来临了，那么权力重新分配的问题，也该被提上日程了。

为了争夺权力，宋英宗与曹太后之间的战争就此爆发。

宋英宗清楚地知道——自己以宗室身份荣登大宝，很多人都会不服，万一自己干了什么错事，就会授人以柄了。于是，在即位之初，宋英宗不管面对什么奏折，都会请示曹太后，她老人家不拍板，宋英宗绝不敢独自决断。

这种情况多了以后，曹太后就养成一种不好的习惯了。

这个习惯叫作——垂帘听政。

至此，继刘太后以后，宋朝第二位垂帘听政的太后就此诞生。

虽然曹太后垂帘听政了，但她不是垂涎权力、不肯放权，而是因为宋英宗本身有病，让这位太后没法安心，只能干政，保住这份基业。

简单来说，不知道是常年抑郁还是太兴奋所致，自登基后，宋英宗就得了一种“怪病”。这种病时好时坏，好的时候，如常人一样，没有一点生病的迹象；坏的时候，宋英宗就跟一个精神病似的，大吵大闹、语无伦次、举止异常。

在生病期间，宋英宗连生活都不能自理，更别说处理军国大事了。

史料记载，有一天早朝，群臣正在商量事情，忽然，宋英宗就发病了，他在大殿上大呼小叫，龙冠也扔了，龙袍也不穿了，简直一个神经病。群臣好言相劝，宋英宗不理不睬，继续嗷嗷大叫。

万般无奈之下，宰相韩琦只能下令退朝，把皇帝送入后宫，稳定下来这个失控的场面。

皇帝回到后宫后，曹太后、韩琦等人来看他，太医诊脉，宫女熬药，大家忙成一片。宫女熬好药后，韩琦主动接了过来，准备亲手给皇帝喂药。结果，失控的皇帝根本不认识人了，他抡起袖子把药打翻，药汁溅了韩琦一身，把他的官服都弄湿了。

见此情景，曹太后不知如何是好，只能无奈道：“韩相公，你也不容易呀。”

当时，宋英宗的长子赵仲针（未来的宋神宗赵顼）也在一旁服侍，曹太后便对他道：“你也劝劝父皇。”

祖母下令了，赵仲针连忙向韩琦道歉，并劝说父亲，不要再打翻药碗了。但是，不管赵仲针说什么，宋英宗一直不搭理。赵曙两眼无神，已经连自己儿子都认不出来了。

宋英宗的病，就是这样严重。

在这种背景下，欧阳修、富弼等人只能上疏朝廷，恳请曹太后行刘太后之事，垂帘听政。毕竟，现在天下并不太平，宋朝内部矛盾重重，外部辽国、西夏虎视眈眈，在这种内忧外患的局面下，如果让疯子治国，不定出什么乱子呢，还是让清醒的太后垂帘听政吧。

至此，在大臣们的“苦苦哀求”下，曹太后开始替宋英宗管理这个国家。

殊不知，矛盾，正在于此。

宋英宗的这个病，不是一会好一会坏吗？宋英宗疯的时候，曹太后替他处理朝政，这个没有问题。但是，宋英宗好的时候，曹太后再替他处理朝政，这个皇帝就有意见了。

史料记载，自从曹太后垂帘听政后，宋英宗就彻底“疯”了，他天天怨声载道——我都三十多了，曹太后还替我处理朝政，这不是拿我当小孩吗？这天底下，有这么大的小孩吗？我看，太后就是不想归政了，她想大权独揽，把朕当成一个傀儡天子，等等。

宋英宗的这番话传到曹太后的耳朵里，使这位太后很是伤心。

曹太后也是抱怨连连——你以为老娘愿意听政呀，要不是你有病，谁愿意天天上班呀。我都这么老了，干什么不行呀，现在之所以一堆事，没法颐养天年，还不是你害的！你不理解我就算了，还咒骂我，真是太让我伤心了……

你看，双方都不理解对方的苦，且缺乏足够的沟通，只能将矛盾愈演愈烈了。最终，在小人的挑唆下，宋英宗对这位养母的恨，彻底爆发。

这个小人，就是宋仁宗的贴身宦官——任守忠。

韩琦与太后的恩怨录

任守忠，宋仁宗晚年时期的头号大太监。史料记载，任守忠虽是宦官，但却“身残志坚”，野心勃勃，一心想谋取荣华富贵。

任守忠崇拜的偶像都不是一般人，他的偶像是宋朝的传奇太监——王继恩。

任守忠崇拜王继恩什么呢？

崇拜王继恩能拥立新君，改朝换代，大权独揽，嚣瑟嚣张数十年，最终成了一个枭雄。

在偶像的“指引”下，任守忠开始玩命地挑拨离间了，他一直劝宋仁宗废了太子赵宗实，改立昏庸弱小的人做太子，以便以后谋取利益。

可惜的是，宋仁宗不改变初衷，一直没有采纳任守忠的意见，反而改赵宗实为赵曙，加固了其太子的地位。

当时，宋仁宗颁布改名诏书时，负责宣旨的太监，就是任守忠。不知道任守忠是怎么想的，他竟然拒绝前往，还继续忽悠宋仁宗改立他人。最终，宋仁宗只能另派他人前往，才宣读了这封诏书。

后来，因为这件事情，任守忠进了曹太后、宋英宗的“黑名单”。

嘉祐八年（1063 年），宋仁宗病逝、宋英宗即位后，为了防止新皇帝对自己下手，任守忠二话不说，转身投靠了宋英宗的码头。

为了博得宋英宗的好感，任守忠收集了很多曹太后的“罪证”，挑拨这对母子的关系，以换取宋英宗的信任。

在这个小人的挑拨下，宋英宗与曹太后的关系愈演愈烈，一发不可收拾。

当时，宋英宗对曹太后的不满，几乎到了临界点，他天天痛骂曹太后的不是，还写了很多埋怨、辱骂曹太后的诗句。曹太后来看他时，只要宋英宗听见了曹太后的脚步声，就会摔桌子砸碗，指桑骂槐。曹太后内心愤恨，只得转身离开。

后来，被骂的次数太多了，曹太后忍无可忍，她找来韩琦、欧阳修等大臣，拿出宋英宗辱骂、嘲讽自己的诗句，要求大家给自己评理。

接过这些诗稿后，韩琦二话不说，当场就给烧了。烧完后，韩琦道：“太后您经常说，官家有病，精神不正常。官家写这些文章，肯定是精神不正常的时候写的，这有什么好奇怪的，看它们干吗？”

听完韩琦的这番话，曹太后愣住了。

韩琦继续道：“皇帝有病，才会干这种事情。儿子生病犯错了，做母亲的应该包容一下，怎么能不容忍呢？”

曹太后一听，这话什么意思呀？难道是我小肚鸡肠、无理取闹？于是，曹太后愤愤道：“儿子是我的，他生了病，我自然会关心！”说完，曹太后不再言语，恶狠狠地盯着韩琦。

您看，两句不和就开瞪，这两人算是杠上了。

其实，韩琦之所以跟曹太后干架，也不是偶然的突发事件，而是必然的结果。因为，从很早以前，这两人就不和了。

韩琦对曹太后很是忌惮，曹太后对韩琦也心存芥蒂，他们之间的矛盾，甚至比曹太后与儿子的矛盾更大，也更难以解决。

两件事情，足以说明一切。

第一件事情，私自立储。

宋仁宗晚年时，迟迟不肯立储。对于这个问题，虽然富弼和曹太后很是担心，但也能够理解宋仁宗的苦楚（还是想传给亲儿子）。

于是，曹太后和富弼商定，在宋仁宗有生之年，不许群臣提立储的事情；宋仁宗驾崩后，富弼要第一时间拥立赵曙为帝。

这个君子协议，一直持续了好多年，直到富弼回家丁忧、韩琦当上宰相，才被彻底打破。

得知这个协议后，韩琦一琢磨，说立储君这么大的事情，怎么能够寄托于宰相和皇后的口头约定呢？你没有白纸黑字，这怎么行呢？于是，韩琦背着曹太后发动了猛攻，他忽悠包拯、司马光等人上疏朝廷，公开拥立赵宗实为太子，并最终逼迫宋仁宗就范。

韩琦这么一干，彻底把曹太后、富弼给得罪了。

在曹太后眼中，韩琦这么干，完全是没事找事！万一韩琦惹恼了宋仁宗，导致赵宗实被废，我这辛辛苦苦建立的关系，不就全没了吗？我这个外甥女高氏（未来的高皇后），不就等于打水漂了吗？

在富弼眼中，韩琦这么干，除了是没事找事，更是抢夺了自己的劳动果实！毕竟，按照富弼的剧本，他将成为拥立赵宗实的首功之人，但是韩琦这么一搞，自己什么功劳都没有了。这么多年的努力，等于是为他人作嫁衣了。

因为这件事情，富弼与韩琦彻底交恶，两人打死不相往来了。

多年后，韩琦病故，作为韩琦的同僚、庆历新政的主将之一，富弼本应该前去吊唁，结果，不管别人怎么说，富弼就是不去。他到死，也没有原谅韩琦。

遥想当年，在范仲淹变法时，作为范仲淹的左膀右臂，韩琦和富弼并肩作战，一起出生入死。结果，仅仅过了二十年，昔日的搭档就分道扬镳，再不往来了。看见此等情景，若范仲淹在天有灵，不知会作何感想……

书归正传，除了背着曹太后，拥立赵宗实为储君，韩琦还干了另外一件事情，让曹太后忍无可忍。

第二件事情，偷取玉玺。

史料记载，有一天，韩琦向太后谏言，说皇帝的病已经好了，能够处理朝政了，希望太后归政皇帝，去后宫享受清闲的日子。

对于这个建议，史称“太后不从”。

见太后始终不肯归政，韩琦跟宋英宗密谋，耍了一个手段，逼迫曹太后归政。

当时，京城久旱，韩琦建议让宋英宗行宋仁宗之事，去醴泉观祈雨。

对于这个决定，曹太后很是担忧，道："皇帝大病初愈，不适宜远行。"

宋英宗当即表示："即使有病，为了天下苍生，儿臣也必须去求雨。"说完，宋英宗讲了一堆什么身为皇帝，要心系百姓，国家兴亡，皇帝有责之类的话，以表明自己必去的决心。

见宋英宗如此执着，曹太后只能同意了，她对韩琦道："行吧，哀家同意了，你们去准备吧。早去早回，记得带上御医。"

就在这时，韩琦道："皇帝求雨，必须颁布诏书；颁布诏书，必须要用玉玺。望太后拿出玉玺，借我等一用。祈完了雨，必将归还。"

曹太后大吃一惊：你们说得好听，万一借了玉玺不还怎么办？但不借就没法颁布诏书，必损皇帝威仪……这怎么选呀？

最终，曹太后还是答应了此事，她拿出玉玺，交给了韩琦等人。结果，可想而知。

好不容易得到玉玺，傻子才还呢！求雨结束后，宋英宗就把玉玺扣下了。曹太后找人来要，刚开始的时候，宋英宗还找了几个续借的借口。到了最后，他索性连借口都不找了。

见此情景，曹太后大怒，立刻找韩琦当面问清此事。

曹太后质问韩琦道："当初，你们说借用一下玉玺，用完就还，现在为何不归还？"

韩琦道："启奏太后，您这么说就不讲理了。玉玺本就是皇帝的物品，何来'归还'二字？"

曹太后立刻明白自己这是中计了。她不再言语，转身离开了。

孰料，曹太后刚一离开，韩琦就在下面大喊道："太后已经同意扯帘了。"韩琦刚说完，准备已久的太监立刻冲上前去，第一时间扯去了太后垂帘用的帘幕。

史料记载，扯帘时，太监们还能看见太后尚未走远的身影，以及隐隐约约的哭泣之声……对于曹太后而言，活了几十年了，第一次遭受这样的耻辱，真是忍无可忍。

后来，虽然在富弼、欧阳修等人的建议下，曹太后又垂帘听政了，但是，因为这两件事情，韩琦与曹太后的梁子算是彻底结上，再也解不开了。前面讲过，韩琦被泼了一身药汤时，曹太后既不帮他，也不劝他，只是说了一句类似调侃的话，其原因就在于此。

韩琦烧了诗稿和曹太后杠上后，眼看一场斗争不能避免，就在这时，一旁的欧阳修站了出来，开始和稀泥了。

且看欧阳修高超的和稀泥技术。

和稀泥的艺术

欧阳修劝太后道："太后您消消气。您服侍先帝几十年了，您的道德操守、您的人品素质，天下人都是知道的。这几十年的实践证明，您是我朝合格的太后，这我们都知道。"

一顿高帽子加忽悠，曹太后脸色稍微和缓，气也消了不少。

欧阳修继续道："遥想当年，先帝在世时，一味地宠爱张贵妃，把张贵妃都宠成什么样子了，天天恃宠娇纵，很不像话。当时，您为了大局着想，都忍了下来。您连这个都忍了，现在，皇帝不过是发几句牢骚，您跟他怄什么气呀。"

一听这话，曹太后的内心舒服了很多，她点点头，感叹道："爱卿能够理解我。"

见太后舒服了，欧阳修继续道："太后的仁德，天下人都是知道的。太后贤明聪慧，遵奉先帝的遗命，恩泽遍布天下。现在，您又为了国家垂帘听政，我等是看在眼里，痛在心中，太后您也不容易啊。要知道，我等五六个执政大臣，不过是一群书呆子罢了，没有什么过硬的本事和资历。若不是有先帝遗命在此，谁会听我们的话呀？"

曹太后听完这番话后，就不开心了，甚至有点儿愤怒了。

原来，欧阳修明着是和稀泥，实则话里有话，甚至暗藏杀机。欧阳修的最后一句话是什么意思？他是在告诫太后——我们是先帝的托孤大臣，要无条件地遵循先帝遗命。不管谁不遵从先帝遗命，对新皇帝做出不忠之举，我们都可以按照先帝的遗命对他进行处理。

这个谁，自然也包括太后！

根据野史记载，曹太后此次前来，本想以皇帝写诗侮辱自己为由，与宰执们商量废除皇帝，另立新君。

因为知道曹太后的小把戏，所以对于曹太后，韩琦选择了强硬战术，直接把文稿烧了，让这件事情不了了之。而欧阳修则选用了软刀子，他暗示曹太后：我们天下的官员都会遵奉先帝的遗命，若太后执意撤换皇帝，我们就跟你拼了，来一个鱼死网破。

可见，历史的真相，往往不是想象的那么回事。看似一件很小的事情，其实背后暗流汹涌，稍有不慎就会彻底引爆。

曹太后是宋朝最聪明的女人，听了欧阳修的言语后，她马上明白了其背后的意思了。她不再吱声，状告儿子一事，也不提了。

曹太后这样处理此事，是一个合格的政治家所为。大家都不傻，欧阳修这番话的分量，大家都清楚。曹太后与其闹一个鱼死网破，不如后退一步，这样不仅能成就自己“仁慈”之名，还能卖给欧阳修一个顺水人情。

“安抚”了曹太后的情绪、把这位太后送走后，韩琦和欧阳修清楚地知道，这件事情还没完。

如今，皇帝和太后已经产生了矛盾，而且愈演愈烈，若不修复，必将产生极其严重的后果。万一曹太后豁出去了，就是要废除皇帝，到时候怎么办呢？

过了几天，韩琦单独会见了宋英宗，继续 和稀泥。

曹太后闹情绪，宋英宗也一肚子委屈。他对韩琦发了一肚子牢骚，说了一堆什么“到底不是我亲妈、就想着自己的利益，对我一点儿也不好”等话。

在哭诉期间，宋英宗竟然还说了一句胡话——“太后待我无恩”！

史料记载，韩琦耐着性子听完了皇帝的牢骚，劝慰道：“自古以来，明君不少，但被后人称为大孝的君主，唯有舜帝。这是为什么呢？难道其他人都不孝吗？”

随后，韩琦给皇帝上了一堂历史课，好好地给他补了一下《二十四孝》。“《二十四孝》的第一个故事，就是舜帝的‘孝感动天’。当时，舜的父亲心术不正，舜的母亲两面三刀，舜的弟弟桀骜不驯，他们联起手来打算害死舜，还差点得手。明知道家人要害自己，舜却没有怪罪他们，他一直对父母孝，对弟弟悌。最终，舜的这种至爱行为感动了上天——他被尧帝看中，成了他的继承人。”

韩琦告诫宋英宗：“父母慈爱而子孝，此常事不足道；唯父母不慈，而子不失孝，乃为可称。但恐陛下事之未至尔，父母岂有不慈者哉。”也就是，要对太后行孝道，这才是一个明君所为。说太后的坏话，这样不好。再这样下去的话，让天下臣民怎么想，还以为您是一个不懂孝道的昏君呢。

听完了这番话后，宋英宗深受感动，从此他再也不说曹太后的坏话了。

至此，在韩琦、欧阳修的大力撮合下，两宫的矛盾暂时化解，皇帝与曹太后之间的关系也慢慢修复了。在这个基础上，韩琦和欧阳修趁热打铁，干了三件事情，巩固皇帝与太后的关系。

第一件事情，减少太后垂帘听政的时间。

第二件事情，增加皇帝亲政的时间。

第三件事情，将那个挑拨离间的任守忠轰出朝廷，发配地方。

办完这三件事情后，皇帝的家务事得到了顺利解决，两宫之间也重回和平，总算是天下太平了。

但也就暂时的……天下太平。

因为，没过多久，这位皇帝又“惹事”了。且这一次干的事情，影响之巨大、涉及官员之多，足以载入史册，并让世人永远记住。

这件事情，在宋朝历史上大名鼎鼎、有一个专用的名词——濮议之争。

濮议之争

熟悉明朝历史的人都知道，在明朝嘉靖年间，爆发了一场认爹的闹剧，史称“大礼仪之争”。在宋朝的时候，也爆发过一场认爹闹剧。

这场认爹的闹剧，就是宋英宗时期赫赫有名的“濮议之争”。

史料记载，宋英宗登基后不久，深得圣意的宰相韩琦等人提议请求有关部门讨论宋英宗生父，也就是濮王的名分问题。

大家清楚地知道，当时濮王已经是最高等级的亲王了，再升一级那不就变成皇帝了吗！

群臣知道此事事关重大，都不敢轻易开口。最终，还是宋英宗做了姿态：

如今宋仁宗刚刚病逝，现在提这个问题不合时宜，不如过了宋仁宗大祥（去世两周年）之后商量此事。

斗转星移、日月如梭，一转眼到了治平二年（1065年）四月，这个如何追封濮王的问题，又被提上日程了。

韩琦、欧阳修知道皇帝的心思——宋英宗不仅是想追封濮王为皇帝，他想“认爹”。

根据当时的规矩，宋英宗虽然是濮王的亲儿子，但他已经过继给宋仁宗了，所以宋英宗管自己的爹只能叫“皇伯”，管宋仁宗才能叫“皇考”（考，父也；皇考，在位的皇帝对先皇的称呼）。

但是，你让宋英宗喊自己亲爹为大伯，让他情何以堪。

在宋英宗眼中，他怎么介绍自己的祖宗呢？指着大伯宋仁宗的牌位，违心道：“这是我爹。”随后指着亲爹濮王的牌位，继续违心道：“这是我大伯……”

这让宋英宗怎么说出口呢？为了自己亲爹的名分，也为了自己的权力，宋英宗必须认爹！

明白了宋英宗的心思后，韩琦、欧阳修决定成全赵曙的一片孝心，让他认濮王为爹，称赵允让为“皇考”。

欧阳修给出的说法是：普天之下，不管是亲生父亲还是过继父亲，都应该称父亲。从古到今，没有一条礼仪规定，有了养父、继父后，就不能认亲爹了。所以，皇帝可以称自己的亲爹为皇考。

然而，以王珪为首的两制却不同意这种说法。

王珪告诉皇帝：“您已经过继给了宋仁宗，成为他的子嗣了，怎么还能想着自己的私亲呢？如果没有宋仁宗，您怎么能够当上皇帝呢？您想想，您的这个皇位，到底是谁给您的。您的父亲只能是宋仁宗赵祯，不能是濮王赵允让！”

王珪的这番话，有一句台词——您的皇位，是从宋仁宗手里继承的。

除了王珪，著名学者程颐也上疏朝廷，“痛骂”皇帝胡乱认爹：“天地大义、生人大伦……苟乱大伦，人理灭矣……”意思就是：“国无二君，家无二尊。”

看见没有，在程颐的眼中，皇帝胡乱认爹，已经是摧毁天地、乱了伦理、灭亡人性的大事了！毕竟，一个人，是不可能有两个父亲的；一个国家，也是不可能有两个皇帝的。皇帝这样干，不是胡搞吗？

史料记载，王珪、程颐的言论，得到了很多大臣们的共鸣，大家纷纷上疏朝廷，强烈反对追封濮王为皇考一事，要求皇帝收回成命，并认为欧阳修、韩琦等人应被以“祸乱礼仪、教唆皇帝”之罪罢黜出京。

画上句号

史料记载，宋英宗用的这个手段，是这个样子的：

有一天，宋英宗来找曹太后，主动谢罪，说了一堆什么“儿子干了一件错事，今天主动请罪，希望母亲不要计较，原谅儿臣的无知”，等等。

本来，宋英宗提拔濮王的身份，就是要剥夺曹太后的身份，但是，见宋英宗认错的态度如此诚恳，这对母子最终“和好”了。

和好后，宋英宗提出，已经很久没有和母后散步了，不如大家在后宫走一圈。对于这个决定，曹太后欣然同意。

宋英宗虽执政经验不够，但也清楚地知道，该留下哪类人。于是，犹豫很久之后，宋英宗立刻颁布了一道强硬的圣旨，将一大批反对自己的大臣，贬出了京城。吕诲被发配蕲州，范纯仁被发配安州，吕大防被发配歙州，等等。

当时，司马光请求一同被贬，却没有被批准。于是，盛怒之下的司马光索性找了一个地方，不理朝政，去当一名历史编辑了。

司马光写的那本历史书，叫作《读通志》，也就是那本永载史册的《资治通鉴》的前身。

这里说一句题外话：如今，很多读者都会质疑，说《资治通鉴》这么一部伟大的经典著作，它的第一句话竟然是以“三家分晋”开头的。而且，第一句话竟然无头无尾，既没有交代时代背景，又没有交代主要人物，这样的开头语，到底想说什么？

君若不信，请看一下《资治通鉴》第一句话：“周威烈王二十三年，初命晋大夫魏斯、赵籍、韩虔为诸侯。”

不明白这段历史的人，根本不明白这是怎么回事，也不会知道魏斯、赵籍、韩虔是谁。

这么一部经典名著，竟然以一句没有主语、没有交代时代背景的“无头语”作为开始，这就让人摸不着头脑了。

其实，若明白司马光写《资治通鉴》的历史背景，大家就会茅塞顿开了。司马光之所以用“三家分晋”这个典故作为开头语，就是在变相地劝慰皇帝——不要犯上作乱，不要忘记自己的身份。不要以为自己黄袍加身了，就可以为所欲为了。

此外，在评价“三家分晋”这个历史事件时，司马光也不怀好意地写了这么一段话，作为对皇帝的劝慰语:“夫三晋虽强，苟不顾天下之诛而犯义侵礼，则不请于天子而自立矣。不请于天子而自立，则为悖逆之臣……呜呼！君臣之礼既坏矣，则天下以智力相雄长，遂使圣贤之后为诸侯者，社稷无不泯绝，生民之类糜灭几尽，岂不哀哉！”

这段文字很长，但就一个中心思想——不能随便破坏君臣之礼。否则，君不是君，臣不是臣，君主就没法统率群臣，群臣也就会犯上作乱了。到了那个时候，天下大乱，宋朝的江山社稷也就彻底完了。

司马光这段话，到底写的是谁，又打算说给谁听，真是不说自明。

综上所述，这种劝慰皇帝的思想，才是司马光写《资治通鉴》的本意，也是他写第一句“无头语”的根本原因。

这个良苦用心，真不可谓不深……

书归正传，这场持续了一年多的“濮议之争”，终于以皇帝的胜利，司马光等人的全面失败告终。

回顾此案，咱们会认为古人太闲、太无聊。一个亲爹、一个养父，有什么好争执的？还打得这么狠，何必呢？

其实，持这种观点的人，是不太懂政治的。对于皇帝而言，“名正言顺”这四个字，意义重大。

假设，宋英宗一直以宋仁宗养子的身份处理朝政，那他就永远名不正言不顺。任何时候，曹太后都可以用自己“仁宗皇后、英宗养母”的身份废掉他，甚至另从宗室子弟中选皇帝，不让他的子嗣继承大统。

可现在呢，濮王拥有了“皇考”的身份，宋英宗一脉的后继子孙，也可以名正言顺地继承皇位了。

这才是宋英宗用尽一生的力气，不惜使用流氓手段，甚至背负一个打压朝臣，违背礼法恶名的根本原因。

宋英宗想要的，不过是一个名分，一个让子孙名正言顺的正统身份罢了。

得到想要的东西后，宋英宗大愿已了，那个分手的时刻也终于来到。

治平四年（1067 年）正月，在位仅仅五年的宋英宗就因病逝世了，享年 36 岁。

赵曙死后，他的长子、年方 20 岁的太子赵顼继位，这就是历史上著名的宋神宗。

一个新的时代，就此到来。

第十六章 新的时代

欧阳修“下岗”

治平四年（1067 年）正月，36 岁的宋英宗病逝，年仅 20 岁的颖王赵顼即位，他就是北宋第六位皇帝、大名鼎鼎的宋神宗。

一个新的时代，终于开启。

当然，不是每一个“老人”，都能在这个新时代里生存。

这不，刚刚步入新时代，欧阳修就挨了一枪。这位三朝老臣都不知道是怎么回事，就被一波弹劾浪潮给淹没了。

史料记载，治平四年（1067 年）正月初八，欧阳修像往常一样，穿一身紫色官袍入宫，准备参加早朝。

根据唐宋官制，三品以上的官员，穿紫袍；四品、五品的官员，穿红袍；六品及以下的官员，穿绿袍。欧阳修此时的官职，是参知政事、尚书左丞，是国家二品大员，理应穿紫袍。

欧阳修来到宫中后，发现气氛不对，所有人都一身白衣，大殿各处也蒙上了白绢。很显然，皇帝驾崩了。

来到文德殿见到了韩琦后，欧阳修知道了皇帝已于昨晚驾崩的消息。在一片茫然中，韩琦给他一件丧服，让他赶紧换上，一会要举行皇帝的追悼仪式。

时间紧、任务急，由于欧阳修已是一个61岁的老人了，不能很快穿上丧服，于是，欧阳修就没有脱下紫袍，他把丧服穿在了外面，就快步走进了送葬队伍。

在礼部官员的带领下，韩琦、欧阳修等人，一路走一路哭，他们在皇帝的棺椁面前狠狠地大哭了一场。随后，韩琦颁布宋英宗遗诏，命皇太子赵顼即位登基。之后，在大臣的簇拥下，宋神宗来到大庆殿接受文武百官的朝拜，宣布自己即位……

折腾了整整一天，等整个仪式结束后，欧阳修擦着头上的汗，脱掉了丧服回家去了。结果，第二天太阳升起后，欧阳修惊讶地发现，有人弹劾自己了。

这个弹劾欧阳修的人，是监察御史刘庠。

原来，在追悼仪式过程中，刘庠眼尖，一眼就看见了欧阳修丧服里面的紫袍。于是，刘庠拿这件事情说事，说欧阳修竟敢穿紫袍追悼，是对先帝不敬，犯了大罪，应该罢黜相位，以儆效尤。

宋朝以儒学礼法治天下，在仪式过程中，不允许官员出现一点点错误，更何况欧阳修还是名满天下的君子，他犯了这种错误，也只能活该倒霉了。

不出意外的话，刘庠的这一状，够欧阳修“喝一壶”了。

告了欧阳修一状后，刘庠认为自己干了一番壮举，完全可以“片纸落去一宰执”了。

然而，刘庠等了整整一天后，却发现朝廷什么动静也没有。宋神宗压根儿没有追究欧阳修“大不敬”之事。

原来，看完刘庠的奏章后，宋神宗立刻派人告知欧阳修，让他尽快换掉紫袍。而且，皇帝还派人告诉他：区区小事，卿不必放在心上，朕还是很相信你的。

就这样，在宋神宗的绝对信任下，这件大不敬的事情就这样销声匿迹了。然而，宋神宗可以当这件事情没有发生过，刘庠却不能呀！

毕竟，刘庠告了当朝宰执一状，这要是让欧阳修知道了，还不得弄死自己呀。就算欧阳修不追究，他的那些手下呢？

就这样，为了不被欧阳修弄死，刘庠决定铤而走险了。他准备先下手为强，弄死欧阳修。

说干就干，刘庠找来顶头上司、御史中丞彭思永，又找来一只合格的“白眼狼”蒋之奇。他们狼狈为奸，勾搭在了一起。

“白眼狼”蒋之齐，是怎么回事呢？

原来，蒋之奇是仁宗朝礼部尚书蒋堂的侄子，嘉祐二年，考“春秋三传科”中了进士。在官场上，蒋之奇有意接近欧阳修，准备拜他的码头。

当时，欧阳修正为追封濮王一事焦头烂额，蒋之奇面见欧阳修后，就故意大谈追封皇考的合法性，并给欧阳修出谋划策。

听完他的见解，欧阳修大喜，便收了这个小弟，还把他推荐给了皇帝，授予了他监察御史的官职。

就这样，蒋之奇拜了欧阳修的码头，成了他的亲信。

那么，到底是什么原因，让蒋之奇反了水，变成一只“白眼狼”了呢？

两个原因：

第一，宋英宗驾崩后，蒋之奇敏感地发现，要变天了。要知道，虽然宋神宗是宋英宗的子嗣，但他不跟父亲一条心，宋神宗始终跟曹太后站在一起。这样一来，宋神宗上台后，当年跟宋英宗的那拨人，就没有好果子吃了。

第二，经历了濮议之争后，蒋之奇目睹了欧阳修众叛亲离、被人痛骂的全过程。蒋之奇清楚地知道，现在很多官员都对欧阳修不满，若再跟他混，很可能成为众矢之的，成为欧阳修的“陪葬品”了。

蒋之奇毅然决然抛弃了恩师欧阳修，拜了彭思永的码头。

一个合格的“白眼狼”，就这样炼成了。

亲信整旧领导，办法就是高人一筹。很快，蒋之奇就提供了一个合格的方案，准备跟一个人联手整治欧阳修。

这个人，就是另外一只“白眼狼”——欧阳修的亲戚、他夫人的堂弟——薛良孺。

那么，这一只“白眼狼”，又是怎么炼成的呢？

其实，这只“白眼狼”，是被欧阳修逼成的。

史料记载，薛良孺曾经是宋朝的水部郎中，因为举荐的人贪赃枉法而受到了连带责任，下岗了。

对于这个结果，薛良孺感觉非常冤——这个官员，确实是自己推荐的，但哪知道他会变成一个贪官呀！而且，这个官员犯了错，又不是自己犯错，跟他有什么关系呀。凭什么就得受连带责任，一起下岗呀！

薛良孺大喊冤枉，上疏朝廷，要求朝廷还自己一个清白。

朝廷相关的官员一看，欧阳修亲戚的官司，罪名也不是很大，就卖个顺水人情——说现在新皇登基，大赦天下，把薛良孺的罪名给免了。

然而，这种“皆大欢喜”的结局，却让欧阳修给搞砸了。

原来，得知要赦免自己堂弟后，欧阳修主动找到有关部门，告诉他们：我欧阳修是一个正人君子，哪能干这种事情呢？薛良孺的案子该怎么审、该怎么办，一切依国法行事，绝不能徇私枉法。

欧阳修都这么说了，官员们还能怎么办？于是，薛良孺依法被免除了官职，成为一个平头老百姓了。

得知这个结果后，薛良孺都快气疯了，心想有你这么当堂姐夫的吗？不肯相救，也就算了，还落井下石！一辈子的荣华富贵都毁你手里了！

薛良孺越想越气，越想越愤恨，既然你欧阳修不仁，那就别怪我不义了，跟你拼了！

于是，当蒋之奇抛来橄榄枝后，薛良孺没有一丝一毫的犹豫，就紧紧握住了。两人一明一暗，开始陷害欧阳修了。

那么，怎么陷害欧阳修的呢？

简单来说，薛良孺散播谣言，说欧阳修是一个披着人皮的狼，他跟自己的儿媳妇吴氏关系暧昧，还生了几个大胖小子，等等。由于薛良孺经常出入欧阳修家，对欧阳修的家人了如指掌，所以他说得有鼻子有眼的，让人深信不疑。

欧阳修的糗事立刻传遍了京城，占据了所有的头条，他又一次成为“网红”了。

舆论起来后，蒋之奇立刻草拟奏章，弹劾欧阳修道德败坏、人伦尽丧，跟儿媳有染，简直就是一个衣冠禽兽，要求对其严惩不贷，以儆效尤。

史料记载，欧阳修都快气疯了，肺都要气炸了！气疯的原因，是因为自己身边竟然出现了“白眼狼”，还是两只！气炸的原因，则是因为欧阳修清楚地知道，这个污蔑自己的招数，早在二十年前就已经被人用过了！如今，这些小人竟然故技重施，真是忍无可忍！

那么，二十年前的那个事情，是怎么回事呢？它又跟现在的谣传，又有什么区别呢？

旧案重提

我深信，当欧阳修看见弹劾自己的罪名后，一定会惊呼：历史又一次上演了！

事实正是如此。

因为，早在二十年前，在欧阳修 40 岁时，朝中的那些小人们，就用这个招数说他生活有问题，坑了欧阳修一笔了。

这还得从头说起。

庆历六年（1046 年），在斗争中，为了继续削弱范仲淹集团的势力，反对派们参了欧阳修一本："欧阳修道德败坏，就是一个衣冠禽兽，不配当官。他早年的那些丑事，就不说了（床上找金钗）。如今，欧阳修还与自己的外甥女通奸，实在恶心至极！"

御史说完这件事情后，朝野震惊。皇帝听得瞠目结舌，欧阳修也惊得无言以对。

不管什么朝代，跟自己的亲属有染，都是一件不能让人接受的事情。

那么，这到底是怎么回事呢？

原来，欧阳修有一个妹妹，嫁给了一个叫张龟正的人为妻。都说千年王八万年龟，结果这个叫"龟正"的人，竟然不到 30 岁就去世了。

张龟正病逝后，留下了欧阳修的妹妹守活寡，还留下了一个前妻的女儿张氏。欧阳修的妹妹没有了依靠，就带着这个女儿回了娘家，与哥哥欧阳修一起生活。

虽然从血缘上讲，张氏跟欧阳修没有一丁点儿的关系；但从辈分上讲，张氏是欧阳修的外甥女。就这样，张氏成了欧阳修的外甥女，在欧阳修家生活，欧阳修也承担了抚养外甥女的义务和责任。

光阴荏苒，岁月如梭，张氏年满 15 岁时，欧阳修把她许配给了一个远房侄子。这对小夫妻结婚后，夫唱妇随，举案齐眉，生活也挺美好。

然而，不知道怎么回事，欧阳修侄子有点儿性无能。老公没有本事，欧阳修的外甥女把熬不住，就跟家里的仆人通奸。东窗事发后，欧阳修的侄子把妻子扭送到了开封府，请求严办。

当时的开封府尹，叫杨日严，这个人跟欧阳修有仇。因为，杨日严在地方上班时，因为贪污受贿遭到了欧阳修的玩命弹劾，差点下岗。后来，杨日严拜了宰相章得象的码头，才从欧阳修的“嘴中”逃出生天。

因为这个原因，杨日严恨死了欧阳修。不把欧阳修搞死，杨日严誓不罢休。

一开始，杨日严对于这个出轨案，一点儿也不在意。后来一听是欧阳修外甥女的出轨案，杨日严心花怒放，真是想什么，就来什么！他准备把这个案件搞大，让欧阳修的外甥女做伪证，把欧阳修拖下水。

于是，杨日严下令对张氏严加拷打，逼迫她做伪证。张氏虽然敢出轨，但她依旧是一个没有见识的妇道人家。张氏哪里禁得住监狱的生活和那些狱卒的恐吓。于是，威逼利诱、连哄带吓后，张氏全都“招供”了。

张氏宣称自己在出嫁前，曾经跟欧阳修有染。那些“事情”不仅乱七八糟、污秽暧昧，而且异常精彩、骇人听闻！

得到张氏的供词后，杨日严大喜过望，他找来一堆反对欧阳修的大臣，大家一起上疏朝廷，要求严惩欧阳修。于是，发生了御史告状的那一幕。

可想而知，得知这个罪名后，欧阳修都快气疯了。他立刻上疏朝廷，大呼冤枉，要求朝廷还自己一个清白。

宋仁宗心想，欧阳修再风流，也应该清楚哪些事情可以做，哪些事情不能做，他怎么能干出这种事情呢？

宋仁宗下诏成立了一个专案小组，命官员孙抃为调查组组长，专门处理此事。

孙抃在详细调查后，回禀宋仁宗道：“现已查明，开封府尹杨日严滥用酷刑、篡改供词，逼迫张氏诬告欧阳修，才出现了‘欧阳修通奸外甥女’之事。欧阳修与外甥女之间清清白白，毫无奸情，此事完全是子虚乌有。”

得到这个结果后，宋仁宗大喜过望，然而，还没等宋仁宗释放欧阳修，那些反对派们又找到新的证据，继续诬告欧阳修了。

史料记载，宋仁宗看见反对派提供的下一份证据后，就高兴不起来了。

这份证据，就是欧阳修写的一首《望江南》的艳词。

江南柳，叶小未成阴。
人为丝轻那忍折，莺嫌枝嫩不胜吟，留著待春深。
十四五，闲抱琵琶寻。
堂上簸钱堂下走，恁时相见早留心，何况到如今。

看看，大家看看，欧阳修都写了一堆什么东西……

当年，“叶小未成阴”时，欧阳修只能“留著待春深”。现在，已经长大成人了，欧阳修后悔不已，悔恨自己“相见早留心，何况到如今”了。

此词一出，皇帝彻底蒙了，欧阳修只剩下两个字——认栽。

没有办法，谁让自己当年写下了这么一首让人浮想联翩的诗呢。就这样，围绕这首“淫词”，大家又展开了一场辩论。

坑害欧阳修的那些人，就拿着这首词说事，道：“大家看看，大家看看，在张氏很小的时候，欧阳修就看上她了，他早就对张氏图谋不轨了。因此，欧阳修与张氏通奸一事，是板上钉钉的，因为有这首词为证。”

同情欧阳修的那些人，则全力反对，他们纷纷上疏，为欧阳修鸣不平：“胡说八道！欧阳修写这首词的时候，张氏才四五岁。你会对一个小孩浮想联翩吗？这不是神经病吗？而且，谁告诉你们这首词，就是欧阳修盯上张氏的证据了！

“此诗句的上半部分是——出生的新柳，刚刚长出新叶子，它如此地柔弱，以致人们不忍心去折断它，黄莺也不忍在枝头上唱歌，只能等它长大后再说。

“此诗句的下半部分是——一个十四五岁少女正抱着琵琶调琴，她一会玩‘簸钱’游戏，一会在台阶上跑来跑去。这个天真烂漫的形象，给了主人公一个难以忘记的记忆。

“从文学的角度讲，这就是一首描写女孩的抒情体词。怎么在你们的破嘴里就成为一首淫诗了。如此断章取义、曲解词的含义，到底意欲何为？用这首莫名其妙的词陷害欧阳修，又到底意欲何为？”

最终，在一番激烈的辩论后，宋仁宗还是相信了欧阳修。宋仁宗最终宣布：因证据不足，欧阳修与张氏通奸罪名不成立。以后，只许审理张氏与男仆通奸一案，不许再把欧阳修卷进来。

当然了，虽然无法给欧阳修一个通奸的罪名，但是这些反对派们还是开动脑子，送给了欧阳修一个“偷取他人财物”的罪名。

原来，在调查欧阳修时，调查组发现了一些田契。据张氏招供，这些田契是欧阳修用她的首饰购买的。因此，欧阳修就有了偷取他人财物，为自己谋私利的罪名了。当然，这些田契，到底是谁购买的；这些首饰，又到底是谁的，已经说不明白了。

但是，仅仅凭借张氏的一家之词，不能定欧阳修“偷窃”之罪。不过，在御史台的连番轰炸下，宋仁宗最终选择了妥协，给欧阳修安了三条罪名，把他发配到滁州去了。

这三条罪名，分别是：

第一，欧阳修不该抚养张氏这个“出非己族”的外甥女；

第二，欧阳修不该把张氏嫁给一个性无能的废物侄子；

第三，欧阳修不该买田契。至少，不该让张氏知道田契的事。

这哪是什么三条大罪呀，这根本就是“欲加之罪，何患无辞”！

最终，就是因为这三条罪状，欧阳修被轰出了朝廷，发配到滁州去了。

在滁州，欧阳修书写了《醉翁亭记》，用那些“醉翁之意不在酒，在乎山水之间也”的诗文，来表达自己的不满。

其实，我个人认为，欧阳修也不必觉得冤枉。毕竟，苍蝇不叮无缝的蛋，当年，欧阳修要是不干那么多艳事，不留下那么多的缝，也不会让大家猜疑不断、臆想连连，导致自己百口莫辩，被人痛骂是一个“老色鬼”。

要知道，在当时的朝廷斗争中，为了消灭政敌，大家都往对方身上泼脏水。这种脏水，不仅泼在了欧阳修身上，王安石、苏轼等人也都沾过一身。

民间不是有传说吗？说王安石、苏轼都喜欢自己的儿媳妇，都跟儿媳妇有一腿。

特别是王安石，他对儿媳妇更是情有独钟，把儿媳妇比作琵琶，想在上面“弹一曲”！王安石的儿媳妇也很风流、大胆，她当即回应：“如果公公想弹一曲，可以，反正肥水不流外人田！”

后来，为了偷情，这对“奸夫淫妇”把暗通款曲的纸条儿埋在灶灰里，乘无人之时偷偷传递。为此，他们还留下了一个“扒灰”的典故。

如今，“扒灰”这个词，就成了奸夫淫妇偷情的专用名词了。

然而，谣言止于智者，王安石是一个君子坦荡荡的人，更是一个用情专一的好男人（后面再说）。这些无中生有、栽赃陷害的事情，又怎么能中伤他？这种“扒灰”的事情，也只会不攻自破，成为大家的笑谈。

欧阳修的故事告诉我们——如果要成就大事，那么一定要加倍小心、谨慎行事。因为，你犯的任何一个错误，都会成为你的把柄和致命伤，而一旦这些错误被对手抓住，后果不堪设想。

这，就是欧阳修留给我们的启示，也是他留给我们的血的教训。

换汤不换药

看见反对派故技重施、依旧用二十年前的招数对付自己、还在自己的“生活作风”上做文章后，欧阳修怒了。他连上九道奏章，要求皇帝公开审理此事，严惩蒋之奇这个小人，还自己一个清白。

而且，一怒之下，欧阳修主动辞职，回家去了。

见欧阳修已经被气疯了，宋神宗对此案非常重视。他将此案的所有人证、物证都准备出来，要亲自审理。

宋神宗这么一说，本案的最大证人直接跑路了。

这个跑路的证人，就是薛良孺。

得知皇帝要亲自审理此案后，薛良孺立刻告诉蒋之奇，自己决不会当堂作证，也决不会出面指证欧阳修。

这真是一个“聪明人”。

薛良孺清楚地知道，若当堂指证欧阳修，就算把欧阳修弹劾下去，自己在皇帝的心中，也会留下一个“陷害同族”的印象，到时候自己的仕途就算是完了。而且，自己编造的这个故事，水分太多，根本禁不住调查。若当堂被揭穿，皇帝龙颜大怒，来一个推出斩首什么的……薛良孺都不敢往下去想。

总之两句话——背后诬陷，可以；当堂指证，免谈。

得知薛良孺的态度后，蒋之奇大怒，心想没有你这么干的。我在前线浴血奋战，你在后面偷偷放枪，大家要一起上，这才是正道！

蒋之奇想把薛良孺抓起来，逼他上堂指证。结果，薛良孺老谋深算，他趁蒋之奇不注意，偷偷摸摸溜出京城，逃之夭夭了。

这一下子，蒋之奇直接站在风口浪尖上，面对皇帝的质疑了。

在宋神宗的亲自审理下，蒋之奇扛不住压力，只能供认说“欧阳修跟儿媳妇有染”一事，是听御史中丞彭思永说的。

宋仁宗叫来彭思永，当面对质。彭思永也知道薛良孺逃跑了，可若他说人证不见了，宋神宗会相信吗？彭思永这么说，就等于是诽谤当朝宰执了。因此，彭思永打死也不能将这件事情说出口。

事实不能说，事情还得办，在这种两难的局面下，彭思永临危不乱，他告诉宋神宗：“欧阳修与儿媳妇通奸一事属实，我们也有线人能够证明。但是，我不能说线人是谁。因为我要是说了，就破坏了御史台的规矩了。”

御史台什么规矩呢？

第一，不能透露线人的名字，以免被弹劾的官员去打击报复。否则，以后御史台再做别的案件时，谁还敢当线人呢？

第二，我朝有规定，御史可以“风闻言事”，就是不用找到确切的证据，只要有传闻、有一点点影子，就可以弹劾官员。至于这些案件是否属实，则是大理寺、审官院的事情了。御史们不用出示证据，只需配合调查即可。

想象一下，若御史“风闻言事”有罪，那么，就没有一个御史敢弹劾大臣了，尤其是不敢弹劾现任的宰执了。若每一个案件，都要揪出幕后的线人，那些背后的线人也不敢议论朝政、说出自己不同的意见了。长此下去，国家言路必将堵塞，皇帝就成睁眼瞎子了。

因此，秉持着御史台的“规矩”，彭思永有恃无恐、“忠心耿耿”地告诉宋神宗：“请恕微臣不能告知线人的名字。若我告知了线人的名字，以后谁还敢议论朝政？若我破坏了御史台的规矩，谁还敢继续直言进谏？所以说，我甘愿受罚，也不说出那个线人的名字。我这样做，也是为了皇帝，还请您三思而后行。”

听完彭思永的说辞后，宋神宗一想也是，就没有强迫他说出线人的名字。

彭思永高兴地走了，而欧阳修，再次愤怒了。

欧阳修上疏朝廷，道：“启奏陛下，彭思永说的那些话，全是屁话！臣当过监察御史，还不知道里面的规矩？诚然，身为国家的监察御史，确实能以

‘风闻言事’的名义罢黜官员。但是，这个事情到底是谁说的，这个总得说明白了，难道连这个也不能说吗？何况，这件事情是关系我一生清白、皇帝声誉、朝廷形象的大事。他们不把线人的名字供出来，这事就别想完！”

此外，欧阳修还告诉宋神宗：“彭思永这帮御史，死活不说消息的来源，也不说事情的真实性，却诅咒发誓说这件事情是真的，还要用这种道听途说的罪名治我，这怎么能让人信服呢？一方面言之凿凿，另一方面却噤若寒蝉，可见他们的内心，是虚伪的。这个案件，也没有什么真凭实据！因此，我再次恳请皇帝，让蒋之奇和彭思永说出这个线人、说出这个消息的真实来源，咱们在大庭广众之下审理此事，给天下一个交代。”

欧阳修死活要揪出线人，彭思永是死活不说，大家僵上了，这个案件也没法继续审理了。

后来，欧阳修的亲家吴充也上疏朝廷，要求严惩造谣者，还女儿一个清白。韩琦等人也出面力保欧阳修，说他绝不是那样的人。

反观彭思永等人，依旧是一副死猪不怕开水烫的嘴脸，永远都是那么几句话：“皇帝呀，你别问我这个线人的事情了。我老了，脑袋不好使了，就算是想告诉您，也不行了。我行的就是风闻之事嘛。”

最终，宋神宗实在没办法了，无奈之下，只能颁布一道圣旨，把彭思永和蒋之奇贬出京城，发配地方去了。

至此，罪孽深重的小人们，得到了应有的惩罚；沉冤得雪的欧阳修，也该……

殊不知，即使平反昭雪了，欧阳修也选择了辞职，打死也不回来了。

“六一居士”病逝

史料记载，即使彭思永和蒋之奇被轰出了京城，欧阳修依旧不依不饶，他继续上疏道：“启奏陛下，这些事情不能这样稀里糊涂过去，要是不将此事审理清楚，我没法工作。要知道，二十年前，一帮小人就用这种招数坑害我，现在蒋之奇这帮小人，又用这种招数诋毁我、糟蹋我。这算什么？要是小人用刀砍死我，我还能成为个烈士。但是他们用这种脏水泼我，我洗都洗不干净，只能一身臊！现在，我被这群小人折腾得身心疲惫，恳请辞职。”

看完欧阳修的辞职信后，宋神宗天真地以为，这是老臣受委屈了，在家闹情绪了，只要好好哄哄就能过去。

宋神宗亲笔写了一封手诏，命人送给欧阳修，恳请他归队。

根据《神宗御札》记载，在这封手诏中，宋神宗是这样写的：“数日以来，那些诬陷你的事情我是知道的，也是非常清楚的。朕知道，爱卿是一个正人君子，绝不会干这些苟且之事，所以朕已经把诋毁你的蒋之奇、彭思永等人，全部罢黜出京、贬入地方了。陷害你的小人已经得到了严厉的处分，爱卿的气应该消了吧，您还是回来上班吧。”

除了这些词语，宋神宗还写了一句非常暖心的话语：“春暖，久不相见，安否？”

皇帝都这么说了，也给足欧阳修面子了，但凡是一个明事理的大臣，都应该感恩戴德地重新出山了。

可惜的是，这个欧阳修，却根本不为所动，他又一口气上了六道奏章，请求辞职。最不济，也要辞去参知政事的职务，离开京城，前往地方。

其实，欧阳修的想法非常简单——他已经彻底看透了这个世界，准备急流勇退，平静渡过余生了。

欧阳修的这种思想，在他新的雅号“六一居士”中得到了完美的体现。

史料记载，大概每隔10年或者20年，欧阳修就会有一个新的雅号，有自己取的，也有朋友给取的，如逸老、达老、醉翁等。他最后一个雅号，叫作“六一居士”。

关于这个“六一居士”的由来，欧阳修专门写了一篇《六一居士传》，用自问自答的形式做了说明。

有人问居士（欧阳修）：“什么叫作六一，都是哪六个一？”

居士说：“我家里有一万卷藏书、集录夏商周三代以来的金石遗文一千卷、一张琴、一盘棋，还经常备一壶酒。”

那人道：“不对呀，这才五个一，还少一个呀？”

居士道：“还有我这么一个老头儿呀，加起来，不就是六个一了？”

那人笑道：“如此三番五次更改别号，是不是想要逃避名声？庄子有一篇文章，说有一个人特别讨厌自己的影子，他拼命跑，拼命跑，想摆脱自己的影了，结果他跑得越快，影了就跟得越快，这个人最终跑死了。我看您就跟那个人似的，快速奔跑，大口喘气，干渴至死，可名声跟定您了，您逃不掉。”

居士说：“不不不，我从来没有想过逃名，我知道名声想逃也逃不了。我之所以取名‘六一居士’，不过是想表达自己的人生乐趣罢了。”

那人道：“您有什么乐趣呢？”

居士说：“我的乐趣太多了。当我沉浸在这‘五个一’里面时，泰山在面前也看不见；巨雷劈断柱子也不会惊慌。就是在洞庭湖上吹奏九韶音乐、在涿鹿之野观看大战役，也无法比拟自己的快乐和舒适。我常忧虑自己不能从‘五个一’中获得快乐，因为世俗给我的拖累太多了。我身上的那些官印、官服等，从外面让我身体劳累；国家大事让我身心俱疲，哪里还能得到快乐呢？蒙天子恻隐，同意我提前退休，与‘五个一’一起回归田园，这样又怎么能不快乐呢？”

那人又笑道：“官车、官服、官印等让您觉得累，这‘五个一’难道就不会成为您的负担吗？”

居士笑道：“不是这样的。身在官场，被名利拖累，天天焦头烂额，痛苦不已；跟这些物品在一起，既能让精神得到安逸，又没有祸患。如果是你，会让我选择哪边呢？”

那人站起身，握着居士的手，大笑道：“区区小事，何足比较，咱们还是停止辩论吧。”

上述的对话，就是欧阳修内心的真实写照。

生在官场，身不由己。从二十三岁步入政坛开始，从吕夷简、高若讷，到夏竦、王拱辰；再到彭思永、蒋之奇，欧阳修的一生都在战斗中度过。这种数十年尔虞我诈、钩心斗角、你争我夺的生活，何时是个头？

在欧阳修的眼中，身在江湖，即使能够战胜无数的敌人，最终也逃不过被击败的命运，因为在这场战斗中，没有谁是永远的胜者。既然已经厌倦了这种无休止的斗争，不如潇洒离开。

毕竟，人生不止眼前的苟且，还有诗和远方……

在远方，欧阳修将潇洒安逸地生活，将从书本中找到一个读书人真正的快乐，从金石遗文中体验先人的智慧，在悠扬的琴声中感受平静的生活，在一局棋中体验游戏的喜悦，在酒的作用下回归自我，获得一个真正的自由！

大彻大悟后，欧阳修涅槃重生，变成了一个崭新的欧阳修。

宋神宗治平四年（1067 年）三月，朝廷批准了欧阳修的请求，撤销了他参知政事的官职，把他“发配”到亳州去了。

就这样，欧阳修终于离开了朝廷，快乐地安享晚年，直到自己生命的尽头。

熙宁五年闰七月二十三日（1072 年 9 月 22 日），欧阳修在家中逝世，享年 65 岁。欧阳修病逝后，朝廷追封其为太子太师，赐谥号“文忠”。

一代巨匠，就此陨落。

欧阳修虽然陨落了，但是他应该是死不瞑目的。因为，他在临死前看见了一个疯狂的时代，一个君臣胡来的时代，一个天下大乱的时代。

这个时代，在历史上有一个专有名称——王安石变法。

第十七章 积贫积弱的大宋王朝

宋朝的现状

治平四年（1067 年），宋英宗病逝，年仅 20 岁的颍王赵顼即位，史称宋神宗。

新皇登基，踌躇满志，然而，摆在宋神宗面前的这个国家，却让他叹息不止。

因为，大宋帝国外部虽然繁花似锦，无比繁荣；但其内部，却早已矛盾丛生、腐败透顶，犹如一堆残羹瓦砾，只要轻轻一推，就能倾倒在地。

这个说法绝非危言耸听。要知道，因为庆历新政的半途而废，昔日的“三冗”问题不但没有解决，反而愈演愈烈。

最终，新的“三冗”问题，成为压倒帝国的三座大山了。

这个新“三冗”问题，就是困扰大宋多年的冗官、冗兵、冗费。

先说冗官。

史料记载，宋朝的官员数量之多，堪称历史之最。当时，光登记在册的官员，就有2.5万人之多。各种编外的“临时工”，更是不计其数。

之所以有这么多的官员，一部分是宋朝“恩荫制度”胡乱册封的结果；另一部分则是宋朝科举制度盲目扩招的结果。但最大的原因，则是从宋朝建国开始，宋太祖赵匡胤建立的一套神奇的制度，导致帝国必须使用很多的官员。

这套制度，就是宋朝神奇的“官、职、差遣”三相分离的制度。

那么，这是一套什么样的制度呢？又为什么神奇无比呢？

因为在这套神奇的制度中，上到宰相，下到乡县看门的老头，大家全都“名不正言不顺”，都不担任与官职名称相符的职务。同时，虽然不担任这个官职，大家却干着这个官职的活，还拿着这个官职应有的“工资和奖金”。

看晕了吧。其实，只要明白了赵匡胤创造的这套“官、职、差遣”，就能真正明白这位皇帝的良苦用心。

所谓的“官”，就是“官职”，用来确定官员的等级、俸禄的高低以及待遇的薄厚等。但是，这个官却有名无权，一点儿权力也没有。

比如，朝廷任命你为教育部部长了。从此，你得到教育部部长这个官职，也拥有教育部部长这个头衔，但是，你不能干教育部部长的工作，也没有教育部部长的权力。

这个“官”，就是一个虚衔。除了每月领工资，这个“官”一点儿权力都没有，所以也称“寄禄官”。

那么，怎么获得权力呢？

这就得靠“职”来解决。

所谓的“职”，就是“职务”，代表着你要干什么活以及行使什么样的权力等。但是，这个官却“有权无名”。

比如，朝廷让你干教育部部长的工作了，你就能够履行教育部部长的职务，也拥有教育部部长的权力了。但是，这并不意味着你就是教育部部长了。

毕竟，你没有教育部部长的头衔，因此拿不了教育部部长的工资，也没有教育部部长的待遇。除了工作增加了，啥好处也没有！

可见，这个“职”，虽然有权力，但基本上就是一个“荣誉虚职”。官员得到了这个“职”，常发出“名不正言不顺”的唏嘘感叹了。

那么，怎么让权力和头衔挂等号呢？

这就得去问“差遣”了。

所谓“差遣”，就是皇帝临时派你去干一件事情或去完成某项具体任务，而特意派遣的工作。

比如，皇帝任命你为教育部部长并派你去搞教育，只有到了这个时候，你有了皇帝的“差遣”，才能让“官”和“职”挂等号，才真正拥有了权力和责任，变成一个“真正”的教育部部长。

这种差遣的官员，也叫“职事官”。

当然，即使得到了权力和头衔，变成了一个有权有势的官员，也别美，因为赵匡胤在这里还埋下了两个“撒手锏”，让你根本无法释怀。

第一，时间。

虽然在皇帝的“差遣”下，官员有了权力和官职，但是等事情办完了，皇帝的“差遣”就结束了，这些权力和官职就得上交。

因此，对于这些官员而言，即使有了皇帝的“差遣”，他们也不过是一个“临时工”。等干完工作了，这些官员就下岗待业，只能重新找工作了。

第二，专业绝不对口。

为了防止官员专业对口、培养自己的势力，赵匡胤在“差遣”工作的时候，一般不找“对口”的行业官员，反而绕来绕去，去别的部门找一个“稍微对口”的兼职生，对其委以重任，让他管理这件事情。

还拿教育部部长举例，在任命时，赵匡胤绝不会任命搞教育的专业人员，而是让商业部的人员来兼职。他这样做，就是为了防止教育部部长大权独揽、结党营私、脱离管治。

以上，就是赵匡胤建立的“官、职、差遣”制度的大概内容。

赵匡胤的目的很明确，就是要建立一套完善的制度，最大限度地控制官员的权力，让官员有名无实，或者是有实无名。即使官员有名有实了，也可以用“专业”和“时间”来控制他们的权力，让他们无法做大做强。

不得不说，赵匡胤为了建立这么一套制度，真可谓呕心沥血。但他建立的这套制度，也让帝国管制混乱，大家都不知道自己是干什么的了。

这种说法，绝非危言耸听。按照已故大师柏杨《中国人史纲》的说法，如果把宋朝的官职套用到现代，用今天的官制比喻，应该是这样子的：教育部部长只是一个头衔，他并不能实际过问教育部的事务，必须由商业部的副部长兼任教育部副部长，然后再代理教育部部长。

彻底晕菜了吧。宋朝的官员制度，就是这么乱！

不得不说，赵匡胤设计了这么一套深奥无比的制度，其本质目的就是更好地管理这些官员，防止他们造反。同时，它可以把帝国的权力全部集中在皇帝的手里，让赵匡胤大权独揽。

随着时间的推移，这套制度并没有阻挡官员们拉帮结派、结党营私，反而出现了更大的弊端，并且愈演愈烈。

这个弊端，就是困扰大宋数百年的冗官。

咱们可以想象一下，因为官员是“官、职、差遣”三种任命制度，在这种制度下，一定会出现有名无权的闲官。

大宋刚建立时，闲官少，危害不大，但随着恩荫制度的不限制和科举考试的玩命扩招，闲官数量越来越多，最终一发不可收拾。

据史料记载，至宋神宗时期，这种有名无权的闲职官员，占据了官员总数的 70% ～ 80%。也就是说，每十个官员里面，就有七八个是吃闲饭的（居其官不知其职者，十常八九）。

对于这种闲官，朝廷也没有办法裁减。

毕竟，官场关系错综复杂，你知道对方什么来头？恐怕还没开始裁减，自己就第一个被裁减了（参考范仲淹的结局）。

不能裁减，只能养着了。为了让这些吃闲饭的官员也能名正言顺，朝廷只能绞尽脑汁发明新的差遣、新的官职。这样就产生无数个让人啼笑皆非的名词。

比如，“尚书右仆射兼中书侍郎判中书省事”，从字面上解释，它的意思是“尚书省副首长兼中书省副首长，然后代理中书省首长”。其实呢，这个官职就是“宰相”！

现在，大家明白为什么在史书中，宋朝官员的简历动不动就一长串一长串的官职头衔了吧。

此外，这种混乱的官场编制，也产生了低下的效率，即“叠床架屋”。官员们在这种“床上叠床，屋下架屋”的办事效率下，常见的推诿扯皮、拖拉积压、吃拿卡要、议而不决的现象，也就屡见不鲜了。

当然，这些“叠架”起来的冗官们的办事效率问题，并不是最大的危害。按照某位史学家的说法，这些冗官们真正的危害是：这些叠、架起来的冗官们与帝国慷慨的高薪制度相结合，在催生了大宋帝国灿烂的文化之花时，也耗费了帝国数以万计的金银，从而让帝国迅速衰败。

这才是冗官最大的危害！

资料显示，宋神宗登基时，正式在编的官员数目，居然多达2.5万名，这还是一个“保守”的数据！而每年为官员支付的俸禄，大约是1200万缗钱。

1200万缗是什么概念？宋朝当时一年的国家财政总收入，不过6300万缗钱。这群官员把五分之一的财政收入吃掉了。

因此，如果你是宋神宗，你也得让人变法，改变这一切。

当然，对比下一个问题，您就会惊讶地发现，根深蒂固的冗官问题，不过是“毛毛雨”罢了。

真正的“倾盆暴雨”问题，就是长期困扰帝国的冗兵。

“三冗”问题

咱们都知道，宋朝以武得天下，但为了防止其他人也以武得天下，所以从太祖时期起，赵匡胤就实施了各种抑制武将的政策，比如，以文制武、宦官监军、依阵图行军等，千方百计防止武将造反。

即使建立了这么多抑制武将的制度，赵匡胤还是觉得不保险，为了得到一个“可以为百代之利者”的制度，赵匡胤下令宰执们开会，商量出一个万全之策。

史料记载，开会期间，赵普提出了很多的建议，都被赵匡胤否决了。最终，太祖皇帝认为，只有一种办法才是真正的长治久安之道。

这就是养兵：“可以利百代者，唯养兵也。方凶年饥岁，有叛民而无叛兵；不幸乐岁而生变，则有叛兵而无叛民。”

这个意思是说：真正的长治久安之道，只有“养兵”。遇到了灾荒之年，国家把这些饥民招募为士兵，就可以避免饥民作乱。在正常年份下，即使有军队作乱造反，也不会有百姓参与，因为百姓都当兵了。

虽然从字面上看，这就是一种国家养兵的募兵制度，但实际上，赵匡胤将军队作为收留饥民、地痞、无赖等各种社会不稳定人群的管束机构，使之不在社会上滋事起义。

对于这种募兵制的见解，著名宋史专家邓广铭认为：政府招募这些“失职犷悍之徒”，即那些破产失业的农民和各种不服管理的刁民，就是要把这些社会不稳定因素招募入伍，豢养起来，使之不再作乱……同时，把这些可能反抗现政权的潜在力量，转变为维护现政权的力量，使这个政权多获得一些保险系数。

就这样，一个天下无民、只有士兵的乌托邦世界，就在赵匡胤的手中慢慢成形了。不得不说，这个制度的效果还不错。

有专家做过这样的统计——宋朝时期发生的农民起义有三百多起，是中国历史上最多的朝代。但汉唐时代，农民起义往往一经发起，即成燎原之势，进而撼动整个国家的根基。唯独在宋朝，每次起义都局限在比较小的地域，时间短则数月，长不过四五年。因为宋朝的兵、民是完全分开的，他们不可能一致行动。即使有百姓起义，也很少有士兵跟着他们一起闹事。

短期看，这套制度没有太大弊端；但时间一长，就一塌糊涂了。

因为这个军队的数量，实在是太多了！

要知道，强行招来参军的百姓，本来就是一群手无缚鸡之力的灾民，他们怎么可能有战斗力。因此，在对外战争前，政府还得招募精壮士兵，继续扩大军队的数量。这样在不经意之中，宋军的数量就成倍增长了。

宋军数量多，本来也容易解决，遣散了便是。但这里的问题是，为了妥善管理灾民，避免他们重回社会暴乱，宋朝强行规定，百姓一旦当兵，就终身被编入官府军籍，子孙后代也不许脱离军籍。

就这样，国家招募的灾民不许脱离军籍，一生要仰食于官府，他们的子孙也不许脱离军籍，生生世世要仰食于官府。招募的士兵也是如此，久而久之，宋朝的军队要不达到一个惊人的数量，那才叫见了鬼！

在这种恶性循环下，宋朝的士兵数量就跟滚雪球似的，越滚越大，越滚越多，终于达到了一个惊人的数量。

史料记载，宋太祖开宝年间，宋朝全国军队大概为40万人；到了宋太宗时期，全国军队增至60万人；宋真宗天禧年间，全国军队增至90万人；宋仁宗庆历年间，全国军队增至100万人；而等到了宋神宗变法前，全国军队已经达到了恐怖的120万人！

120万人是什么概念？清朝全盛时期，国土面积是宋朝的三倍，全国的军队也就70万人。即使是“十全老人”乾隆统治的时期，对外战争极其频繁，当时清朝最高的军队数量也没超过90万人。

看来，我们耳熟能详的梁山伯好汉、那位80万禁军教头林冲，之所以能够训练那么多皇家禁军，也是源于此了。

宋朝120万皇家禁军，不仅数量惊人，也暗藏了一个更加惊人的数字——这得需要多少钱才能养活这些士兵呀！？

根据蔡襄的《论兵十事疏》记载，当时国家养兵的标准，一个中央正规军（禁军）士兵一年的军饷，大概为50缗（约一万元人民币）；一个地方士兵（厢兵）一年的军饷，大概为30缗（约六千元人民币）。宋朝一共118万军队，每年国家耗费的军费，大概为4800万缗。

禁军一兵之费，以衣粮、特支、郊赉通计，一岁约费钱五十千；厢军一兵之费，岁约三十千。通一百一十八万余人，一岁约费四千八百万缗。此其大较也。

——《忠惠公文集·卷一八·论兵十事疏》

史学家们相信，蔡襄说的这个军饷数字是真实可信，原因有二：

第一，这篇奏章，是蔡襄在治平元年（1064年）担任三司使时书写的。三司使号称“计相”，他就是管理国家财政的官员。蔡襄的话可信。

第二，为了论证自己的数字，蔡襄还附列了一张精细的军费账单，上面罗列了宋朝军队所有的开支，只要用笔一算，就能清楚看出了。所以，蔡襄的数字应该真实可信。

那么，整整4800万缗，是一个什么概念？咱们前面介绍了，宋朝当时一年的国家财政总收入不过6300万缗钱。每年全国的军费开支，居然占了全国财政收入的六分之五！

所以，蔡襄悲观地写道：“臣约一岁总计，天下之入不过缗钱六千余万，而养兵费约及五千。是天下六分之物，五分养兵，一分给郊庙之奉、国家之费，国何得不穷？民何得不困？”

“天下六分之物，五分养兵”，放眼古今中外，这种军费开支比例在任何一个国家，都是一个极其惊人的数字。

综上所述，冗官每年花费1200万缗，冗兵每年花费4800万缗，仅这两项开支，就用去国家6000万缗的财政收入了，国家早就入不敷出了。

除了这两笔开支，宋朝还有很多开支，不得不花。比如说，皇室每年的开支、祭天拜祖的费用、装修房屋的费用、天灾人祸的赈灾款等。

这样一算的话，宋朝早就亏本运营，必须申请“破产”了。

这些让国家入不敷出的开支（冗官、冗兵），就是宋朝面临的第三个问题——冗费。

多说一句，在这些冗费中，有两笔开支不得不提。这就是那两笔被史学家们无限放大、数量却完全可以忽略不计的钱——送给辽国和西夏的岁币。

如今，随便翻看一本历史书，在谈到冗费这个问题时，一定会说到这两笔开支，也一定会再三强调：因为这两笔非常重要的开支，即送给辽国和西夏的岁币，导致宋朝入不敷出。帝国的“积贫之说”，也源于此。

事实上，对于这种说辞，真要好好商榷一番。

根据史料记载，当时宋朝给辽国的“赏赐”，不过50万缗；宋朝给西夏的“赏赐”，也就25万缗。这两笔钱加起来，也就75万缗。

对比一个年收入6300多万缗的帝国，这些钱真的很多吗？这区区百分之一的钱财，真是帝国“积贫之说”的根源吗？

那么，为什么史书会一而再、再而三地强调，这两笔钱极其重要，是大宋“积贫之说”的重要根源呢？

按照李亚平教授的说法，之所以出现这种现象，是因为：每当君臣为了钱不够花而心情灰恶时，这两笔钱所带来的耻辱感就格外强烈，不仅令帝国臣民，更令皇帝本人颜面扫地，格外闹心……因此，帝国积贫之说，源出于此。

书归正传，拜这“冗官、冗兵、冗费”三座大山所赐，宋神宗登基时，面对的就是这么一个残破不全的帝国。这个国家百废待兴，已经到了最艰难的时刻了，若不再变法图强，宋神宗就成为一个亡国之君了。

因此，变法之日，就在今天！但是，找谁来变法呢？

焦急的君主，群臣的答案

既然要变法，就必须起用新人、能人。毕竟，指望朝廷这群死气沉沉、干活不求有功但求无过的人去变法，那就是一个笑话。

那么，宋神宗重用的变法的人，是谁呢？

宋神宗第一个重用的人，是跟自己志同道合的吴奎。

史料记载，宋神宗和吴奎非常投缘。他们不仅有共同的语言，在那件事情上，他们的意见更是完全一致。

那件事情，就是英宗时期的濮王之议。

咱们前面讲过，宋英宗之所以玩命认爹，就是要给后世子孙一个名正言顺的正统身份。然而，对于这个问题，他的子嗣却并不领情。

当时，宋神宗是跟曹太后一条心的，宋神宗不理解父亲的苦衷，他还强烈反对这件事情，甚至想在登基后撤回对濮王的册封。

皇帝想撤回对濮王的册封，但欧阳修、韩琦不干。毕竟，为了干这件事情，他们把半数朝廷的人都得罪了。

在这种背景下，宋神宗急切地希望一个大臣站出来，替自己解决这个难题。

这个大臣，就是吴奎。

史料记载，宋神宗登基后，多次召见吴奎，问其追封濮王一事的意见。

宋神宗对其道："欧阳修等人提议追封濮王为尊，他们用到了汉宣帝追封先父的例子，不知是否合适？"

吴奎回应道："欧阳修举的这个案例，根本不合适。因为，虽然汉宣帝接替了汉昭帝的位置，可是按照辈分，他们是侄孙和叔祖的关系（汉宣帝的爷爷是汉昭帝的大哥）。因此，汉宣帝追封自己的父亲，跟汉昭帝一点儿关系都没有。"

宋神宗道："假设，汉昭帝是汉宣帝的养父，那汉宣帝追封自己父亲的事情，是否合适？"

吴奎听明白了皇帝的意思，他继续道："汉宣帝一事，暂且不表。我朝英宗是仁宗皇帝亲手选立的，仁宗对英宗恩重如山，您不能忘了这份恩德呀。在臣看来，追封濮王一事，涉及私人感情，不够公正。"

宋神宗听明白了吴奎的意思，沉默不语了。

大家都是聪明人，宋神宗虽沉默不语后，但吴奎也知道该干什么。

后来，在吴奎的强烈反对下，追封濮王一事，最终不了了之。赵允让的谥号仍为“王”，三位妻妾也依旧称“王夫人”。

就这样，宋英宗拼尽一生，为儿子挣来的名分，就在儿子一句轻描淡写的“不要”声中，不复存在了。

宋英宗若在天有灵，见此情景，不知会做何感想。

书归正传，因为这件事情，宋神宗很信任吴奎，希望他能够主持变法，改革弊政，使宋朝重新强大起来。然而，在变法方面，吴奎却让宋神宗失望了。

因为，吴奎信奉的理念就是八个字——顺应天命，合乎人心。

在宋神宗眼中，如此空洞和不切实际的道理，根本不能解决任何问题。国家都快穷死了，到时候老百姓揭竿而起了，难道也是顺应天命，合乎人心？

于是，这个本来被寄予厚望的吴奎，就被宋神宗抛弃了。

宋神宗看中的第二个变法人选，就是大名鼎鼎的司马光。

当时的司马光，年轻有活力。他才华横溢，是文坛领袖；他清正廉洁，是官员的表率。不管怎么看，都是一个合格的变法人选。

然而，在变法方面，司马光能给皇帝的……除了失望还是失望。

史料记载，宋神宗多次召见司马光，询问如何让国家富强的问题。对于这个问题，司马光是这么回答的：“修身治国，我总结为六个字，即‘仁、明、武、人、赏、罚’。我们要做一个有仁爱之心的人，一个坚守自己原则的人，一个刚正不阿、敢跟邪恶势力斗争的人。这样一来，我们就是一个君子了。君子在治国方面，无非就是选择同样是君子的大臣，用功必赏、有错必罚，这样一来，国家上下同心，自然就能富强了。”

听完司马光的话后，皇帝哭笑不得：朕问的是如何“富国强兵”，不是问你如何“做人”！

宋神宗继续恭敬地问道：“敢问爱卿，有什么具体的政策，能让国家的赋税快速提高？”

一听这话，司马光反而怒了，他大声道：“天下的财富就那么多，不在百姓，就在国家。若国家想要富庶，就只能从老百姓手里抢夺了。至于怎么抢夺，我是没有办法的。”

司马光愤怒也是有原因的。在这种“君子儒”的眼中，身为君子，是要讲“义”的，怎么能讲“利”呢？现在的这个宋神宗，简直就是当年的梁惠王，眼里只有钱、钱、钱，满脑子都是那种“龌龊”的东西！这样一个天天琢磨挣钱的君主，怎么能是一个明君呢？这么一个天天讲利的君主，又怎么能治理好国家呢？

虽然司马光想劝慰宋神宗成为一个重信、讲义的明君，但是，宋神宗不可能接受这套说辞。在宋神宗的眼中，国家都快穷死了，不讲利、不琢磨挣钱，行吗？反正有人给你司马光开工资，你吃喝不愁，我不管国家还剩多少钱能行吗？

司马光走后，宋神宗长叹一声，对周围的人道：“司马光的人品是好的，也很有才华，但是太迂腐、太不切实际了。”

接连在吴奎、司马光处碰壁后，宋神宗又去物色下一个人选。

这一次，宋神宗挑选的是那个老当益壮、曾经主持过变法的富弼。

在宋神宗的眼中，富弼是庆历新政的三大元老之一，当年他与范仲淹并肩作战、一起轰轰烈烈地变过法。若让这个老臣来辅佐自己重新变法，必能让朝廷上下焕然一新。

说干就干，宋神宗立刻召来富弼，询问他如何变法、如何强国、如何改革弊端。

宋神宗和富弼从早上一直聊到黄昏。虽然经过了这么长时间的谈话，但是富弼的回答却让皇帝非常不满意。

原来，在是否变法这个问题上，富弼的回答自始至终就是一个——国家宜静不宜动，擅自更改，只能让那些小人得利，而让国家受难，百姓也跟着遭殃。

可见，经历了这么多年的宦海沉浮，富弼变了，他变得明哲保身了，也终于变成了他以前最讨厌的那类人。

史料记载，宋神宗还不死心，继续问道：“对于边疆事务，不知爱卿有何建议？”

富弼知道皇帝一直想发动战争，一雪前耻，但他劝慰道：“边疆之事，兵来将挡水来土掩，只要按照现有的制度处理，就不会出乱子。陛下您刚刚登基不久，希望您体恤百姓的苦楚，布德行惠，在20年之内不提战争之事，给天下一个太平。”

听了富弼的这番话，皇帝沉默不语。

群臣谈话结束后不久，富弼就请求去外地当官（还有点儿自知之明），宋神宗二话不说，就给批准了。

跟这些老臣们谈完后，宋神宗陷入了深深的思考中：如果想维持现状，朝中随便找一个大臣，如韩琦、富弼、司马光、文彦博、吕公著、曾公亮等，都可以执政，并且把这个国家治理得井井有条。但是，这能维持住国家下滑的趋势吗？他们的执政理念，能让这个国家繁荣富强吗？如果自己死后，留给后世子孙一个更加积贫积弱的国家，还不得被后世子孙骂死？而且在那个时候，后世子孙们还有时间和能力变法吗？会不会到了那个时候，一切都晚了呢……

一想到这些，宋神宗就不能安心。最终，这位皇帝决定——变法！必须变法！必须在自己手里，把这个问题彻底解决，他要留给后世子孙一个繁荣富庶的大宋王朝！

皇帝有这种雄心壮志，很好，值得鼓励。但问题是，谁来执行变法呢？

转了一圈，又回到了原点。

就在宋神宗彷徨迷茫之时，老师韩维推荐的一个人，让宋神宗眼前一亮，他一拍大腿道：“是呀，我怎么把这个人给忘了呀！这个人，才是变法的最合适人选！”

是的，这个人，确实是变法的合适人选；这个人，也因为这次变法，成为宋朝历史上最富争议的一个人；这个人，也因为这次变法，成为中国历史中最富争议的一个人。

这个人，就是两宋饱受争议的宰相——王安石。

第十八章 备受争议的宰相

看不懂的王安石

作为一个中国人，一定不会对王安石变法感到陌生。作为一个参加过高考的学生，更是对此深恶痛绝。

为了考试，学生要将王安石变法的原因、背景、起因、经过、结果，以及保甲法、青苗法、差役法等的具体内容全部背诵下来，且烂熟于心。

这样一圈下来，学生往往心力交瘁。同样，拜这种教育所赐，对于王安石这个人，每一个中国人都会烙下这样一个印记——北宋著名思想家、政治家、文学家、改革家，唐宋八大家之一，中国著名的变法者。王安石代表小地主阶级反对压迫、提倡变法，却被代表大地主阶级的司马光等人打压，最终失败，等等。

其实，大家可能想不到，王安石能够获得这么一个好形象，是近代的事情。在晚清前的800多年间，王安石一直是一个奸诈小人的形象，是一个祸国殃民的罪臣、一个让北宋亡国的罪魁祸首。

在北宋官员、百姓的眼中，若不是这个蓬头垢面、邋遢脏乱的人在执政时，与民争利、任用奸臣、打击忠义、胡乱变法，使得天下大乱，北宋何以灭亡！若没有这个“胡搞”的人，北宋何来靖康之耻！王安石跟童贯、蔡京一样，就是一个遗臭万年的奸臣，万死不足抵其罪！

对王安石这种负面的评价，北宋如此，南宋也是如此。

南宋建立后，宋高宗下令重新修编《神宗实录》。编纂细节就不说了，其中最显著的一点，就是把这场变法的名字改掉了。不再叫它熙丰变法了，而是直接称其为王安石变法。

在历史中，宋神宗一共有两个年号，一个叫熙宁，另一个叫元丰，所以这个贯穿宋神宗一生的变法，就叫熙丰变法。但是，宋高宗这样一改，就是告诉世人：宋朝的这场亡国之祸，不是宋神宗的事，全是王安石惹的祸。

南宋期间，朱熹读完王安石变法后，得出这样一个结论：“群奸肆虐，流毒四海。”

大文人罗大经对王安石更是嗤之以鼻，称其为：“国家一统之业，其合而遂裂者，王安石之罪也；其裂而不复合者，秦桧之罪也。”

这段话的意思是说：整个宋朝有两个罪人，一个是王安石，导致国家分裂；另一个是秦桧，导致国家不能再归于统一。

可想而知，在罗大经眼里，或者是在整个南宋文人的眼中，王安石的知名度这叫一个高，他可与秦桧齐名，是一个祸国殃民的大坏人、一个永载史册的大奸臣。

即使到了明朝，对王安石的评价，也没有改变。

明朝有一本著名的小说，叫《三言二拍》，其中有这么一个故事，就是说的王安石。书中说，宋朝百姓喂牲口食物，都是这样叫唤：“啰啰啰，王岐公吃食；来来来，拗相公吃米。”

那么，为什么到了现在，我们对王安石的评价又这么高呢？这个转折点在哪里呢？

这个转折点，在晚清；让王安石重见天日的人，就是梁启超。

晚清时期，梁启超想变法图强、振兴大清。在构思变法时，他瞄上同样变法的王安石。梁启超非常敬佩王安石，他不仅写了一本《王安石传》，来纪念心目中的这位偶像，还送给了王安石一个极高的评语——“三代以下唯一的完人”！

这个评价实在是高，在中国的历史中，三代一般指的是“夏商周”。可见，梁启超的意思是说，在夏禹、商汤、周文王之后，天下只有这么一个“完人”！言下之意，什么孔子、孟子、朱熹、王阳明，都比不过王安石。

至此，在中国这位“悲剧英雄”的笔下，王安石完成了逆袭，获得崇高的评价了。

后来，伟大的无产阶级革命导师列宁的一句“王安石是中国十一世纪的改革家”的话，让王安石成了大家心目中的大英雄，一名伟大的改革家。

再后来，拜媒体所赐，即使是不懂熙宁变法为何物，甚至连宋朝历史都不甚了解的中国人，也会知道王安石这个名字，并用“伟大”二字来称赞他。大家称其为“伟大的文学家”“伟大的政治家”“伟大的改革家”等。

其实，这种对王安石“先前无限诋毁、后来无限崇拜”的方式，确实值得商榷。

如今，史学家们可以剥离所有人为的因素，开始客观地、从众多角度重新评价这位 1000 年前的大人物了。史学家们的评价，还原出一个完全真实的王安石。

扑朔迷离的幼年故事

综观中国的名人历史，每一个人都是从他幼年时期的“辉煌”开始的，王安石也无法脱俗。

话虽如此，但是，没有一个名人的幼年记录，比王安石的更混乱。关于他幼年的辉煌记录，竟然出现了两个褒贬不一、互相矛盾的版本。

先说好的版本。

说王安石好话的人，就是那些“新党”成员，这些人视王安石为自己的偶像，极力称赞王安石，蔡京还“送”给王安石一个“獾子转世、天降大任”的故事。

这是怎么回事呢？

史料记载，王安石出生在今天的江西抚州。当时，那里经济不发达，野生动物遍地都是。趁人们不备，一些狐狸、獾子就会跑到人家里，偷吃东西。

王安石的母亲临盆时，一只獾子跑到了产房，然后不见了。因为这个，王安石的父亲一高兴，就称这个孩子为獾郎了。

本来，獾郎，就是一个小名，也没啥特殊的意义。但是，等他位高权重后，他身上所有的名称都变得有意义了。

有一天，蔡京的儿子蔡绦与道士聊天，问了他一个问题："舒国公为什么会绝后？"

舒国公，指的是王安石。王安石一生有两个儿子，长子王雱和次子王旁，俩人皆病逝。由于史料匮乏，王安石到底有没有后代，史学界一直争论不休，我们姑且相信蔡绦的言论，说王安石绝后了。

听完蔡绦的问题，那道士掐指一算，答道："王介甫乃上天野狐转世，怎能有后代？"

蔡绦听完后大吃一惊，回来询问父亲真伪。

蔡京沉吟一会，道："王公确实是神物转身。有一年，朝廷举行祭祀大典，按照惯例，文武百官要依次上台祭祀。当时，王公身为宰辅，第一个上台祭祀。祭祀结束后，一老道突然叫住王公，对其道：'你莫非是那个獾郎？'王公问其为何知道自己乳名。道士道：'大人位列仙班，我为何不知？'说完，老道把王安石的生辰八字、父祖的生辰八字，全部说了一遍。王公惊叹不已，故此，满朝文武都知道王公是'獾子转世'了。"

除了这个故事，蔡京还告诉儿子一件事：据说，蜀地有一个非常灵验的祠堂，读书人经过时，若风雨大作，这人必定中举；官员经过时，若风雨大作，这人必定官至宰相。后来，有一个官员带着下属祭拜祠堂，祭拜期间，突然风雨大作。见此，那个官员很高兴，认为自己必当宰相。孰料，一晃20年过去了，这个预言没有应验，官员就命人查看随行的官员名册。结果，那官员惊讶地发现，随同去的人中，竟然就有当朝首辅王安石。官员这才明白，当年那场大雨，是为王安石下的。

蔡京说完后，蔡绦对这些故事惊叹不已，他到处传播，久而久之，大家就都知道王安石是"神物转世"，是一个奉命来到人间，拯救万民的"神仙"。

当然，这种神话故事，我不说，大家也都知道是怎么回事。

其实，蔡京之所以这样"歌功颂德"王安石，原因非常简单，因为王安石是新党的领袖。

当时，蔡京因为拥护新法，才大权独揽，掌管朝廷（后面再说）。作为新党的魁首，如果不歌颂自己的“祖师爷”，蔡京说得过去吗？

因此，歌颂王安石，给予他这些神乎其神的故事，就成为蔡京的使命了。

当然了，新党歌颂王安石，旧党则诋毁王安石。在旧党书写的史书中，王安石则成为一个不堪入目的人了。

再说坏的版本。

根据旧党人物的描述，王安石幼年时曾在钟山读书。

有一天，一个得道高僧看见了他，对其道：“先生面相了得，未来必成为帝国宰相。只不过，到了那个时候，还望先生慈悲为怀，不要干尽坏事，坏了祖宗的法制。”

王安石哈哈一笑道：“高僧多虑了，我还没有考取功名，何来宰相之说？就算鄙人有幸当了宰相，那坏了祖宗的法制之事，绝对无从说起。”

高僧听罢叹了一口气，不再言语，默默地离开了。

后来，王安石“果然”当上了宰相，“果然”干了坏了祖宗的法制之事，高僧当年的预言也“果然”成真了。

像这样诋毁王安石的野史故事，还有很多。其中最离奇、最胡说八道的一个，则是野史记载的王安石跟舅舅的一番对话。

野史记载，王安石的舅舅饶氏是一个生意人，他见王安石的皮肤粗糙无比，如同蛇皮一样，就取笑道：“如此行货，尚能卖否？”

一听此话，王安石怀恨在心，等考取进士后，王安石写诗一首送予舅舅，作为回击。

王安石是这样写的：

世人莫笑老蛇皮，已化龙鳞衣锦归。
传语进言饶八舅，如今行货正当时！

要知道，作为唐宋八大家之一的王安石，他的诗词水平位于大宋帝国的巅峰，那句“春风又绿江南岸，明月何时照我还”，更是堪称顶级，足以载入史册。

作为这样的顶级文人，王安石根本不可能写出这种粗陋、低俗，类似于打油诗水准的诗词。上面那首诗中那股浓郁的暴发户气息，绝不是出自胸怀天下、锐利改革的王安石之手！

飞来峰上千寻塔，闻说鸡鸣见日升。

不畏浮云遮望眼，只缘身在最高层。

这首诗，叫作《登飞来峰》。虽然写这首诗时，王安石不过是一个七品县令，但诗中那种不畏奸邪、不怕困扰的大气魄，已经溢于诗外。

两首诗句一对比，孰真孰假，当下立判。

实际上，对于王安石的诗句，文学大师张白山评价颇高，称其为“抹上了一层灿烂的异色”。林语堂先生虽然讨厌王安石，但对其诗句也赞不绝口，称“荆公之诗，实导江西派之先河，而开有宋一代之风气”。

作为唐宋八大家之一，王安石在诗词上的造诣，已经到了顶级的水准，就算是最讨厌他的人，也无法否认这件事情，更无法讨厌王安石的诗句。那么，既然无法讨厌王安石的诗句，那些旧党就会从其他方面下手，来玷污王安石了。

这就是王安石的衣着。

在旧党书写的史书中，他们称王安石是一个非常邋遢的人，邋遢得天下皆知，让人忍无可忍。

据说，王安石非常邋遢，在外当官期间，若夫人不在身边，他能整整一年不换衣服。不管衣服多脏、多破、多臭，王安石也能穿出去见人。

王安石可以不在乎自己多脏、多臭，但是别人受不了。为了帮助王安石洗澡，每隔一段时间，他的朋友吴充和韩维就会拽他去洗澡。

洗澡的时候，他们会准备一套新的衣服，把王安石臭烘烘的衣服拿走。王安石洗好后，也不知道这个衣物是新的，拿起来就穿，根本没有注意到衣服被人调包了。吴充和韩维称此举为“拆洗王安石”。

当然，不是每一个人都能忍受邋遢的王安石，同为唐宋八大家之一的苏洵，就对王安石的邋遢嗤之以鼻、深恶痛绝。他甚至把王安石的这种邋遢，与国家安危、社稷稳定联系在一起了。

为此，苏洵专门写了一篇《辨奸论》，用来阐述自己的观点。

苏洵认为，洗脸换衣服，是人之常情，如果一个人违背了这些，天天穿着破衣烂衫、蓬头垢面地生活，这个人就是一个沽名钓誉之徒。其内心，就是一个奸邪狡诈的小人，就是一个危害国家、祸国殃民的大奸大恶之人。

苏洵的这种说法，太偏激了。如果按照苏洵的标准，那么长相丑陋的晏婴、浑身是虱子的王猛，他们都有严重的问题了，哪怕他们是一代贤相，在苏洵笔下也是大奸大恶之人了。

可见，苏洵的这种说法，确实值得商榷。

史学家认为，苏洵这么说，完全是文人的思想在作祟。

何为文人思想？就是根据自己的喜好特点，把一些自己看不惯的事情，强行跟国家的前途、江山社稷的命运联系在一起，危言耸听，唯恐天下不乱。

王安石穿得邋遢，怎么了？你又不跟他生活在一起，熏着你了吗？他天天邋里邋遢的，就不会治理国家了吗？你天天衣冠楚楚的，也没……

行笔至此，终有一结，王安石的那些好事、坏事的故事，就此打住，不再讨论。现在，让我们拨开历史的迷雾，还原事情的真相，讲述一个真正的王安石。

真正的王安石

王安石，字介甫，号半仙，抚州临川人（今江西抚州市临川区）。王安石的父亲叫王益，是宋真宗大中祥符八年（1015 年）的进士。

王安石出生在一个官宦家庭里，他一出生，就赢在了起跑线上，因为他是一个名副其实的“官二代”。

其实，王安石何止是一个“官二代”！他出身的“王家”，可不是一个平凡的家庭，王家满门进士，堪称是一个“世代为官”的贵族家庭！

史料记载，在北宋时期，王安石的家族一共出过八个进士，分别是：王安石，他的叔祖王贯之、父亲王益、从弟王沆、兄长王安仁、弟弟王安礼和王安国，以及儿子王雱。

虽然北宋科举考试的录取人数很高，但一个家族竟然出现了八名进士，也是比较罕见了。

然而，虽然家族的战绩显赫，却对王安石的帮助不大。

因为王安石未来的成绩，与他的父亲没有多大的关系。

宋朝的那些著名的大臣们，如寇准、范仲淹、包拯等人，他们没有显赫的家室，也都输在了起跑线上，但他们还不是依旧位极人臣、永载史册。

史料记载，因为才华有限，王益没当过什么大官，一生也基本上在地方度过。

天禧五年（1021 年）农历十一月，王益在临江军（今江西樟树）当判官时，生下了王安石。

在王安石出生前，王益已经有两个儿子了，分别叫王安仁和王安道。给儿子取名叫仁、道，王益显然是受儒家思想的影响。根据这个顺序，这个孩子的名字，应该用“仁、义、智”等字取名才合理。然而，不知道是什么原因，到王安石这里时，王益没有按照这个路数取名。

王益为什么用“石”字给孩子起名，史料匮乏，不得而知。但在民间，对于这个问题，有两种解释。

第一种解释，墓穴之说。

野史传说，王益的父亲病故后，王益想在山里寻找一块万年吉壤来安葬父亲。在一个樵夫的指引下，王益终于找到了一块风水宝地。然而，虽然这里是一块风水宝地，但是却很蹊跷。

原来，跟别的吉壤不同，这里的土地里全是大石头，只有一块地方没有石头。且没有石头的地方，正好能够放入父亲的棺椁。

对于这个现象，王益百思不得其解。后来，当王安石出生后，他就用“石”来给儿子取名，以纪念这个事情了。

当然，这就是一个野史传说罢了，根本不是事实。

因为王安石出生时，他的祖父还未病故，这个时间对不上。且根据中国的殉葬制度，入葬一定要选择一个平坦无石的地方。哪有把人埋在石头堆里的，他难道不怕“硌得慌”吗？

我个人认为，王安石名字的由来，应该是出自下面这个故事。

第二种解释，王安石名字，出自一个历史名人。这个名人，叫作谢安。

熟悉历史的人都知道，谢安，字安石，是东晋的宰相，打赢“淝水之战”

的人英雄。

东晋时，谢安名气很大，但他不愿意做官，有人举荐他做官，结果他干了不到一个月，就辞官回家，跑到东山隐居去了。后来，当前秦大军压境、东晋王室岌岌可危时，江南百姓们惊恐不已，请求谢安出山，拯救他们（“安石不出，将如苍生何”）。

在百姓的期待中，谢安终于重新当官，并留下了一个“东山再起”的典故。当政后，谢安指挥若定、临危不乱，取得了淝水之战的胜利，成功挽救了东晋王朝。

王益饱读诗书，自然知道这段历史，他给儿子取名叫“安石”，很可能就是想让自己的儿子跟谢安一样，匡扶社稷，拯救苍生。当然，他的这个儿子，也确实没有让老爹失望。

跟司马光的父亲一样，王益也一直在地方工作。王安石跟随父亲，完成了一场“周游列国”的壮举。在游历天下时，跟范仲淹、司马光一样，王安石不断增长见识，受益匪浅。这些童年的经历，帮助王安石变成一个“以天下为己任”的官员，也让他成了一个保留良知，勇于改革的革命家。

千古名文——《伤仲永》

明道二年（1033 年），王安石 12 岁时，老家传来噩耗，王安石的祖父王用之病逝。

王益立刻告假回乡，带着王安石等人回到了抚州临川老家，给父亲守孝去了。

在三年守孝期间，王安石就陪着父亲天天侍奉自己的祖母黄氏，以尽孝道。也就是在这个时候，王安石从祖母的口中，听到了一个故事。

这个故事，就是王安石写的《伤仲永》。

当时，祖母突然对王安石道：“我跟你说一个神奇的事情，邻村方家出了一个神童！五岁的时候，这个孩子就会吟诗了。只不过，现在这个孩子可惜了……”

祖母详细地说了一遍这个故事：

原来，这个方家是一个普通的农家，世世代代以种地为生，没有一个会读书识字的。结果，方家出了一个擅长读书识字、吟诗作词的神童！

这个神童，叫作方仲永。

方仲永五岁时，突然跟自己的父亲道："父亲，我想去念书。"

仲永的父亲很奇怪，就从邻居家借来文房四宝，给儿子使用。

方仲永马上铺好纸，提笔蘸墨，瞬间就写出了四首诗句。方仲永的父亲将此诗拿给乡里的秀才看，秀才看完大吃一惊，连连称其为"神童"。

方仲永没有上过一天课却会写诗的消息不胫而走，他成了十里八乡热议的"网红"了，很多人慕名而来，想一睹这个神童的风采。

当时，大家让方仲永现场作诗，以验真伪。方仲永提笔就写，写得又快又好。

同县的人对此非常惊奇，以宾客之礼对待方仲永的父亲，还有人把方仲永的诗买下来，以作珍藏。方仲永的父亲认为有利可图，便来者不拒，毕竟谁跟钱有仇呀？

刚开始的时候，求诗句的人少，也没有多少钱，但是，随着儿子知名度的提高，仲永爹发现：这是一个挣钱的门道。干脆让儿子回来写诗挣钱吧，还读什么书！

于是，不管私塾先生如何苦苦挽留，方仲永的父亲还是不让儿子学习，就让他天天写诗，替自己挣钱……

明道年间，王安石又回到了家乡，想起方仲永的事情，问起舅舅，舅舅捂着脑袋道："我也不知道这个神童现在的情况了。"

王安石恳切道："那个神童在哪？我能去看看他吗？"

舅舅道："去看他，行呀。反正他家也不远，咱们走半个时辰就到了。"

在舅舅的带领下，王安石来到了方仲永家，见到了这个传说中的神童。

那时方仲永十二三岁，但是身材偏瘦，眼睛也毫无灵气。

王安石请方仲永作几首诗，方仲永依旧写得很快。只不过，他的诗句，并没有传闻中的那样厉害，也就那么回事。

王安石失望地走了。在他的眼中，这个所谓天才神童的诗已不能与他的名声相称。

又过了七年，王安石路经老家，又向舅舅打听起方仲永的现状。

舅舅叹了一口气道："那个方仲永已经彻底毁了，他现在的生活境遇，还比不上一个普通百姓呢。"

原来，随着方仲永年龄的增长，来方家求诗的人，越来越少了。毕竟，在水平不提高的前提下，一个五岁孩子写的诗，很有珍藏意义；一个十余岁孩子写的诗，就平淡无奇了。

见上门求诗的人越来越少、挣钱的生意每况愈下后，方仲永的父亲就急眼了，他竟然带着儿子在小镇上摆了个摊位，亲自招揽生意。方仲永等于变成一个普普通通的卖字先生了，他的诗词更没人要了。

最终，方仲永变成了一个普普通通的少年，他现在穷困潦倒，自己温饱都够呛。

一个天才少年，就此陨落。

听完舅舅的叙述，王安石内心跌宕起伏。一个前途不可限量的天才少年，荒废了学业，不珍惜自己的才能，沦为了一个挣钱的工具，最终跌落神坛，变成了一个形如乞丐的废人。

为此，王安石书写了一篇千古名文《伤仲永》，作为纪念。

在这篇文章的最后一段，王安石抒发了一段自己的感慨，阐述了一下自己的哲学观："王子曰：仲永之通悟，受之天也。其受之天也，贤于材人远矣。卒之为众人，则其受于人者不至也。彼其受之天也，如此其贤也，不受之人，且为众人；今夫不受之天，固众人，又不受之人，得为众人而已耶？"

在这段话里，王安石强调后天教育的重要性。方仲永的智商是无可匹敌是，是受命于天的。但是，这么一个读书的好苗子，却因为后天的教育没有达到要求，被他的父亲给毁了。

人的先天智商固然重要，但后天的教育更加地重要。如果没有得到良好的教育，即使是天才也会变成一个平庸之辈。同样，那些本来不天生聪明的人，如果再没有得到良好的教育，那更会变成一个……

王安石的这番话，即使今天读来，依旧令人深省。

科举考试的奇葩事

斗转星移，很快三年就过去了，王益结束了守丧，准备重新出山，接受朝廷的任命了。

当时，为了去吏部销假，王益带着王安石来到了京城，这也是王安石第一次来到京城。

这一年，是景祐三年（1036 年），王安石 15 岁。

虽然在京城逗留的时间很短，王安石也颇有收获，除了增长了很多的见识和见闻，还认识一个好朋友——同为唐宋八大家之一的曾巩。

在唐宋八大家所有的关系中，除了本家亲戚（三苏）外，就王安石和曾巩的关系最好。

当时，这二人是以文相识，皆把对方引为知己，相见恨晚。

在漫长的后半生，这二人也非常珍惜这段友谊。虽然身处异地，但这两人依旧音信不断。

曾巩称王安石："寥寥韩孟后，斯文大难得。"王安石称曾巩为："吾子命世豪，术学穷无间。"他们对彼此的评价都非常高。

正是因为有这么一段真挚的友情，在变法时，王安石重用曾巩的弟弟曾布，让他帮助自己变法，成了自己的左膀右臂。

殊不知，正是这个曾布在变法期间，给了王安石一个大大的"惊喜"，也给了大宋王朝一个大大的"惊喜"。当然，这些也都是后话。

未来的事情未来再说，王安石与曾布结交了仅仅数月就挥泪告别了。因为，朝廷授予了王益一个新的官职，让他去江宁府当通判。于是，王安石收拾好行李，跟随父亲来到了南方第一大城市——南京。

宝元二年（1039 年），仅仅在江宁府干了一年，王益就因为积劳成疾，黯然病逝了。

王益病逝前，曾立下两道遗嘱。一是，要王安石好好学习，守孝期满就去参加科举考试。二是，他死后，不要运回老家，就安葬在附近的牛首山下——从此，王安石一家也就定居于此了。

父亲的突然病逝，对于尚未弱冠的王安石而言，是一个沉重的打击。以前，家里的一切事情，都可以仰仗父亲，自己只要努力读书即可。可是现在，父亲病逝了，他必须要更加努力读书、考取功名了。只有这样，才能维持这个家。

王安石本来就是读书的天才，据说他“少好读书，一过目终身不忘”。这种天才“开挂”后的结果，可想而知。

庆历二年（1042）年春，王安石守孝期满，他脱去丧服，按照父亲的遗愿，满怀信心地参加科举考试，准备打开仕途的大门，建功立业了。

“牛人”参加科举考试，自不必说。一路过关斩将后，王安石顺利进入了殿试，并以优异的成绩荣登一甲，成了全国第四名。

别忘了，这可是王安石第一次参加科举考试！第一次就获得了这样的成绩，真是让人瞠目结舌。

天才，就是天才。

其实，在这次考试中，王安石本应该是全国第一名，只不过，在一番阴错阳差下，状元头衔让人，成了全国第四名。

原来，考试结束后，几位主考官开始商量考生的名次。

当时，主考官晏殊一看，前四名之内有一个叫杨寘的人，是自己的拐弯亲戚（杨寘的哥哥叫杨察，此人乃晏殊的门婿）。为了避嫌，晏殊就把他列为第四名，把状元的头衔送给了王安石。

确定名次后，晏殊就把这个消息透露给了杨寘，告知他已经是全国第四了，不用担心了，等等。当然了，晏殊也告诉他，此事事关重大，万不可泄露，一定要严守秘密，等等。

对于晏殊的告诫，杨寘只记住了前半部分。

杨寘年轻气盛且非常自负，得知自己仅为全国第四后，他一点也不高兴，反而唉声叹气了起来。

杨寘找来几个朋友，大家一起去酒馆喝酒。喝酒中，杨寘满腹牢骚道：“不瞒诸位，以杨某的才华，金榜题名、高中状元，不在话下！”

朋友听出他话里有话，便试探道：“老兄这么说，看来是知道一点内部情报了？”

杨寘道：“那倒没有。只是昨晚在下做了一个梦，梦见自己得了一个全国第四。”

“全国第四？可喜可贺，可喜可贺！”众人听明白了杨寘的话，大家一起举杯，为他庆祝。

杨寘一边接受大家的祝福，一边对丢失状元一事耿耿于怀，他喝了一杯酒，拍桌而起道："不知哪个卫子夺吾状元矣！"

"卫子"，是宋朝骂人的话，意思是"驴"。

当然了，杨寘万万没有想到，第二天放榜时，他惊讶地发现，那个得到状元的"卫子"，不是别人，正是他自己。

这，是怎么回事呢？

原来，晏殊确定了考试成绩后，就把结果交给了宋仁宗，请求御审。御审结束后，就可以昭告天下了。

结果，宋仁宗在复审时，看见王安石的一句话，特别不高兴。宋仁宗马上剥夺了王安石状元的头衔，让他跟第四名杨寘交换位置。

这句让宋仁宗特别不高兴的话，叫作"孺子其朋"。

"孺子其朋"出自《尚书》，是周公教训周成王的话，意思是说"你这个年轻的小伙子呀，要和群臣像朋友一样融洽相处"。王安石引用此文，本意是提醒宋仁宗，要虚心接纳群臣，与群臣打成一片。但是，他的这种"高高在上"的长辈语气，很显然搞错位置了。

最终，就是因为"孺子其朋"这句话，王安石与状元失之交臂，成了全国第四名。那个第一名，也只好让给喜欢当"卫子"的杨寘了。

至此，本次科举考试成绩，第一名杨寘，第二名王珪，第三名韩绛，第四名王安石。

在这四人中，杨寘很快就病逝了，其余三人，都成了大宋王朝的宰相！一甲之中出了三个宰相，且这三人又是连名，这在宋朝历史上，乃至中国历史上，都是绝无仅有的。

后来，王安石执政时，曾题写了一首诗句《题中书壁》，专门纪念此事。

夜开金钥诏辞臣，对御抽毫草帝纶。
须信朝家重儒术，一时同榜用三人。

可惜的是，如此亲密无间、连号的三位宰相，却因为政见不同，最终分道扬镳，成了政敌。真是可惜、可惜。当然，这些都是后话。

晏殊的预言

根据当时的惯例，科举结束后，考生们要集体拜会录取自己的老师。王安石便跟随大家来到了晏府，拜会晏殊。晏殊也置办了一桌酒席，宴请大家。

酒宴中，晏殊特意对王安石道："我晏殊秉公执法，为国取士，不偏不倚。今天我家乡人（他们都是临川人）金榜题名，我很高兴。"

后来，晏殊顺着这个话，就把王安石曾经中过头名的事情告诉了王安石，以看其反应。

史料记载，得知这个事情后，王安石表情平静，不愤不怒，仿佛这件事情跟自己没有任何的关系。

酒宴结束后，晏殊专门找到王安石，希望王安石再来一次晏府，吃顿便饭，联络感情。晏殊官居宰相，亲自宴请一个新兵蛋子王安石，王安石很是高兴，就欣然接受了。

转过天来，到了约定的时间，王安石来晏府拜会。晏殊邀请他与几个高级官员同桌吃饭，并邀请他坐到自己的身边。

王安石就欣然落座了，他直接坐到了晏殊的身边。

酒过三巡，菜过五味，这顿饭很快就结束了，宾客之间也非常融洽。临别时，晏殊把王安石送到门口，道："我有两句话赠予贤俊，希望你能记住，必将受益终身。"

王安石道："哪两句话？还望赐教。"

晏殊道："能容于物，物亦能容。"

王安石道："谢老师赠言。"随后，王安石拱手离开了。

那么，王安石记住这两句话了吗？

够呛。

史料记载，回到自己的住所后，王安石不屑道："晏公本是国家宰辅，却教导我这些世俗规矩，见识何其鄙也。"

您看，此时此刻的王安石，根本没有记住晏殊的谆谆教诲。

请记住，是此时此刻的王安石。

四十多年后，当王安石因百官排挤、神宗猜忌，不得不辞去相位、退居金陵时，他与友人聊天，突然想到了晏殊的这两句话，王安石发自内心道："昔日，我听晏公那两句话时，不以为然。结果，就是没有参透这两句话，才被世人排挤，最终得此结果。现在想想，晏公真是料事如神，未卜先知，知晓我有这个不容人的毛病！”

晏殊真的能够料事如神吗？非也，他只是参透了王安石的行为模式，得到了这么一个结果罢了。

在晏殊的眼中，王安石在考试中就敢直言劝谏皇帝，勇气可嘉；得知状元被夺后，也能谈笑风生，气度不凡，必成大事。但是，王安石恃才自傲，在酒桌上完全不顾及他人的感受，就欣然坐在了自己的旁边，这是鲁莽行事，不顾他人感受的典型症状。这种不顾他人感受的人，肯定不受他人喜欢，王安石的仕途之路也肯定四处碰壁。

晏殊这辈子，算是看透了王安石。当然了，王安石这辈子，也死在了这种“不能容人”的性格下。

性格决定命运，这，就是他的命……

第十九章 拒绝升迁的岁月

与韩琦交恶

庆历二年（1042年）三月，王安石得到了朝廷的任命，到淮南道当签书判官去了。

北宋的淮南道，面积非常大，大概为今天江苏省中部、安徽省中部、湖北省东北部和河南省的东南角，治所在扬州（今江苏扬州）。

王安石的签书判官是一个高级官职，主要帮助州府长官处理一切事务，相当于一个高级助理。

本来，王安石在这个位置上干得兢兢业业、颇得上司重用。然而，等那个人来到扬州、成为王安石的顶头上司后，王安石就干得不痛快，甚至跟这个顶头上司不对付了。

这个新的顶头上司，就是因为庆历新政失败，被发配到扬州的韩琦。

王安石与韩琦之所以不对付，原因非常简单，而且简单到了有点儿搞笑的地步。

由于判官的工作琐碎而繁多，王安石白天基本没有时间读书，只能熬夜苦读。晚上读书，白天上班时自然气色不好，王安石打不起精神，常常哈欠连连。

有一天晚上，王安石读书太刻苦了，结果早上起不来了。等王安石睡醒，已经日上三竿了。这一下子，王安石顾不得刷牙漱口（宋朝已经发明了牙刷）、整理头发，就衣衫不整、披头散发地来上班了。

韩琦看见王安石如此形象，大怒。他认为王安石早上起不来，必是熬夜了，估计跟其他官员一样，是寻花问柳、逛窑子去了（比如欧阳修）！

韩琦的这种猜测，绝非无理取闹。

要知道，北宋上层官吏的生活非常奢侈，年轻官员都有蓄娼养妓，狎妓冶游的习惯。北宋的官员们也不以为耻，反而以这种风流韵事为荣（南宋就不行了，开始严惩了）。

前文中，拈花惹草的欧阳修，是年轻官员的典型代表，但也就是一个代表而已。在大家的眼中，那个宝刀不老的“张三影”张先，才是他们的榜样和骄傲！

虽然在《宋史》中，张先默默无名，但在各种民间书籍中，张先可是大名鼎鼎。苏轼对其敬佩有加，称其“善戏谑，有风味”。

张先一生风流成性，晚年退休后也风采依旧、宝刀不老。有一次，一个客人调侃道：“老张，你的《行香子》中写出了‘心中事，眼中景，意中人’的佳句，你以后就叫‘张三中’吧。”

听了这话，张先不以为然地说：“那倒不如叫我‘张三影’呢！”

客人不解其意，张先解释道：“‘云破月来花弄影’‘娇柔懒起，帘压卷花影’‘柳径无人，堕絮飞无影’，这三个‘影’字，才是我平生得意之作，呵呵！”

于是，“张三影”之名，便传开了。

当然了，单凭三个“影”字，张先还无法让世人“崇拜”。他之所以能够成为众人的“榜样”，则是因为他干了一件极其辉煌的事情。

这就是，张先在80岁的时候，纳了一名年仅18岁的小妾。

在洞房花烛夜，张先还专门赋诗一首，以作纪念：

我年八十卿十八，卿是红颜我白发。
与卿颠倒本同庚，只隔中间一花甲。

但凭此句，张先的喜悦之情、其他人的羡慕之心，溢于言表。

当时，苏轼也参加了这个婚礼，看完这首诗句后，他也和诗一首，以作纪念：

十八新娘八十郎，苍苍白发对红妆。
鸳鸯被里成双夜，一树梨花压海棠。

这里的“压”字，堪称点睛之笔！

后来，这名十八岁的小妾，竟然给八十岁的张先生下了两男两女！这真是羡煞旁人。

在官员的眼中，这才叫作“完美”的人生。看看这位张先，他一生有十子两女，最大的儿子比最小的闺女大了整整六十岁——相差了一个甲子年！

当时的北宋王朝，在张先这种官吏的“鼓舞”下，年轻官员风流成性，夜夜笙歌。不拈花惹草的官员，反而成了另类。

因此，在韩琦的眼中，王安石白天干活没精神，肯定是晚上“玩”去了。他这么一个年轻有为、妻子不在身边的年轻人，说他晚上没有“夜生活”，那才叫见了鬼。

当然了，韩琦就是见到“鬼”了，只是不知道而已。

见王安石蓬头垢面、眼角充血，韩琦大为不满，他语重心长地劝慰道：“介甫啊，青年人正是大有作为之时，应当刻苦读书，勤勉办事。千万不要艳冶无度，荒废学业，耽误自己的前程呀！”

听完韩琦的话，王安石不禁一怔，嘴唇微动，想要说什么，但最终还是忍住了。王安石点了一下头，就默默地离开了。

王安石回到自己的办公室后，有幕僚愤愤不平道：“王签判，刚才韩公批评您，您应该解释呀，为什么要蒙受这种不白之冤呢？”

王安石回复道：“韩公刚刚上任，不了解我，所以才误会我。他不了解我，又何必解释呢？”

人与人之间，最缺乏的就是沟通和交流，你什么都不说，还指望别人理解你，这怎么可能呢？王安石此举，真是书生意气。

后来，在办公期间，王安石觉得韩琦有一些事情做得不对，就再三劝谏。但是，韩琦觉得王安石说的都是书本知识，跟事实不符，就没有采纳。

有一次，见韩琦又不采纳自己的意见，王安石怒了，他直言不讳道："韩公这样做，与普通俗吏有什么区别？"

当面痛骂自己的领导，其他官员吓得脸色苍白。韩琦看着这个胆大包天的王安石，运了半天气，最终说道："王公不了解我，我本来就是一个俗吏呀。"

韩琦用幽默的词语，化解了一场危机，他也没有因为这件事情，就记恨王安石。但不管怎样，这两个人之间的误会越来越深，也不可能愉快地共事了。

后来，王安石成为官员楷模、名扬天下后，韩琦才知道自己错怪了王安石，他有意把他收入门下，加以提携，作为赔罪。结果，王安石断然拒绝了韩琦的好意，并一生与他保持距离。其原因，恐怕就在于此。

再后来，王安石推行新法，遭到了韩琦的强烈反对，最终双方闹得水火不容。其原因，恐怕也在于此。

缺乏沟通，终酿成今日之祸。

拒绝升迁

春去秋来，在淮南当了三年签书判官后，根据朝廷规定，王安石获得了申请进入馆阁的机会，他可以沿着范仲淹、欧阳修等人的道路，快速晋级了。

此外，由于好朋友曾巩的推荐，欧阳修对王安石赞赏有加，准备举荐王安石进入馆阁，对他重点培养。

所有人都相信，王安石，这个年轻有为、才华横溢、备受欧阳修器重的25岁的年轻人，前途必将一片光明，不可限量！

然而，在大家的期待中，王安石却大出大家的预料……

史料记载，对于别人眼中的肥美官职馆阁，王安石想都没想，就拒绝了。他不仅拒绝了朝廷的美意，还明确表示，希望去一个边远的小镇当县令，从基层干起，一步一步慢慢升级。

这是一个什么情况？王安石大人，你到底是怎么想的呢？

从庆历五年（1045 年）开始，一直到嘉祐四年（1059 年）为止，在十四年的时间里，王安石一直拒绝朝廷的高官厚禄。

其间，即使王安石担任过让人垂涎三尺的群牧判官，即使王安石被刚正不阿、铁面无私的包拯欣赏过，但他依旧拒绝朝廷直接授予的高位。王安石选择的始终是那条最原始的晋级路线——在一个地方为官，造福一方百姓后，再慢慢升级。

对于王安石的这种行为，官员们皆表示不理解！大家都不明白这个“王葫芦”要卖什么药，他为什么要这样做。

毕竟，在大家眼中，为官，是要造福百姓的，但不是只造福一方百姓。“先天下之忧而忧，后天下之乐而乐”的思想，也需要真正掌握国家大权后，才能实现呀！可这个王安石，他一直在地方上为官，对于朝廷的高官厚禄，他毫不动摇，就在地方上慢慢干，一级一级地往上升。

要知道，贤臣如寇准、范仲淹、欧阳修等人，也不会像王安石一样，在地方慢慢熬。只要有机会，这些官员马上入京、入朝为官。

毕竟，人生苦短，在中央当官，才能更快地实现自己的抱负，造福黎民百姓，造福江山社稷。

这么一对比的话，王安石的所作所为，让大家无法理解。因此，这十几年，成了王安石一生中最神奇、最神秘的时间了。虽然王安石每一次拒绝朝廷的任命，都会使自己的声望提高一级；他每一次谢绝那些高官厚禄，就会让皇帝对他赞叹不已、更加渴望见到他的真面目。然而，没有一个人能够解释，王安石为什么要这样一而再、再而三地回绝朝廷。

如果说，王安石这么做，是在沽名钓誉，但这个回绝的次数，是不是太多了点？

如果说，王安石这么做，是在韬光养晦，但这个等待的时间，是不是也太长了点？

鉴于王安石这种反常的举动，史学家们给出了两种说法，作为解释。

第一种说法：

当时朝廷上群星璀璨，德高望重、心系天下者，比比皆是，如范仲淹、欧阳修、包拯、韩琦、富弼、曾公亮、文彦博等。这些人随便拎出来一个，都比王安石厉害得多。所以在王安石的眼中，与其在这些耀眼的明星身边做伴舞，不如找一个小一点的舞台大放异彩，积攒实力，等自己羽翼丰满了，再进入朝廷不迟。因此，王安石索性就待在地方上。

其实，这种说法有待商榷，以王安石的能力，到哪里都能星光闪耀。这样的一个人，还怕与那些官员竞争？王安石会害怕入朝后，被长辈指手画脚、无法一展宏图？

如果王安石真的害怕这些的话，他就不是那个天不怕、地不怕，敢说出“天变不足畏，祖宗不足法，人言不足恤”的话了。

第二种说法：

从心理学角度分析，有学者认为，王安石是一个只想当一把手的人，他宁为鸡头，不做凤尾。他不愿意与那些大佬们合作，在自己没有执掌大权前，他不愿意被别人管。

综观王安石的一生，这种说法有一定的道理。

王安石一生，都是一个偏执狂，一直要大权独揽，唯我独尊。但是，若说他是一个“就想当一把手”的人，也有失公正。

要知道，王安石也不傻，他清楚地知道，在这个论资排辈的世界里，只有熬到足够的年龄后，才能获得那个想要的位置。因此，在年轻时，就得被人指挥，哪怕多么讨厌这个人、多么厌恶这套制度，也必须遵守这个游戏规则。只有这样，自己才能不被出局。

综观王安石的履历，当他入朝为官时，还不是仰包拯、欧阳修、韩琦等人的鼻息，那个时候的他，能忍，怎么当上大官后，就不能忍了？

这种说辞，明显前后矛盾。

其实，我个人认为，王安石之所以选择这么一条慢慢晋级的路线，原因很简单，他跟最高统治者宋仁宗“不和”。王安石宁愿在地方当官，也不愿意去中央当官，去伺候这位他不喜欢的皇帝。

之所以这么说，原因很简单，因为王安石曾经给宋仁宗上过一份奏折，史称《上仁宗皇帝言事书》。王安石希望这位皇帝能够变法，重塑大宋的辉煌。

然而，经历了庆历变法后，宋仁宗已经后怕了，他再也没有心思变法了。此外，宋仁宗也讨厌王安石这个人。于是，这位皇帝选择了冷处理，没有回复王安石的奏折。

得此结果，王安石伤心了，所以他宁愿在地方上当官，也不愿意来中央上班。因为，那里没有他施展拳脚的舞台，让他憋屈无比。

毕竟，对于他而言，地方上没有约束他的人，也有可以让他施展拳脚、实验变法的舞台。而且，他还年轻，有的是时间，也不在乎多等几年。

当然了，上述也完全是一家之言。

猜测归猜测，有一点可以肯定的是：即使王安石到中央做官，他也不会干出什么惊人的成绩。因为，他的顶头上司宋仁宗，不是一般的讨厌他，他也不打算对王安石委以重任。

那么，这位仁宗皇帝，为什么看不惯王安石呢？王安石又干了什么事情，招惹了这位皇帝，让他这么痛恨自己呢？

良禽择木而栖

史料记载，嘉祐三年（1058 年），王安石出任三司使支判官了。

虽然在宋朝的官制中，三司使支判官的官职不大，地位也不显赫，但却是一个极其重要的职位。

因为，这个职位负责管理整个大宋的财政收支和漕运收入。换句话说，王安石是大宋王朝的“挣钱童子”之一。

王安石返京述职时，作了长达万言的《上仁宗皇帝言事书》，系统提出了变法主张。王安石总结了自己多年的地方官经验，建议朝廷改革取士、重视人才。他把自己所有的看法和想法都写了下来，上奏了皇帝。王安石希望皇帝能够支持自己变法，重振朝纲，重现那个繁荣富强的大宋王朝。

后来，王安石给宋神宗上奏了另一篇千古名文《本朝百年无事札子》，那篇文章的内容，几乎与《上仁宗皇帝言事书》的内容一样。可见，早在那个时候，王安石就酝酿着变法，想改造这个国家了。

然而，王安石的这个“热脸”，却贴上了宋仁宗的“冷屁股”。当时，宋仁宗看完这篇文章后，一点表示都没有，他根本没有回复王安石的意思。就这样，王安石这篇热血沸腾的奏折，石沉大海了。王安石的变法思想，也只能等待“识货”的君主来欣赏了。

那么，为什么宋仁宗不重视王安石的意见，不喜欢他那篇《上仁宗皇帝言事书》呢？原因有二：

第一，宋仁宗老了，已经没有雄心壮志再变法了。

王安石上呈《上仁宗皇帝言事书》时，已经是嘉祐三年（1058年）了，此时距离宋仁宗驾崩，只剩下五年（嘉祐八年驾崩）。

在生命的最后阶段，宋仁宗已经没有了雄心壮志，他就想踏踏实实地过日子，平静走完最后的人生。

在这种背景下，所有给宋仁宗“找事”的官员，这个皇帝都不喜欢。何况，即使王安石不找事，皇帝也不喜欢这个人！

第二，宋仁宗不喜欢王安石。

宋仁宗非常讨厌王安石，而他讨厌的原因，仅仅是因为一件小得不能再小的事情。

这件小事，叫作“吃鱼食事件”。

史料记载，有一天，宋仁宗宴请群臣，请大家吃鱼。当时，宋仁宗下令，所有人都去御池钓鱼，谁钓上了鱼，就可以用这条鱼作食材，命御厨做自己想吃的菜。

群臣皆兴致勃勃拿着渔具和鱼饵去钓鱼。可唯独王安石，毫无钓鱼的意思，他默默地坐在一张桌子前沉思不语。

看见王安石低头不语，宋仁宗本以为王安石在构思什么文章，准备待会即兴吟诵。然而，等宋仁宗认真看完王安石的举动后，他惊呆了。

原来，此时此刻的王安石，正心不在焉地把眼前的食物塞进嘴里。而那个食物，正是钓鱼用的鱼食！

就这样，在皇帝的注目下，王安石把一盘子鱼食都吃光了。吃完后，在群臣的惊讶中，王安石站起身来，对皇帝拱手道：“启奏陛下，微臣不想去钓鱼了。因为臣已经吃饱了，虽然不知道吃的是什么……”

宴会结束后，宋仁宗对韩琦、文彦博等人道：“我不喜欢王安石这个人，这个人很滑头。”

群臣问其缘故，宋仁宗道：“一个人可以不喜欢钓鱼，可以漫不经心地吃掉几粒鱼食。但是，一个人绝对不可能吃掉一盘子鱼食！王安石这么做，绝对是别有用心。他就是想借此机会吸引我，以提高我对他的关注度。这个人就是一个不择手段的伪君子。”

就是因为这个吃鱼食事件，加上王安石中举时对宋仁宗的“孺子其朋”的说教，终其一生，宋仁宗都非常讨厌王安石，也没打算对其委以重任。

其实，宋仁宗真是冤枉了王安石，他真的不了解眼前这个人。

他眼前的这个人，是宋朝首屈一指的思想家、哲学家，当这种人沉浸在自己的内心世界里时，自然会做出一些稀奇古怪的事情，这不是什么大不了的事情。他干的这些事情，跟那些为了吸引眼球、不择手段的网红们干的事情，没有一丁点儿关系。

要知道，王安石做的稀奇古怪的事情，又何止是吃鱼食？他的同僚和夫人，饱受其害，根本不知道他干了什么。

比如，嘉祐二年（1057年），王安石在常州当知州时，参加了一个宴会。席间，官员们兴致极高，但王安石却紧皱眉头、一言不发。

见此情景，大家以为王大人不高兴了，也就不敢言语了。一时间，宴会的气氛，堪称尴尬。

后来，在一个艺人唱歌时，王安石突然哈哈大笑了。众人一看，必是这个艺人唱得好，让王大人高兴了。于是，官员立刻赏赐了这位艺人，给了他双倍的赏赐。

一个下属很了解王安石，他认为王大人之所以会笑，应该跟这个艺人无关，肯定另有原因。于是，宴会结束后，这个下属偷偷找到王安石，问其开怀大笑的原因。

果然不出下属所料，王安石之所以高兴，真是另有原因。

王安石对下属道：“这几天，我一直在研究《易经》中咸、常两卦的意义，一直没有想明白。就在刚才，我突然悟出了这两卦的意思。我为自己增长学问而高兴，所以才笑出声来。”

下属问起刚才的舞台表演，王安石惊讶道：“刚才舞台上有表演吗？我什么也没看到呀。你确定刚才真有表演？”

不仅下属不了解王安石，就是王安石的夫人吴氏，也不了解老公。

根据林语堂的《苏东坡传》记载，有一次，王安石的朋友跟吴氏聊天，吴氏抱怨道：“根本不知道王安石喜欢吃什么，给他做什么，他就吃什么，倒是不挑食。”

朋友大惑不解道:“王安石喜欢吃鹿肉丝呀。因为每次吃饭时，他都把那盘菜吃光。”

吴氏道:“那盘鹿肉丝，放在什么位置?”

朋友道:“就放在王安石的面前。”

吴氏道:“好，你们下次吃饭时，把鹿肉丝放远点，看看王安石是否真的喜欢吃鹿肉丝。”

第二天，朋友约王安石吃饭，故意把鹿肉丝放得远远的，将另一盘菜放在了王安石的面前。结果，王安石就吃眼前的菜，对那盘鹿肉丝不闻不问。后来，若不是朋友提醒，王安石根本不知道桌面上还有一盘自己“最爱吃”的鹿肉丝。

其实，综观古今，很多永载史册的大哲学家、大思想家，都是一路“货色”。这些人喜欢沉浸在自己的世界里，神游八方，干出了一些匪夷所思的事情。

王安石是如此，亚里士多德、苏格拉底、恩格斯等人，也是如此。

我们能够理解王安石这种“神奇举动”的由来，但宋仁宗不了解。即使能够理解，宋仁宗也不打算用王安石。

最终，对于王安石，宋仁宗选择了敬而远之。终其一生，也没打算重用王安石。

那么，宋仁宗不重用王安石，等他的养子宋英宗登基后，这位皇帝对王安石的态度，又是怎样的呢?

继续“良禽择木而栖”

嘉祐八年(1063年)三月，宋仁宗病逝;同年八月，王安石的母亲也病逝，王安石护送母亲的棺椁回江宁府(现南京)安葬，回家丁忧去了。

宋朝规定，官员丁忧的时间是三年，也就是说，在宋英宗短短的四年执政时间里，王安石基本上没有侍奉过他。

史料记载，治平二年(1065年)，朝廷曾发来札子，要对王安石“夺情”，让其回朝廷任职。对于这个命令，王安石写了一篇《辞赴阙状》，婉言谢绝了朝廷的好意。

后来，朝廷又寄给了王安石几道札子，希望他提前出山。王安石还是回绝了朝廷的好意。

那么，到底是什么原因，让王安石这样屡次抗命呢？

原因很简单：这个原因，不是历史书上记载的那样：王安石是在沽名钓誉，故意推辞，是在钓皇帝的胃口，好把自己卖一个好价钱，等等。

王安石之所以不回去，其实是因为在他的眼中，眼前的这位宋英宗，是一个亲小人、害贤臣的皇帝，这种人不值得去辅佐、去效忠。

王安石的这种说法，绝非危言耸听。宋英宗的所作所为，证实了他的预测。

何为亲小人？

史料记载，宋英宗在当王爷时，手下有一个叫王广渊的弄臣，此人不学无术，只会阿谀奉承，因此遭到了士大夫们的白眼。

宋英宗登基后，这个人也鸡犬升天了，宋英宗授予了他一个官职。对于这个任命，司马光、欧阳修等人强烈反对，他们接连上疏，差点儿跟皇帝打起来了，定要让皇帝收回成命。

然而，皇帝不管这些，他还是坚持自己的任命。对于这个结果，司马光二人毫无办法，只能忍耐。

这就是皇帝“亲小人”的具体表现。

那么，何为“害贤臣”？

史料记载，宋英宗登基后，不知什么原因，他信奉起各种歪门邪道的法术来了。他经常一个人躲在后宫焚香祷告，做各种法事。

宋英宗这么做，是想诅咒谁死（比如曹太后），还是祈求谁健康长寿，群臣不得而知。他们唯一知道的是，皇帝天天这样不务正业，连奏章都不处理了。

在这种背景下，三司使蔡襄义愤填膺，他参了后宫的宦官们一本，说他们都是奸诈小人，不学无术，把皇帝都带坏了，请求把他们驱除出京，等等。

事实证明，蔡襄的这种弹劾，抨击“同类人”，是可以的；攻击真正的坏人，那就不灵了。

一番攻击后，宦官们毫发无损。为了报仇，这些宦官们耍了一个计谋，狠狠地反咬了蔡襄一口，把他坑死了。

原来，宦官竟然在皇帝面前进谗言，说蔡襄反对英宗皇帝继承大统，打算撤换皇帝、另立他人。证据就是蔡襄曾写的一篇文章。不过很可惜，蔡襄已经把这篇文章烧毁了。

您想，宋英宗一生都活在名不正言不顺的阴影里，他最害怕的事情，就是把他“撤换”了。于是，宋英宗连调查都省了，他找来韩琦和欧阳修，直言不讳道：“我要废了蔡襄，把他罢免官职，轰出朝廷。”

听到这个决定，韩琦和欧阳修就问皇帝是何原因。宋英宗就把宦官告诉自己的事情，都给说了。

听完皇帝的理由后，欧阳修怒道：“启奏陛下，那篇蔡襄想撤换皇帝的文章，您可曾看过？”

宋英宗道：“没有！但是，大家都这么说，所以肯定有这么一篇文章。”

一听这话，韩琦就想抽他，但他不能这么做。韩琦只能慢慢解释道：“既然陛下没有看过这篇文章，那就是道听途说的事情了。这种耳听为虚的故事，怎么能够相信呢？何况，就算眼见为实的东西，也不能完全相信！”

宋英宗惊道：“眼见为实，都证据确凿了，也不能相信？”

“是的。”欧阳修道。

“确实如此。”韩琦补充道。

随后，他们把当年夏竦写假文章，坑害石介、诬陷范仲淹的故事，告诉了皇帝。

讲完后，欧阳修补充道：“前车之鉴，不得不防。以臣之见，根本就没有那篇文章，这定是后宫那帮小人记恨蔡襄，才编了这么一个故事陷害他。还请陛下三思，不能中了这帮小人的阴谋诡计。”

皇帝虽怒气未消，但也说不过他们。

后来，也该着蔡襄倒霉。这件事情发生后，蔡襄竟然连续请病假，不上朝了。

见蔡襄老不来上班，宋英宗就怒了，他叫来欧阳修、韩琦，劈头盖脸地问道：“蔡襄干什么呢？老不来上班。三司使工作繁忙，他这么耽误工作，成何体统！”

欧阳修赶紧解释道：“蔡襄一直忠于职守、兢兢业业，只是，最近他的母亲生病了，在家里照顾老母，所以才没来上班。虽然，蔡襄白天不上班，但是他晚上一直在批阅奏章呀。如今，三司使运转正常，无任何闪失和过错。”

虽然欧阳修说的句句属实，但皇帝也没有改变对蔡襄的偏见，他依旧不依不饶道：“就算爱卿说的句句属实，但在朕的眼中，蔡襄年事已高，恐怕已经无法胜任三司使的工作了。不如给他安排一个清闲的工作，让他安度晚年吧。”

韩欧二人退出内廷后，秘密商量了一下，他们觉得，蔡襄已经上了皇帝的“黑名单”，若继续担任三司使，早晚会被皇帝罢免。不如以退为进，先把蔡襄罢黜出京，在地方避一避风头，等风头过了再回来不迟。

两人商定后，马上上疏朝廷，希望让蔡襄出任杭州知州。对于这个建议，宋英宗毫不犹豫就批准了。就这样，治平二年（1065 年），因为得罪小人，蔡襄被轰出了朝廷、发配杭州。在杭州仅仅待了两年，蔡襄就因病逝世了，享年 55 岁。

蔡襄死后，满朝文武对他的遭遇唏嘘不已。那些君子儒们，更是接连书写文章，以纪念这位正人君子。

当时，王安石就在南京守孝，目睹了蔡襄葬礼的整个过程，并对这位君子儒晚年蒙冤的遭遇，唏嘘不已。

后来，“濮议之争”爆发后，王安石更加坚定了对宋英宗的看法。在王安石的眼中，宋英宗是一个自私鬼。这样的一个君主，不值得王安石去效忠。

就这样，终宋英宗一朝，王安石都选择留在地方，造福一方百姓，也不愿意回到中央。

这个原因，才是王安石屡次抗命的真正原因。

那么，当宋英宗驾崩、新皇宋神宗登基后，这位新皇帝对王安石的态度，会是什么样子呢？在这个崭新的时代里，王安石又将何去何从呢？

宋神宗与王安石

宋神宗还是皇子的时候，就对王安石敬佩不已了。

原来，王安石的好友韩维担任帝师，他讲解的东西永远与众不同，而且非常实用，宋神宗对这个老师敬佩不已。可是，每次宋神宗夸奖韩维时，韩维都会谦虚地说道："这不是我的讲解，这是王安石的观点。"

韩维升迁后，在推荐下一任帝师时，一而再、再而三地推荐王安石，让他接替自己。但是，王安石屡次拒绝这个任命，这也吊足了宋神宗的胃口，他更想看一下这个传奇人物了。

除了韩维的推荐，王安石的另一个好友司马光，也对他称赞有加。史料记载，司马光称王安石是："远近之士，识与不识，咸谓介甫不起则已，起则太平立可致，生民咸被其泽。"

这个意思是说：远近的人，不管是认识的还是不认识的，大家皆认为，只要王安石一被重用，天下马上就能太平繁荣了！

这不是司马光一个人的说法，而是广大知识分子的共识。

这个说法，也更加吊足皇帝的胃口，让他更加迫切地希望看见王安石了。

有一次，宋神宗跟宰执们开会，他问道："先帝多次召王安石入朝当官，王安石却以生病为由不来，他是真的生病了还是有别有原因？"

对于这个问题，宰执曾公亮道："王安石是一个治国的奇才，他之所以不来中央，必是身患疾病了，他不敢干欺君罔上的事情。"

另一个宰执吴奎则认为："并非如此，王安石是一个沽名钓誉之辈，他一再推辞朝廷的任命，就是在谋取虚名，以获得一个更大的官职。如此小人，不值一提。"

曾公亮反驳道："不对！你不了解王安石。王安石是一个王佐之才，若朝廷放下身段，盛情邀请，王安石必会入朝为官。"

吴奎也反驳道："胡说！当年微臣跟王安石共过事，此人处理事情迂腐，而且为人执拗，即使犯错也绝不承认。这等人如果得到重用，必会祸乱天下，曾公不要蛊惑圣听！"

结果，这两人争论不休，差点打了起来。

让这两人停手后，宋神宗询问了韩琦。毕竟，在他的眼中，韩琦的意见才至关重要。

因为，一直有这么一个流言，王安石之所以拒绝回中央任职，一个重要的原因就是他跟韩琦不合。

这个说法，其实正是事实。史料记载，王安石拜相后，曾经这样评价这位老上级——"别无长处，唯面目姣好耳"。对其的鄙视程度，可见一斑。

这两人的关系如此恶劣，韩琦要是能把王安石调回朝廷，那才叫见了鬼。

终韩琦一生，他跟王安石不合，只要一有机会，韩琦就会陷害王安石。即使在临死前，也是如此。

见皇帝询问自己，韩琦知道躲不过去了，他慢慢道："臣同意吴奎的说法，王安石就是一个沽名钓誉的小人。他嫌之前朝廷任命给他的官职都太小，所以拒绝了。不如给他一个大一点的官职，看看他的反应。若王安石依旧推辞，证明他是一个君子；若王安石直接上班，则证明他就是一个小人。"

韩琦的这套说辞，与当年"章得象陷害范仲淹"的说辞，有异曲同工之妙。

听完韩琦的建议，宋神宗没有听出其话中的阴险成分，他听从了韩琦的建议，给了王安石一个正三品的江宁知府，让他成为一名封疆大吏了。

对于这个任命，王安石不知是计，屁颠屁颠地去上班了。

结果，王安石刚一上班，韩琦就秘密指使一帮御史状告王安石，说他沽名钓誉——之前，王安石是装清高，认为官职太小，不想去；可现在呢，一旦获得了一个大官，他就第一时间去赴任；等等。

御史的这番话，说得宋神宗心里直打鼓，他开始怀疑王安石的为人了。

好在，在这危急时刻，王安石好友韩维的一番话，打消了宋神宗的顾忌，让他决定任命王安石了。

韩维告诉皇帝："王安石素有变法图新的大志，如今新君践祚，汲汲求治，求贤若渴，王安石深知，此时此刻正是君子大有所为的时代，所以对于皇帝的任命，他才会第一时间去赴任。他这么做，跟沽名钓誉有什么关系？若王安石真是一个小人的话，他早就参加馆阁考试、入朝为官了，他为什么反而慢慢升级呢？还不是因为他是一个正人君子。"

韩维的这番话，让宋神宗醍醐灌顶，他彻底打消了对王安石的顾忌，准备重用这个人，让他入朝为官了。

当然，鉴于韩琦与王安石势同水火的局面，宋神宗也只能忍痛割爱，把韩琦罢免了——即使这个人对自己有拥立之功，也只能委屈地下岗回家，给新法让道了。

那么，韩琦的这个拥立之功，是怎么回事呢？

原来，当年，若不是他的一声怒吼，宋神宗也不会这样"有惊无险"地登基继位。

史料记载，宋英宗驾崩前已经昏迷不醒。后来，不知道是神经未死还是回光返照，宋英宗的手指微微动了一下。

此时此刻，宋神宗已经穿上龙袍、准备登基称帝了。万一这个时候宋英宗醒来，宋神宗就有谋朝篡位的嫌疑了。

这样的结果，让大家冷汗直流，皆不知道该如何是好。在这危急关头，韩琦大喊一声道："太子照常登基继位。即使皇帝醒过来，也只能去做太上皇！"

韩琦的这句话，让大家松了一口气，大家继续准备登基仪式去了。后来，虽然宋英宗没有活过来，但因为韩琦的这句话，还是让宋神宗很感激他，把他视为自己的亲信大臣。

然而，就是这么一个亲信大臣，却因为要给王安石腾位置，被皇帝罢免了。

史料记载，在欧阳修离开朝廷一年后，韩琦在一次朝会因为没有管理好群臣的座位顺序，就被御史弹劾下岗了。

其实，韩琦的罪名非常小。犯的这个错误，远比当年欧阳修的小得多。但是，就是因为这么一点点的错误，韩琦被轰出了朝廷，去当河北安抚使了。

对于这个任命，韩琦清楚地知道，真正想轰走自己的人，不是那些御史，而是当今圣上。所以，对于这个罪名，韩琦啥也没说，全都认了，他打点好行装，直接走了。

当然了，即使离开了中央，韩琦也要继续中伤王安石一次，方才罢休。

在韩琦临走前，皇帝为他践行，问道："公离京后，谁可任大事？"

韩琦道："文彦博，其宜也。"

文彦博确实是一个合适的人选，此人早在宋仁宗嘉祐年间，就是国家的首相了，他的资历比韩琦还老，而且文武双全、足智多谋，还精通权术（比如害狄青），让此人当首相，确实是一个不错的人选。

然而，对于这个人选，宋神宗并不满意，因为文彦博太老了！此人跟韩琦一样，暮气重重，不求有功，但求无过，让他当宰相，只会因循守旧，毫无变化。

宋神宗皱着眉头问："你看，王安石这个人行吗？"

对于这个人选，韩琦强烈反对道："王安石这个人，可以是一个好的翰林学士，但绝不能担任宰相。”

临走了，还要诋毁王安石一把。可见这两人之间的矛盾，真不是一般深。

听完韩琦的这番话，宋神宗沉默不语。韩琦明白宋神宗沉默的原因，他不再说话，跪安出宫了。

韩琦出宫后没多久，宋神宗就以王安石政绩出色为由，提拔他为翰林学士，命其来京城上班了。

至此，在宋神宗的迫切召唤下，王安石意气风发地回到了阔别多年的京城。他准备在这里一展宏图，实现自己的抱负了。

第二十章 王者归来

重回朝堂

熙宁元年（1068 年）四月，在千呼万唤下，48 岁的王安石终于回到了京城，准备一展抱负了。

四月乙巳日（初四），在太监的指引下，王安石终于见到了自己的“主子”宋神宗。至此，这对中国历史上最负盛名、也最负争议的君臣，就这样见面了。

在未来的岁月里，他们将在相互理解、相互信任、相互支持、相互猜疑、相互憎恨、相互反目中，完成那场永载史册的变法。

那场变法，就是历史上大名鼎鼎的“王安石变法”。

由于宋朝人对王安石的憎恨，在南宋史学大师李焘的《续资治通鉴长编》中，我们已经不知道这对君臣见面时候的情况了。

好在，在清朝的《续资治通鉴》中，后人补充了这段历史，才让这对君臣初次见面的情形重见天日。

根据《续资治通鉴》记载，见到了梦寐以求的偶像后，宋神宗迫不及待地问道："当前国家财政枯竭，国势衰弱，朕要发愤图强，改变这种状况，当以何为先？卿要直言。"

王安石毕恭毕敬地回答道："若想国家繁荣富强，当以择术为先。"

宋神宗道："何为择术？"

王安石道："选择适合国情的制度和法规。"

王安石的这个回答，虽然很空虚，也很短，却让宋神宗眼前一亮。毕竟，宋神宗听了太多太多用仁义道德治理国家的说法了，从来没人告诉过他，可以用其他东西治理国家。

知道王安石肚子里有货后，宋神宗高兴不已，问道："爱卿认为，唐太宗如何？"

宋神宗这么问，有两种意思。

第一，作为一个野心勃勃、血气方刚的君主，宋神宗太想成为唐太宗那样的人物。因此，宋神宗这样询问王安石，以探听王安石对唐太宗的评价，看看自己能否变成那样的君主。

第二，宋神宗这样问，也是想试探一下王安石，看他会不会像司马光一样只会说教，只会诉说唐太宗的辉煌历史，而没有一个可以使用的方案。

孰料，王安石的回答，完全超出了皇帝的预料。

王安石道："陛下为什么要以唐太宗为榜样呢？效仿尧舜，才是正道！"

宋神宗大吃一惊道："尧舜乃上古明君，朕怎能效仿？"

王安石道："尧舜虽然是上古明君，但效仿起来并不难。他们治国的方法简单易行，一点也不烦琐；他们治国的理念，简单扼要，非常容易施行。只是后代的学者们不了解尧舜的治国之道，认为这些东西高不可及。其实，只要认真学习，就能够成为尧舜那样的明君。"

宋神宗本以为，自己能够成为唐太宗那样的人物，就很了不起了，结果居然能够成为尧舜那样伟大的帝王了！

这一下子，宋神宗信心倍增，他更加宠信王安石了。

口说无凭，是骡子是马，拉出来遛遛！

寒暄结束后，宋神宗回归正题，道："朕想富国强兵，就要推陈出新、改弦更张。但是，自从太祖太宗统一天下后，百年间平安无事，证明'祖宗之法’并没有错，因而没有变法的必要。但是，太祖太宗用这套法度时，国家富庶，朕用这套法度时，国家却困难重重。这是为什么呢？”

宋神宗的这个问题，困扰了他很久。因为，只要他一想变法，反对派就会拿祖训拉大旗作虎皮，并告诉他一个言简意赅的道理——祖宗之法，没坏；是使用他的人，坏了。因此，要换人，而不是要换法。

可见，若不解开这个心结，皇帝就不会坚定地去变法。

王安石也知道这个问题的重要性，在短暂思考后，回答道：“陛下所问，是一个极其复杂的问题，里面有制度法规问题，也有人事问题，更有天意。臣三言两语说不清楚，请允许臣回去深思熟虑一番，写成一个奏章呈给您。”

宋神宗道：“好，让爱卿费心了。”说完，就把王安石送出宫了。

回到家后，王安石激动不已，因为他终于侍奉了一个英明的君主。对比前两代君主，宋仁宗暮气重重、宋英宗是非不明，而这位宋神宗年轻有为，希望励精图治，这才是自己多年寻找的明主呀！在他的手下，自己终于可以施展才华、大干一场了！

说干就干，王安石立刻来到书房，在书桌上摊开笔墨纸砚，畅所欲言，书写了一篇永载史册的奏章，名字叫作《本朝百年无事札子》。

这篇奏章，在历史上还有一个更伟大的名字，叫作“北宋第一札”。

北宋第一札

王安石的这篇《本朝百年无事札子》，虽然字数不多，但包含的内容极为丰富。王安石通过三个论证，阐述了祖宗法度没错的原因；也用了九个论证，阐述了现在必须更改祖宗之法的原因。

王安石告诉皇帝，祖宗之法之所以没错，主要是因为三个方面：

第一，太祖太宗有识人之才、用人之术。

王安石告诉宋神宗，太祖太宗非常了解手下的官员，知道每一个官员的优劣，并将他们放在最合适的位置。在他们的手中，勇猛之人能够得到重用，奸诈小人也能够得到惩罚。因此，太祖太宗时期政治清明，官员各个清正廉洁，这样获得一个盛世，也就顺理成章了。

第二，太祖太宗敢作敢为，推陈出新，革除弊政。

王安石告诉宋神宗，太祖时期，藩镇割据，地方势力远强于中央，太祖在赵普的建议下，使用“杯酒释兵权”政策，剥夺了地方军阀的权力，这才结束了五代十国的纷争。太宗时期，改革科举，提高文人的地位、降低武人地位，这才最大限度地减少了叛乱的可能性。

太祖太宗的这些举措，多是前无古人的措施，在当时也受到了很多大臣的反对，但是，太祖太宗还是坚持了下去，开创了大宋王朝百年的基业。

第三，太祖太宗时期的各项政令，皆以百姓利益为重。

王安石告诉皇帝，太祖在制定政策发布命令时，一切以百姓能平安、得利为原则。要变法，自然就会有反对的人，反对的人意见一多，君主就不知道该怎么办。那么，君主该选择什么样的意见，作为变法的标准呢？只有一个，那就是千万百姓的利益。百姓得利了，国家就富庶了；国家富庶了，变法才算成功。

阐述完了列祖列宗的制度后，王安石随后写道，为什么执行了百年的法度，偏偏现在就出事了呢？

因为，在这一百年间，出现了九个致命的弊端。

一是，现在和皇上朝夕相处的，都是宦官和宫女。处理的政事，不过是有关部门的琐事，皇帝也没有像古代大有作为的君主那样，和学士、大夫们讨论治理国家的方法，并实施到天下。因此，皇帝已经不知道祖宗之法的精髓，已经不能在全国推广了。

二是，皇帝识人不明，虽任用了贤人，但小人也占据了很多职位。这样导致的结果是，正确的言论，皇帝未必听得进去；错误的主张，却常常被采纳。长此下去，国家怎么可能富强呢？

三是，现在的科举制度，以诗赋和背诵古书的办法取士；现在的官场升级制度，以论资排辈、按资历任用官员。这样的官场制度弊端重重，已经无法给国家输送有用的人才了。

四是，监司机关没有称职的官员，无法监督官员贪污腐败。边将也是问题重重，军队不是由有指挥经验的人担任，而是任命一些毫无本领的人充数。

五是，官吏考核制度弊端重重，难以考核官员的真正政绩。真正的贤人，因为不会“走后门”被排挤、被埋没；那些“游谈之众”，却可以用取悦他人、走关系的战术，谋取高官，占据要职。长此下去，贤臣无权无势，才能得不到发挥，等同于庸人。而一个国家没有了贤臣，结果可想而知。

六是，沉重的徭役造成农民破产，而政府没有设立专门机构，负责兴办、整修农田水利等事务。

七是，边防部队没有训练整顿，大部分的士兵是“疲、惫、衰、老”之辈，毫无战斗力可言；内地驻军全是兵痞无赖，也毫无战斗力可言。

八是，对皇族成员不严格教育和选拔，却委以重任，不符合先王奖优罚劣的用人原则。

九是，对于管理财政，基本没有法度，所以尽管皇帝本人很节俭，但百姓并不富裕。不管皇帝和大臣怎么操劳，没有一个合适的理财办法（注意这里），国家也不可能强盛。

综上所述，大宋王朝存在的九个致命的弊端，已使大宋到了“最危难”的时刻了。

此时此刻，虽然国家一百多年来没有出乱子，也没有遭到尧、汤的“水旱之变”，这跟前几代君主励精图治有关系。但更大的原因，是因为老天保佑（“虽曰人事，亦天助也”）。可是，一味依靠老天爷是不行的。万一发生变故，大宋王朝的前途就堪忧了！

因此，国家变法，已经迫在眉睫了。在《本朝百年无事札子》的结尾处，王安石这样激动地写道：“伏唯陛下躬上圣之质，承无穷之绪，知天助之不可常恃，知人事之不可怠终，则大有为之时，正在今日。”

史料记载，收到王安石的奏章后，宋神宗大喜过望，他一连读了数遍。每读一遍，就要称赞一次。后来，宋神宗掩饰不住自己的兴奋，他竟然开始朗诵王安石的奏章了。

就这样，两个英雄的手，终于紧紧地握在了一起。宋神宗下定决心，拜王安石为相，推行新法。

至此，一场轰轰烈烈的变法，终于在这个神州大地上，拉开了大幕！

熙宁二年（1069年），宋神宗任命王安石为参知政事，让其进入中央，位列朝堂。同时，宋神宗设立了一个全新的部门，叫作“制置三司条例司”（宋朝的发改委），让这个部门管理宋朝的所有财政，总揽所有的变法事务。

至此，万事俱备，王安石终于大展宏图，开始变法了。

这一年，王安石 49 岁。

变法之路艰险而漫长，在变法之前，王安石必须清除官场的所有“顽石”，才能组建自己的班子，进行变法。

那么，当时的中书省，是一个什么样的情况呢？王安石眼中的“顽石”，又是谁呢？

王安石与司马光交恶

史料记载，王安石进入中书省后，当时的中书省主要由五个人组成。老百姓曾送给这五位宰相五个字，以表达自己的感受。

这五个字叫作——生、老、病、死、苦。

“生”指的是王安石。说他生机勃勃，锐意变法。

“老”指的是曾公亮。说他老态龙钟，毫无作为，只想着退休。

“病”指的是富弼。说他一直有病，总是请假，根本不上朝（其实是变相抗议）。

“死”指的是石介。石介为人忠厚，嘴皮子功夫不行，跟王安石吵了几次后，竟然内心愤懑，郁郁而终了。

“苦”指的是赵抃。赵抃号称铁面御史，与包拯齐名，他一生清正廉洁，是一个好官。但是，赵抃不同意变法，但因为说不过王安石，赵抃只能在家叫苦不迭。有的时候，他竟然连叫十几个“苦”字，大家就送给他这么一个雅号了。

生、老、病、死、苦。用这五个字概括宰相的表现，堪称生动无比。

连普通的老百姓都看出来，这个执政班子存在着很大的问题。王安石与这些人为伍，就算有通天的力气，也使不出来呀。皇帝重用这样的大臣去变法，变法焉能成功？

可喜的是，宋神宗也发现了这个问题。于是，在很短的时间内，他就把这个执政班子解散了。宋神宗亲自颁布一道诏书，让那哥四个回家退休，颐养天年去了。

轰走了这四块“顽石”后，宋神宗送给了王安石三个崭新的人选，做他的

“三驾马车”，帮助他变法。

第一个人选，是博学多才、年轻有为，还未暴露出狰狞一面的官员——吕惠卿。

第二个人选，就是坚定的变法拥护者，“唐宋八大家”之一曾巩的弟弟——曾布。

第三个人选，就是那个大名鼎鼎的王安石的好友——司马光。

宋神宗送给王安石的这三个人选，前两个没有问题，但是这第三个人选，却很有问题。

因为，终其一生，司马光都在反对王安石变法。这对昔日的好朋友，也因此最终分道扬镳，势同水火，老死不相往来了。

那么，到底是什么原因，让这对昔日的好友反目成仇了呢？

史料记载，对于这个问题，宋神宗直到病逝，也没有明白过来。

在宋神宗眼中，王安石和司马光各有所长。前者，有胆有识，勇于开创新局面；后者，老成持重，能为前者保驾护航。若这两个人能够精诚合作，绝对是一对理想的“黄金搭档”。

何况，在生活方面，这哥俩也惺惺相惜，有共同语言。

咱们前面讲过，司马光为了妻子，终生不再娶。王安石呢？他跟司马光一样，一生洁身自好，与妻子举案齐眉。

史料记载，王安石的原配夫人叫吴氏，是王安石母亲的一个远方侄女。

王安石母亲吴氏是一个知书达礼的人，教子有方，自然也很有眼光。吴氏挑选的儿媳妇，也是一个知书达礼、深明大义之人。

史料记载，吴氏对王安石百般体贴，服侍得非常周到，王安石很尊敬这位夫人，他们夫妻和睦，举案齐眉，小日子过得一直不错。

婚后，吴氏为王安石生下了两儿两女。王安石享受到了天伦之乐后，更加尊敬夫人了。

书归正传，还是那句话，在宋神宗眼中，王安石和司马光这对搭档，工作上各有所长，可以互补；精神上志同道合，惺惺相惜，这两个人应该很合得来。结果，却完全不是那么回事！

这到底是什么原因？

其实，不管是当时还是现在，没有一个人能够知道，王安石和司马光是何时分道扬镳、彻底决裂的。通过历史的蛛丝马迹我们只能知道，这两个人决裂是早晚的事情。因为他们从一开始就不是“一路人”。

随便举几个例子，就能证明。

第一次交手——座位问题

熙宁元年（1068 年），宋神宗打算重用王安石变法。在变法前，皇帝特意让王安石参加经筵，以讲师的身份阐述自己变法的理念，与群臣辩论。

孰料，这场辩论会，压根就没有举行。

因为，群臣为了一个“座位”问题，争得头破血流，最终不欢而散了。

当然，这个“座位”问题，其实也是辩论会的主要话题。

原来，得知皇帝要重用自己、让自己讲课后，王安石便与好友韩维、吕公著一起上疏，说现在经筵时，讲课老师要站着讲课，但这并非祖宗之制，而是宋真宗时期制定的制度。他们希望皇帝废除这个制度，回归列祖列宗的制度，让老师坐着讲课。这样一来，才能彰显皇帝尊敬儒学、尊重老师的风范。

老师站着讲课的制度，确实是宋真宗时期建立的。准确地说，是刘娥建立的（也有说是寇准，功劳被刘娥抢走了）。

宋真宗晚年时，刘娥为了抬高宋仁宗的地位，就下令让老师站着讲课，以打压群臣的气焰。后来，这个要求竟然成为定制。仁宗、英宗两位君主在位时，也没有更改这个制度。

王安石突然要更改这个制度，原因有二。

第一，王安石要通过这种类似“指鹿为马”的事情，看看群臣的反应，看他们是不是尊敬他这个“牵鹿人”。

第二，王安石深知，一旦变法，反对派最大的反对理由就是祖宗之法不可废。现在，他要用这种“打擦边球”的方式，看看群臣是不是真的认为祖宗之法，就是不可废。

来吧，“鹿”已经出场了，看看大家的反应吧。

史料记载，得知此事后，以司马光为首的官员们全力反对，他们认为虽然这个制度不是祖制，但从宋真宗晚年时就开始执行了，到现在也五十多年了，怎能轻易废除？

除了维护祖制，司马光等人还攻击王安石，认为王安石这样做是别有用心，要借此抬高自己、以显尊贵。当年我们讲课时，都是站着的，你王安石讲课却要有座位，这是一个什么心理？

就这样，在一片乱哄哄的场面下，这个坐着讲课的事情不了了之。王安石与司马光的第一次交锋，就以这样的结局告终。

通过这件事情，我们就能轻易看出来，王安石锐意改革、司马光迂腐保守，他们根本不是一路人，根本无法共存，绝对会再起波澜。

这不，没过多久，因为一个“杀夫案”，这哥俩又一次开战了。

第二次交手——阿云杀夫案

一场座位之争，让司马光和王安石“打了一架”，虽然没有分出胜负，但这哥俩也不用遗憾。因为很快，这哥俩会为了一个案子再次开战，一辩定乾坤。

这个案子，就是阿云杀夫案。

熙宁二年（1069 年）大理寺驳回了登州知州的一桩杀夫案，登州知州不服，上奏朝廷，请求圣裁。

原来，登州有一个叫阿云的女子，年轻貌美（13 岁），但是因为贫穷，母亲病故后无钱下葬，最终，由族长做主，阿云卖身葬母，嫁给了一个丑陋的韦某为妻。

阿云嫌韦某长相丑陋，就想杀了他，以结束这段婚姻，追求自己的幸福。

有一天，趁韦某在地头熟睡，阿云偷偷摸摸地带上一把刀，对他一顿乱砍。

因为阿云力气小，砍了韦某十余刀都没有杀死他，只是砍断了他一根手指。韦某疼痛难忍，嗷嗷大叫。阿云害怕了，就扔掉刀具，狼狈地逃跑了。

衙役们接到报案，来韦某家取证。

虽然因为天黑，韦某没有看见行凶者的面貌。但是，衙役们从韦某提供的口供和犯罪现场的情况来看，断定阿云最有作案动机。于是，衙役们传阿云上堂，要对她进行讯话。

一上朝堂后，阿云害怕了，做贼心虚的她竟然不打自招了。阿云承认了作案的整个过程，并对自己的犯罪事实，供认不讳。

至此，这个案件宣布侦破了。下一步，就该宣布判决结果了。

当时，登州知州在一番详细的审理后，判决结果是："按照大宋律令，凡谋杀而自首者（注意这里），罪减一等；杀而未死，罪又可减一等。因此，以减二等判处阿云杖打三十、流放三千里，服刑三年。"

历朝历代，但凡涉及人命的案子，都需要复审。大理寺在接到登州知州的案卷后，认为其判处有误，就给重新判罚了。

重新判罚的结果是："按照大宋律令，母亲葬期出嫁，罪加一等；谋杀亲夫，十恶不赦。因此，判处阿云死刑，斩立决。"

咱们前面讲过，根据"出入人罪"制度，司法官员判错了一个案件，要承担自己罪罚。对于这个结果，登州知州肯定不干，他上疏朝廷，要求圣裁。

宋神宗看完这个案件，很是头疼，他认为双方都有理，就把这个案件交给了王安石和司马光，希望他们秉公办理此案。

不料，正是这个案子，让这对最好的朋友从此分道扬镳。

读完案卷后，王安石同意登州知州的判罚结果。他认为：

第一，大理寺说阿云是丧期出嫁，应罪加一等，这不符实。阿云是卖身葬母，此乃大孝之举，不应处罚，还应该表彰。

第二，大理寺说阿云谋杀亲夫，是十恶不赦的大罪，也不符实。韦某没有死，预谋杀人和杀人致死，这是两码事。

与王安石的意见正好相反，司马光则同意大理寺的判罚结果，他认为：

第一，阿云不是自首，她是在朝堂之上，即将败露前，承认犯罪事实的。若这也叫"自首"的话，那以后就没法审理犯人了。因为，犯人不用主动交代，只要扛到败露前一刻，就能算自首。因此，登州知州这个判决一出，后患无穷。

第二，预谋杀人，也是杀人！不管阿云造成了什么样的结果，她已经做出谋杀亲夫的恶行了。韦某连中数刀，依旧不死，那是韦某幸运。不能因为韦某的幸运，就减轻了阿云的罪行。这种不守妇道的女子，理应严惩不贷。

双方各执一词，谁也说服不了谁。毕竟，从维护法律方面讲，司马光的观点完全正确。但是，如果从法律的社会效应、就是“人命关天”的思想来看，王安石的思想则更胜一筹。

双方都没有错，只是观点不同罢了。

虽然有争持，但这俩人都是名闻天下的君子，所以还不至于当堂吵架。于是，这两人把自己的想法写了下来，呈给宋神宗，请求圣裁。

这一下子，宋神宗头疼了。在他的眼中，双方各执一词，而且都很有道理，这该怎么判呢？而且，更严重的是——若同意王安石的建议，就得罪以司马光为首的严惩派官员了。反之，同意司马光的建议，就等于是得罪慎刑派官员，而且扫了王安石的面子、挫了王安石的威信。以后王安石变法，就没有人听他的话了。

两害相权取其轻，两利相权取其重……最终，宋神宗同意了王安石的意见，认可登州知州的判罚结果。

毕竟，在皇帝的眼中，一切的事情都要为新法让路，所以只能委屈司马光了。

宋神宗颁布圣旨，登州知州的判罚正确，大理寺官员的判罚有失公正。但念他们日理万机，仅仅口头批评一次，不再深究。

这是宋神宗深思熟虑后的结果，他想照顾两边的颜面，可这种“两面兼顾”的判罚结果，费力不讨好。

得此结果，以司马光为首的大臣们接连上疏，要皇帝重新审理此案，维持大理寺的判罚。

在大家眼中，皇帝如此宠爱王安石，这是让王安石搞“一言堂”的节奏呀，这还得了！因此，他们誓死反对王安石，防止他独断朝野。

就这样，这场小小的杀夫未遂案，在群臣的争持中，变成一个争夺权力的大案。

身陷囹圄的阿云无论如何也想不到，她一个无权无势的卑微草民，竟然让帝国的顶级大佬们为她争论不休。

最终，为了结束这个争论不休的局面，宋神宗重新颁布了一道圣旨——维持登州知州和王安石的判罚结果，但大理寺和司马光的判罚也没错。朕之所以不杀阿云，反而赦免了她，是因为朕特别怜惜此女，做出特赦的结果。至此，这起阿云杀夫的案件，就以这样稀里糊涂、前后矛盾、没有结果的结局，告终。而王安石与司马光的这次交锋，也以王安石的“险胜”而告终。

当然，王安石和司马光的思想都对，只是思考的层面不同罢了。我们唯一知道的是，这两套系统根本没法“兼容”！

因为思维体系完全不同，王安石与司马光继续交恶，也就在情理之中了。经过这次交锋后，没过多久，这哥俩又吵起来了，并成就了一个永载史册的故事。

这个故事，号称“御前辩论”。这次辩论，将决定这场变法是否开始，也将决定大宋王朝未来的命运。

第三次交手——御前辩论

史料记载，熙宁二年（1069年）八月，距离上次争论仅仅过了四十多天，宋朝就遭受了一场大规模的水灾。这场水灾不仅让王安石和司马光再次打了起来，也彻底坚定了宋神宗变法的决心。

当时，河北多个州县暴发了大规模的水灾，受灾诸县纷纷向朝廷伸手讨要救灾物资。为了救灾，宋神宗把国库所有的银子都花完了。

水患平息了，看着空空如也的国库，宋神宗真是生无可恋、欲哭无泪。

这一次，国家还有钱摆平灾难，下一次呢？当下一个灾难来临时，国家怎么办呢？

看来，大宋王朝已经到了最危难的时刻，必须变法了！

恰逢此时，轮到司马光经筵了。在上课时，宋神宗针对这次水患，提出了一个尖锐的问题：“先贤们在赈灾时，有什么良策呢？”

司马光道：“唯才是举，选择合适的官员去治理地方。皇帝日理万机，可将权力移交给大臣，让宰相推荐合适的十八路转运使，再由转运使推荐知州，知州推荐知县，这样层层推荐下去，在大宋的每一个位置上就会有一个合格的官员了。”

对于司马光的这番话，宋仁宗选择了沉默。

表面沉默不语，其实皇帝的内心早就炸翻了天！在宋神宗眼中，司马光竟然还在用数十年前范仲淹的方法，他真是古板得可以。

诚然，让官员自己举荐下属，确实能选到合格的大臣，可这样一来，任命大权就转移到大臣手里了。若这些大臣们唯亲是举、结党营私，就会架空皇权。到时候后果就不堪设想了！

听完司马光的解答后，宋神宗继续问道："除了选择官员，在赈灾方面，爱卿还有何良策？"

司马光道："大灾之年，金银财帛是没有用的，只有粮食最重要。望陛下拿出国库的金银财帛，去江淮一代换取大米，再用这些大米救济百姓。"

皇帝听完这些话，彻底无语了，他心想："你说的这些不都是废话吗？我要有金钱的话，还用跟你商量吗？"

司马光也知道皇帝的难处，所以在皇帝没有发飙前，赶紧解释道："钱财的问题，臣已经跟宰相曾公亮商量过了。在今年举行的祭祀大典上，群臣都不要赏赐，以节省国家开支，度过这个灾年。"

说完，司马光从怀中掏出一份请求裁减赏赐的奏章，等待圣裁。

宋神宗看完这封奏章后，下令群臣商量此事，征求一下群臣的意见。当然了，主要是"那个人"的意见。

命令下达后，王安石第一时间站出来反驳道："臣以为，司马大人此举欠妥。如今国库空虚，单靠节流，并不能渡过危机。唐代名相常衮就曾提出过这个办法，结果毫无用处。"

常衮，唐朝代宗时期的宰相，此人为官清廉，但无治国安邦之策，只会节俭节流。当时，为了给国家省钱，常衮上奏朝廷，希望取消堂馔的待遇。

所谓的堂馔待遇，就是宰相的工作餐。唐朝制度规定，每天到饭点，宰相们要在政事堂一起吃饭。一方面是为了让宰相们联络感情，一方面也是工作需要，早点吃完，早点干活。

结果，为了给国家"省钱"，常衮就上奏朝廷，希望取消这个制度。可想而知，常衮上疏后，举朝哗然。大臣们皆认为，常衮这是穷疯了！取消一顿工作餐，能给国家省几个钱？若真想给国家省钱，你常衮无才无德，就应该主动辞职让位，替国家节省宰相的俸禄钱！

杨绾病故后，常衮独揽大权，对朝中众官的俸禄视好恶来酌定。唐德宗继位后，在群臣的弹劾下，常衮被贬到了地方，当一个小小的刺史去了。

王安石用这个案例，用意有二：一是以史论今，告诉大家，一味省钱没用。二是指桑骂槐，痛骂司马光就是一个常衮似的人物，只会省钱，应该趁早滚蛋。

司马光听出了他在暗讽自己，道："常衮虽然无能，但能够主动辞去赏赐，精神难能可贵。至少比那些拿着君王赏赐却不干活的大臣，要好得多！"

王安石听出了司马光的意思，反驳道："国家之所以财政困难，不是因为国家的钱不足，而是因为没有会理财的人。"

司马光知道他会这么说，回答道："王公所谓善于理财的人，不过是一些千方百计剥削小民利益的奸诈官员。若把百姓搜刮太多，百姓穷困不堪，就会去当强盗，这不是国家的福分！"

王安石道："我不是这个意思。我只是想说，一个善于理财的人，不用增加百姓的赋税，也能让国库充足。"

司马光冷笑道："不可能，天地之间的财物数量是有限的。不在百姓手里，就在官府手里。财富就如雨水一样，夏天发了水灾，秋天必然干旱。"

王安石反驳道："天下财物并无定数。只要法规制度得当，措施得力，就可以发展生产，多生产出财物。这样不用加赋，也能让国库充足。"

司马光大怒道："不用加赋而使国库充足，不过是巧夺名目、巧取豪夺百姓财富罢了，这种办法比公开增加财富更可耻！王公所用的办法，不过是西汉时期桑弘羊的诡计罢了，我朝绝不用这种奸诈小人的办法！"

桑弘羊，西汉著名的理财专家。在汉武帝的大力支持下，桑弘羊推行改革制度，先后推出算缗、告缗、盐铁官营、均输、平准、币制改革、酒榷等经济政策，大幅度增加了国家的财政收入，为汉武帝讨伐匈奴奠定了雄厚的物质基础。

虽然为国家积累了大量的财富，但桑弘羊使用的办法，在正统的文人眼中，全是巧取豪夺、掠夺民间财富的办法。因此，士大夫们对桑弘羊的评价不高。

史料记载，听到桑弘羊的名字后，王安石不再言语了。

这个人是彻底认尿了，还是说了什么更加偏激的话，现在已经不得而知了。

至此，在这场理财辩论中，司马光胜出。

双方辩完后，宋神宗发表了最后陈词："两位爱卿不要争了。国家开源不足，需要节省在这个问题上，朕同意司马爱卿的意见。但是，一味地节省，并不是长久之计，何况那么省，也省不出几个钱。因此，朕同意王爱卿的意见，国家还得开源。”

至此，通过皇帝的金口玉言，在这场理财辩论，司马光又输了。

因为，在皇帝看似“公平公正”的判罚下，他还是更倾向于“开源”。毕竟，王安石的那句“善理财者，不加赋而国用足”，对皇帝太有吸引力了！

不用增加赋税，就能增加财物，这不就是“大变金钱”吗！这谁不喜欢呢？

改变宋朝命运的时刻来到了。这场御前辩论后，宋神宗接受了王安石的思想，终于同意变法了！

熙宁二年（1069年），轰轰烈烈的“王安石变法”，开始了。

重用王安石的真正原因

如今，很多书籍都记载了，在这场理财辩论后，司马光是不败而败，王安石是不胜而胜。最终，皇帝还是听从了王安石的理财思想，开始了那场改变宋朝国运的变法。

然而，历史的真相，真是这样吗？

未必。

其实，早在这场辩论前，宋神宗就打算抛弃司马光、重用王安石变法了。因为他对司马光太失望了。

原来，在这次理财辩论前，宋神宗曾交给司马光一个任务，命他整理国库的开支账本，裁减所有不合理的开支，特别是裁减那个“前朝宰相”制定的不合理的开支。

这个前朝宰相，就是宋仁宗时期的大奸臣吕夷简。

庆历年间，吕夷简在干掉范仲淹后，为了收买人心，颁布了一道法令——每隔一段时间，就要大幅度赏赐皇亲国戚和后宫嫔妃。他还将这道法令变成了“定例”。

平心而论，吕夷简的这个招数，是很多政客惯用的伎俩。用国家的公共钱财，赏赐那些权贵之人，以达到收买人心的目的，这个招数虽然不高明，却很有效。

这个很有效的办法却有一个重大弊端——福利这个东西，发出去容易；收回来……只能“呵呵”了。

没有办法，人就是这么势利的动物，一旦提高了福利待遇，就不可能降下来。在古代，这叫作“由俭入奢易，由奢入俭难”。

当时，自从提高了宗室待遇后，朝廷支出骤然增加，吕夷简倒得到了一片赞美之声。吕夷简病逝后，很多宰相都想废掉这个制度，但在皇亲国戚的强烈“维权”下，他们只能知难而退。

韩琦执政时（宋英宗时期），曾用最强硬的手段要废除这个制度，结果，在既得利益者的全力防守下，韩琦只能偃旗息鼓了。

就这样，到宋神宗执政时，国家还保留着这个弊政。当然，宋神宗是不可能“认栽”的，他一定要把这笔钱省下来。

正好，司马光上疏：“现在国用不足，主要是用度太奢，国家赏赐不节，给宗室的赏赐太多。希望陛下与两府、三司使共同商议，商量出一个裁减方案。”

司马光都这么说了，皇帝肯定让他得偿所愿。

就这样，宋神宗将这件棘手的事情交给了司马光，让他制订出一个裁减方案。同时，他也想通过这件事情，考察一下司马光的办事能力和胆识。

结果，此事以令其极其失望的结局告终。

原来，司马光虽然口口声声说要“裁减开支，缩减给王公贵族的赏赐”，但只要一具体执行，就彻底抓瞎了。司马光既没有拿出一个可行的方案，也没有提出一个处理意见。

到底是司马光缺乏能力，不知道怎么节省预算；还是他老奸巨猾，不愿得罪人，现在已经不得而知了。唯一知道的是，司马光令宋神宗非常失望。从此之后，宋神宗不再对司马光委以重任了。

毕竟，宋神宗迫切需要的是能具体解决问题的大臣，而不是只会“说大道理、灌鸡汤”的教书先生。

相比司马光，王安石的表现堪称“给力”了。

史料记载，同样的任务，王安石下狠手、用重锤，玩命地缩减皇亲国戚的开支。

当时，王安石颁布了下列法令：

第一，重新册封皇亲国戚的爵位。只有宣祖赵弘殷、太祖赵匡胤、太宗赵光义这三个宗室的直系后代，才能保留爵位。其余的旁支后代的爵位，全部取消。

第二，即使是这三个宗室的后代，每一代也只能保留当家人的爵位，其余人的爵位也要全部取消。

第三，宗室子弟若想入朝为官，也需要考试。考试合格后，才能入朝为官。

第四，削减后宫妃子和群臣官僚的推恩钱。推恩钱，是皇帝的一种赏赐。当时，只要一有节日，或者是皇家有什么喜事（比如皇帝娶妻、生子等），皇帝就会赏赐一些钱。

皇帝赏钱，无可厚非，但赏赐的次数太多，太频繁了，也成问题。当时，皇帝每年赏赐的次数，少则十余次，多则数十次；皇帝赏赐的钱，都成为官员一种“固定收入”了。

王安石削减了官员的“固定收入”，剥夺了皇亲国戚的爵位，其结果，也就只能用“可想而知”来形容了。

史料记载，宗室子弟们都“炸”了，这些被砸了饭碗的人聚集在一起，到处造谣生事、煽风点火，玩命诋毁王安石。

面对这铺天盖地的舆论压力，换成一个一般人，估计早就被唾沫星子淹死了。但是，王安石可不是一般人，面对来自社会各层的压力，王安石不改初衷，继续变法，他不仅坚定不移地裁减赏赐，还把后宫太皇太后、皇太后、皇后、妃子、公主的赏赐待遇，都给大幅度裁减了。

可见，王安石真是胆大得可以。

就这样，皇帝开始信任王安石，也绝对相信，王安石这个“胆大妄为”的人，一定能够不负使命、排除万难，完成变法这个重任。

那么，在变法时，这个“拗相公”王安石，又会干出什么惊天地、泣鬼神的事情呢？他的变法内容，又都是什么呢？

第二十一章 开始变法

王安石变法的主要内容

王安石变法的内容很多，但主要以下面三个变法争议最大——免役法、保甲法和青苗法。

先说第一个法：免役法。

皇帝建立国家，为了能够运行下去，还是需要“本钱”的。这些“本钱”，就是国家的赋税。

如何收税？怎么要钱？历朝历代都不一样，但归纳起来，主要有这么三块：

第一块，田税。普天之下莫非王土，种了皇帝的地，自然要交税。

第二块，人头税。率土之滨莫非王臣，天下百姓都是皇帝的子民，你在他的领土上生活，自然要交税。

第三块，徭役。徭役，也叫苦力税。就是让那些成年的百姓，通过给国家免费出力来缴纳。当然，一般来说，国家是既让你“出钱”，也让你“出力”，一个也不能少。

在这三种赋税中，前两种税收是明码标价，都能看得见，谁也赖不掉。但这第三种徭役，就问题严重了。

毕竟，该不该服徭役，服徭役时受不受罪、百姓到底干没干活、干了多少，全凭地方官员的良心。

百姓干了，也说没干；要么说没干好，必须重干；或者说没干完，要继续干（什么时候干完，看地方官的心情而定）。总之一句话，碰上坏心眼的官员，玩死你没商量。

在这些背景下，百姓们被这种官员折腾得苦不堪言，却也无处申冤。

在宋朝，关于徭役，有个专门的要求，即差役法。此法沿袭前法，又称职役法、史役法，是要乡村上三等户轮流充当差役，体现了“依靠地主绅士作为全部封建统治的基础”。差役制度就不合理。但更可气的是，在宋朝，服差役的人，更不合理！

原来，宋朝根据百姓的富裕情况，把人分成了三类：第一类人，有功名在身的士大夫；第二类人，穷困潦倒的乡村百姓；第三类人，小康之家的城乡百姓。

在这三类人中，第一类人有功名在身，免于差役；第二类人连温饱都够呛，也免于差役；第三类人既没有功名，也不愁吃喝，所以这类人，就成为服差役的主力军。

在百姓眼中，有权有势的士大夫们，个个富得流油，理应承担更多的责任。结果这些人竟然不用服差役，反而把这个责任全部推给了百姓，这让他们情何以堪？

要知道，宋朝的差役非常苦。服差役的时间很久，以衙前役为例，他们需管理、经营、运送官物，不仅费用自备，而且如果期间路上生病或遇上了劫匪，一切意外由个人承担。百姓一旦服了差役，个个苦不堪言。若赶上官物失陷或丢失，需要赔钱的，百姓只能倾家荡产、家破人亡了。

当时，为了躲避差役，百姓们土地不敢多耕，骨肉不敢义聚，大家全都藏着掖着，怕别人看见自己有钱有人。更有甚者，为了躲避差役，百姓宁愿卖身为奴，成为国家的“下等人”。这对于农业生产和社会安定，都非常不利，国家经济也没法发展。

见旧的差役法有如此严重的弊端，王安石下令，修改差役法，建立一套新的制度。

王安石制定的免役法，主要修改了两个内容：

第一个内容，凡是大宋子民，无论等级贵贱，全部一视同仁，都要服差役。当然，“困难户”还是除外。

第二个内容，若百姓不愿意服差役，可以，只需要向朝廷缴纳一定的钱财，由官府雇佣其他人服差役。这笔钱，叫作“助役钱”。

可以说，此法案一出，天下欢声鼓舞，大家拍手叫好。

此法案的好处，有三：

第一，百姓终于从繁重的差役中解脱出来了，他们出钱不出力，终于不耽误自己的生产了（经商、种地）。

第二，所有人一视同仁，达官显宦也需要出钱了。他们缴纳的那些助役钱，不仅充实了国库，也让百姓解恨了。

第三，忙不过来的人腾出了时间，社会上闲散人员则多了一条挣钱之路，可谓两全其美。

综上所述，王安石颁布的这个免役法，真可谓好处多多，堪称一举三得。后来，司马光奉命废除新法、恢复旧例时，旧党中的很多人都强烈反对，苏轼更是直言不讳道：“此法应当缓行，不应第一时间废除。”

可见，王安石的这个免役法，就是这样地深得民心。连死对头的旧党，都认为好。

那么，既然此法非常好，为什么以旧党为首的司马光等人，还要冒天下之大不韪，非要废除此法呢？

一个词——尊严，或者是面子。

毕竟，在司马光为首的士大夫们眼中，不服差役，是士大夫们与生俱来的特权，是他们神圣不可侵犯的一部分！

古人有云：“刑不上大夫，礼不下庶人。”在士大夫眼中，下贱的百姓服差役，是天经地义的事情，让有功名的士大夫去服差役，这就叫逆天而行，是对他们人格的极大侮辱。

这个说法，绝非危言耸听，当时很多的大臣对此法不满。这些反对的大臣中，也包括那位闻名天下的“贤臣”。

这个“贤臣”是这么说的：“自古役人，必用乡户，犹食之必用五谷，衣之必用丝麻，济川之必用舟楫，行地之必用牛马，虽其间或有以他物充代，然终非天下所可常行。”

意思是说，自古以来，服差役的都是乡户，就像吃饭一定要用五谷，穿衣一定要用丝麻，过河一定要用舟楫，旅行一定要用牛马一样。就算暂时用到了别的替代品，也不能长久，还得回归正途。

这里的潜台词就是，让士大夫去服差役，根本就不对，还得用百姓去服差役！

他还说：“士大夫捐亲戚，弃坟墓，以从官于四方者，用力之余，亦欲取乐，此人之至情也。若雕弊太甚，厨传萧然，则似危邦之陋风，恐非太平之盛观。陛下诚虑及此，必不肯为。”

大意是：我们士大夫阶级，离开亲友，抛弃祖坟，四处为官，在工作之余，玩一玩，娱乐一下，这是人之常情。若让我们来服差役，苛刻太甚，一定会弄得“厨传（驿站之类的地方）萧然”了。到了那个时候，国家就跟下等国家一样鄙陋（危邦之陋风），这不是太平盛世的景象呀！

这个贤臣，就是刚刚踏入仕途，资历尚浅的苏轼。

连苏轼这种出身民间的人，都会说这种话，其他大臣的言辞，就可想而知了。

当然，我们也要原谅苏轼。毕竟当时的苏轼，只是一个初出茅庐的小孩，他对士大夫一族到底是一个什么东西，还一知半解；对于下面黎民百姓的苦楚，也知之甚少。苏轼还没有吃过苦，还没有受过足够的罪。

十几年后，当苏轼被关入暗无天日的监狱、被贬到蛮荒之地，那个时候的他，才懂得人为刀俎我为鱼肉、家破人亡生离死别，到底是一个什么样的滋味。也就是在那个时候，苏轼涅槃重生，成为一个爱民如子的好官，一个百折不挠、永不言败的圣贤。当然，这些都是后话。

综上所述，为了自己的尊严或者是面子，士大夫们纷纷表示，绝不同意这个免役法，也绝不交这个助役钱。即使这个钱就是一个小钱，他们也不交！

在这种心理下，士大夫们不仅不交钱，还玩命反对新法，给皇帝上眼药、给王安石下绊子。

史料记载，有一天朝会，宋神宗专门聊到了这个免役法，他告诉群臣：“为了验证这个法的好坏，朕派了很多宦官到民间考察民情。结果，百姓们给的反馈意见都一样，都说这个法非常好。看来，王爱卿建立的这个法，利国利民，功不可没。”

一旁的枢密使文彦博不屑道：“陛下此言差矣。不修改差役法，百姓也会满意。胡乱修改，万一造成动乱，就得不偿失了。”

王安石道：“文大人此言才是差矣。旧的差役法问题重重，老百姓深受毒害。若新法不得民心，百姓何来‘拥戴’二字？”

一听王安石这么说，文彦博沉默不语了。散朝后，文彦博单独面见宋神宗，道：“启奏陛下，您别听王安石胡说。在推行免役法时，官员逼迫百姓们交助役钱，已经闹得天怒人怨了。那些本来不用交钱的贫困百姓，也被迫交钱了。如今，下面的百姓怨声载道，都痛骂王安石误国误民呢！”

听完文彦博的话后，宋神宗大吃一惊，立刻召来王安石询问此事。

王安石听完后，大怒道：“文彦博此言，纯属胡说八道。中书省三令五申，不许贫苦百姓交助役钱，地方官员怎敢胡乱收钱？定是文彦博这种士大夫们不愿意交钱，才在这里挑拨是非。”

宋神宗听完后，也不知道他们谁对谁错，结果，王安石反而得理不饶人。他要求严惩文彦博，以儆效尤，让所有反对变法的人都知道，随便反对变法将是一个什么样的下场！

明知道王安石的这个要求，是在无理取闹，但宋神宗也拗不过这个“拗相公”。宋神宗只能颁布一道圣旨，口头“警告”了一下文彦博，让他回家闭门思过去了。

就这样，“严惩”了文彦博后，王安石高兴了。但他也清楚地知道，经历了这件事情后，他与旧党之间的矛盾，只能愈演愈烈，继续升级。

这不，在保甲法这个新法上，反对派和变法派，即旧党和新党的矛盾，再次升级。

小试牛刀——保甲法

前面讲过，在宋神宗的眼中，宋朝有一个欲哭无泪的现实——拥有这个世界上最多的军队数量，却毫无战斗力可言，甚至不堪一击。

对于军队的弊端，王安石是清楚的。但是，王安石却不想动这块“奶酪”。毕竟，军队内部山头帮派颇多、关系盘根错节，若强行裁减，稍有不慎就引火烧身，且一发不可收拾。而且，吏制改革绝非王安石的初衷，经济改革才是正道。

于是，王安石建立了一套全新的制度，以取代原有的军事制度。

这套制度，叫作保甲法。

史料记载，王安石的这个保甲法并非原创，他山寨了秦国商鞅的“五家连坐法”，在此基础上升级了一下罢了。

当时，王安石取其精华、去其糟粕，准确吸收了商鞅变法的精髓。他下令，把全国百姓进行重组分户。每十家，设为一保；每五十家，设为一大保；每五百家，设为一都保（《续资治通鉴长编》记载，后来王安石修改了此法，将保甲的用户数目削减了，分别改为了五家、二十五家和二百五十家）。由德才兼备、家财雄厚的人为“保长、大保长、都保长”，管理众人。

新法规定，居民在指挥下，要轮流巡逻，昼夜不停。一旦看见前来打劫的盗贼，要做到一家有难、八方支援，群起而攻之，不能避敌怯战。在战斗中，明哲保身、袖手旁观者，不仅要赔偿盗贼造成的经济损失，还要与盗贼同罪。

同时，新法还规定，每户人家的门口，要挂一个牌子，上面写清楚户主、家庭成员、有没有暂住人员等基本情况。大家一起互相监督，互相揭发，一旦发现可疑人员，或者是与门牌上不符的人员，就要立刻上报官府。如果隐匿不报，一经发现，一家犯罪，所有人一起完蛋。

王安石颁布了这个新法后，各地的土匪全都抓瞎了，他们根本不敢下山，也不敢进城打探消息，更不敢置办各种生活物资了。即使是抢，这些土匪也打不过。

这个新法，在对付土匪、稳定地方上面，就是这么好！

此外，新法还规定，如果有人犯了强奸、抢劫、杀人等罪行，同一个保的居民若不及时检举揭发，与之同罪。如果不是特别大的罪行，比如一些简单的民事纠纷等，可由保户们自行协商解决，解决不了的再由官府审判。

王安石的这个新法，不仅把百姓们团结了起来，自行组建了一支武工队，还最大限度地减少了官府的工作量，堪称一举两得。

史料记载，在王安石颁布保甲法之前，由于地方军队无能，为了平息地方叛乱，宋朝只能从京城调部队去镇压。然而，等京城禁军出动时，地方叛乱已经成了气候，难以遏制了。因此，每平息一次叛乱，朝廷都需要耗费无数的财力物力。

可现在呢？由于“保甲法”的实施，地方叛乱尚在摇篮就被扼杀了。

史学家做过统计，在保甲法颁布前，宋真宗、宋仁宗、宋英宗三朝多次发生叛乱，总数超过百起。颁布了保甲法后，整整宋神宗一朝，竟然没有一个地方发生过叛乱。宋哲宗一朝的叛乱，也少得可怜。直到那个“爱石如痴、挥霍无度”的宋徽宗登基后，地方才数次发生叛乱。当然，那个时候的叛乱，就连《宋史》也承认，是因为百姓实在是活不下去了，才铤而走险、被迫叛乱的。

这些数据足以说明，王安石颁布的这个保甲法，绝对是一个利国利民的好法，在安定地方上，是居功甚伟。

这里说一个题外话，王安石是借鉴了商鞅的法，建立了这个保甲法；四百年后，一个同样姓王的大臣，也借鉴了他的法，建立了一套崭新的军事理论。

这个姓王的人，就是明朝的一代圣贤王阳明；他建立的这套军事理论，就是被军事家们一直津津乐道的“十家牌法”。

这也足以说明，王安石建立的这个保甲法，是一个利国利民的好法。否则，一代圣贤王守仁，为什么别的不学，非研究这个法呢？

然而，不管王安石的法有多好，在旧党眼中，这依旧是一个祸国殃民的法。他们的反对之声，也是一浪高过一浪；他们与王安石之间的矛盾，也在这种争持中愈演愈烈，不断升级……

战火升级

熙宁四年（1071 年），开封知府韩维开启了反对的战火，他上疏奏道：保甲法毒害百姓，已经闹得天怒人怨了。当地官员为了迎合新法，天天组织乡民操练，百姓干不了农活。一旦百姓反对新法，地方官员就强行抓人，逼迫百姓训练，百姓已经忍无可忍了。更有甚者，为了躲避保甲法，已经出现截指断腕的百姓了。

听说此事后，宋神宗大吃一惊，立刻叫来王安石询问此事。

王安石不屑道："百姓爱惜自己的身体，怎么可能截指断腕呢？这件事情绝对是假的。即使是真的，也不用畏惧。要知道，小民愚钝，目光短浅，若不强制执行，新法何时才能普及？现在就连士大夫见到新政都纷纷吃惊，更何况变法涉及的二十万百姓呢？这其中免不了愚蠢被人蛊惑的。老百姓不理解新法，也不用跟他们解释，照章执行即可。"

看看，这个人就是这么强横。

一听这话，宋神宗急眼了。要知道，他可不是一个昏君，宋神宗知道民心的重要性。宋神宗反驳道："民言合而听之则圣，亦不可不畏也。"

结果，对于宋神宗的问题，王安石不以为然，因为他立誓要做到"天变不足畏，祖宗不足法，人言不足恤"！

此外，除了这个著名的"三不足"理念，王安石还有一句狠话："当世人不知我，后世人当谢我。"大意是，不用跟百姓解释，早晚有一天，历史会宣判我无罪！

王安石这个人，就是这样地信心百倍，就是这样地无所畏惧。

史料记载，听完王安石的言论后，宋神宗已经无力再跟王安石争辩了。于是，宋神宗交代了一些具体工作，让王安石好好地考察新法，不要一竿子打死，千万不能让贫困百姓也服差役，要不然，这类百姓就真的活不下去，只能造反了，等等。

虽然在王安石的硬怼下，宋神宗没有重视开封知府韩维的报告，但很快，这位皇帝就发现，韩维的报告绝非危言耸听。百姓抗拒保甲法的事情，比他想象的要严重。

因为，没过多久，京城就爆发了一件轰动朝野的超级上访事件，让皇帝震惊不已。

原来，开封府管辖内的东明县百姓因为政府强行征收助役钱和强行推广保甲法，聚集了千人之众，一起来到了开封府，来了一次大规模的超级上访。

本来，开封府尹是东明县令的直接上司，东明县又在开封府的管辖之内，因此，东明县百姓找开封府告状、让韩维替他们做主申冤，这合情合理。韩维也应该第一时间升堂办案，替百姓解决冤屈。

结果，不知道是因为自己的奏折石沉大海，令韩维耿耿于怀；还是因为这件事情涉及新法，韩维就想看王安石的笑话，韩维选择了一种别有用心的解决办法，把这个“祸水”转移了，让这些百姓去“祸害”别人了。

史料记载，面对这些诉苦的百姓，韩维告诉他们：“你们诉苦的内容涉及变法，这是宰相王安石的事情，已经超出我的能力范围。我无权过问，也没有权力解决。”

一听这话，东明县百姓就急眼了，他们围住韩维让他给一个说法。

在百姓眼中，不能解决问题的官员，要你何用？做官不为民做主，不如回家种白薯。今天，韩维若不给一个合理的解释，百姓们就豁出去了，大家要扒了韩维的官服！

看见群众如此亢奋，韩维马上解释道：“我不是说了吗？变法的事情，不在我权限之内。你们要诉苦，应该去找宰相王安石，找我也没用。王安石王大人，他才是变法的总指挥。”

于是，在韩维的“引导”下，一千多东明县百姓掉转枪口，瞬间就把王安石的府邸“包围”了。百姓们在王安石门前玩命嚷嚷，让王安石出来，给大家一个交代，等等。

突然来了一千多名上门打架的百姓，王府上下都吓得不轻。家人就劝王安石，让他赶紧从小门逃跑，去搬救兵。

虽然家人的这种善意劝说，是为了保护王安石的安全，毕竟外面的百姓义愤填膺，鬼知道他们能干出什么事情来。然而，王安石却毫不领情。他下令道：“打开大门，我要亲自出去，当面询问百姓。”

不得不说，单凭这一点，王安石还是一个好官。

就这样，不顾家人的反对，王安石走出了王府，对着百姓们道：“我就是王安石，你们有什么冤屈，敬请告知。若你们真的有冤屈，本官一定为你们做主！”

看见王大人出来后，百姓立刻派代表与王安石交涉，诉说冤屈。

听完后，王安石对百姓道：“朝廷虽然颁布了新法，但绝没有发布这种害人的规定。我一定为你们做主，少则三天多则五天，一定给大家一个满意的答案。”

王安石都这么说了，百姓们满意地离开了。在百姓离开前，王安石问道：“你们上访的事情，东明县令可知？”

百姓道：“不知，若贾大人知道这件事情，他怎么可能让我们上访呢？”

王安石："贾大人真的不知？"

百姓："当真不知！"

王安石："好吧，我明白了……"

第二天早朝时，宋神宗拉着一张黑脸，下令商量昨天超级上访之事。毕竟，一千多名百姓竟然把宰相府给围了，这个性质太恶劣了，影响也太坏了。若不解决此事，朝廷颜面何在？

会议中，御史杨绘上奏道："百姓上访的原因，是因为司农寺（主管农业部门，相当于是农业部）颁布的名册错漏不堪，根本没有划分清楚百姓的等级，导致很多本不用参加保甲法的百姓也被迫参加了，百姓这才上访诉苦。臣建议，百姓虽然犯罪，但情有可原，希望朝廷网开一面，不予追究。司农寺曾布、邓绾等人，不依照百姓的实际情况，胡乱制定名册，应该严惩不贷，以儆效尤。"

听完杨绘的上奏后，宋神宗雷霆大怒，当即就要剥夺曾布、邓绾的官职，将他们轰出京城，发配地方。

眼看两员变法干将要被驱除出京了，王安石坐不住了。他持笏出列道："任何事情，不能只听信一面之词。不如把曾布叫来，问问到底是怎么回事。"

宋神宗听从了王安石的建议，叫来曾布。当被问到为何胡乱制定百姓等级时，曾布立刻跪倒在地，失声痛哭，大喊冤枉。

曾布告诉皇帝："当时制定名册时，司农寺曾三令五申，这个名册是多年前的旧档，与实际情况出入很大。地方官员在执行时，要根据实际情况进行调整，并上奏改变出处。结果，东明县贾蕃明知道这件事情，却根本不改动这个名册，就这样执行。不知此人如此行事，是何用心？"

此外，曾布还告诉皇帝："当时开这个推广会议时，有数十个县令参加了，他们也都知道此事。陛下若不信，可以把他们一一叫来，一问便知。还有，其他县令都上交了修改文件，唯独这个东明县，一次都没有上交过……"

曾布这么说，意思很明确了——出了这么大的事情，跟他真没关系。

听完了这些"公说公有理，婆说婆有理"的陈述后，宋神宗选择了暂时退朝，等研究清楚后，再商量此事。

退朝后，王安石偷偷摸摸找到宋神宗，单独汇报道："东明县令贾蕃，此人是文彦博的亲信，一贯反对新法，在保甲法的推广上也一直存在着强烈的抵触心理。当时，在推广会上，贾蕃就说了不少坏话。臣认为，如今东明县出现了聚众上访事件，很可能就是贾蕃故意制造的结果，以此破坏新法的形象，让老百姓对新法产生误会。”

王安石还告诉宋神宗：“东明县这次上访的人数，是一千多人！这么多人上访，东明县令贾蕃竟然不知？怎么说得过去呢？如果是一两人上访，贾蕃不知道情有可原，但这么多人上访，贾蕃怎么可能不知情呢？若没有他的默许，这一千多人能出得了东明县吗？”

一言以蔽之，王安石就是要告诉皇帝，这起东明县上访事件，就是一个蓄谋已久的阴谋。这些人的目的，就是要破坏新法形象，激发百姓与朝廷对立情绪。这样的人，用心何其毒也！

一听这话，宋神宗大吃一惊，他都不知道该说什么了。

后来，宋神宗的亲信宦官也密报，贾蕃确实与文彦博来往甚密。而且，在东明县百姓上访前，贾蕃曾多次秘密出入文彦博府邸，不知所为何事。

铁的事实摆在眼前，不管宋神宗相信多少，他也只能承认王安石所说的话了。

最终，为了解决这个事件，宋神宗颁布一道圣旨，重新审核东明县百姓的等级，罢免贾蕃的官职，也算是给百姓一个交代。

当然，对于那个罪魁祸首文彦博，因为没有任何证据，宋神宗就没找他的碴儿。但是，从那以后，宋神宗就再也不相信文彦博，也不愿意跟他说话了。

看见皇帝开始冷落自己，文彦博也不傻，他立刻上疏朝廷，主动辞职。对于文彦博的请求，宋神宗大笔一挥，就同意了。

至此，文彦博远离了京城，旧党又少了一员大将。

文彦博去地方后，枢密使位置空虚，宋神宗就想让韩维来接替。对于这个任命，王安石明知道韩维是自己的恩人，当年在韩琦陷害自己时，若不是他一直保举，王安石也不可能这么快返回朝廷。但是，王安石也痛恨他“引水东流”，引导百姓堵自己大门，让天下看自己热闹。因此，王安石不打算让韩维担任枢密使，以免给自己添堵。

最终，王安石选择了大义灭亲。他接连上疏朝廷，不让这个反对自己的人出任枢密使。即使这个人对自己有恩，也不行。

看见王安石变成了一条忘恩负义的“蛇”，自己变成了那个倒霉的“农夫”

后，韩维大怒，他索性上疏朝廷，请求外调地方了。

本来，宋神宗还想挽留韩维的，结果在王安石的“逼迫”下，宋神宗只能颁布一道圣旨，把韩维调到地方，让他去襄州当知州去了。

至此，在这次因为保甲法引起的东明百姓上访事件中，原因都尚未搞明白，王安石就迫不及待地痛下杀手，接连把反对变法的人轰出朝廷。在他这种独断专行下，不管王安石的主观意愿如何，如此行事只能点燃战火，让新旧两党不断对抗、不断厮杀，且战火愈演愈烈了。

后来，就在这种不断的厮杀中，不管是新党还是旧党，他们都忘记了自己最初的富国强兵、造福百姓的初衷，而只剩下毫无原则的对抗和仇杀。

最终，在王安石新颁布的法令下，新旧两党的对抗，达到了顶端。

这个新法，叫作青苗法。

最终变法——青苗法

平心而论，不管你多么讨厌王安石这个人、多么讨厌他的新法，青苗法都是一个利国利民、兼顾国家利益和百姓利益的好法。

那么，这个青苗法的主要内容，是什么呢？

咱们都知道，在中国这个农业大国中，农民一年最苦的时候就是春天。因为这个时候秋粮已经吃完了，夏粮还没有收获，老百姓正处于青黄不接的阶段。

但是，换一个角度看问题，老百姓这个时候也是有粮有钱的。因为他们的田地里有很多的青苗，这些都是钱，只是没有成熟罢了。

鉴于此，每到百姓青黄不接时，有钱有粮的富户人家或高利贷者就会借给农民一些钱粮，帮助他们渡过难关。当然，不能白借，老百姓要用田地的青苗作抵押，加息偿还。

百姓和富户签署了这种“抵押贷款”后，如果风调雨顺，老百姓大丰收了，偿还了这种“高利贷”，大家就相安无事，明年再见了。可一旦遇到了天灾，老百姓颗粒无收，就只能卖房卖地，来偿还这种高利贷了。到时候土地兼并、两极分化的问题，便由此而生了。

对于这种现象，王安石颁布了一道新的法案——青苗法。

所谓青苗法，就是由国家向老百姓发放这种“抵押贷款”。即每年青黄不接时，由官府向百姓提供贷款，秋后连本带息要回来。当然，国家的贷款比民间的贷款利率要低，可以让百姓免除“高利贷”的剥削。

实行青苗法所需要的经费，也不是问题。原本各地为了赈灾救济和平抑物价，储备了大量的粮食。这些粮食作为青黄不接时的“抵押贷款”既能物尽其用，也能防止它们发霉腐烂。

总之，用国家的储备粮食作为“抵押贷款”，既能解百姓的燃眉之急，降低他们被高利贷剥削的程度；也能用钱生钱，增加国库之资。这个“青苗法”，确实利国利民，堪称公私两利。

难怪，王安石在变法前曾夸下海口，“民不加赋而国用足”。

在王安石的眼中，青苗法堪称宋朝第一能挣钱、能利民的大法，毫无任何瑕疵可言。然而，王安石并不知道，这个新法在实际操作中却变得非常可怕，甚至变成一场“亡国之法”了。

这个变法的危害，如下：

首先，地方官员随意提高利息，百姓还不起。

当时，王安石在深入研究后，制定的贷款标准是，收取半年 20% 的利息，即贷款 1000 元，半年后还 1200 元。

这个利率放在今天，绝对是“高利贷”了。但对比民间的贷款标准，王安石的这把“刀”，显然要轻得多得多。

史料记载，王安石制定的这个贷款利率，只是民间高利贷的三分之一甚至是五分之一。民间的刀，要比王安石的刀，狠得多。更有甚者，民间曾有过“月息 60%、半年利息 360%”的记录，即贷款 1000 元，半年后就要还 36000 元。

然而，王安石下手轻，他手下那群如狼似虎的官员，下手可一点也不轻。

为了提高或超额完成自己的业务量，为国家挣大钱，好增加履历，提升官职，那些执行青苗法的官员，强行要求百姓贷款，还提高利息。他们随便把月息加到 30%、40%、50%，到了最后，有些地方的利息，竟然是原来设定的三十五倍。

三十五倍，就是月息 700% 了！这个月息，比民间最狠的利息，还要高出十一倍！这个利息，何止是要把人“逼上梁山”，简直就是不让人活了！

一个利国利民的低息贷款，在下级官员的手中变了味，变成一个官府强行聚财的高利贷了。

这样的结果，恐怕让王安石始料不及。

殊不知，还有更让王安石始料不及的呢！

其次，除了国家的高额利息，百姓们还要增加很多其他成本，才能贷到“抵押贷款”。而这些成本，就是百姓向官员缴纳的“手续费”。

咱们都知道，官府办事，效率低不说，还层层把关，手续极为烦琐复杂。以前，农民向地主贷款，双方讲好价格，就能拿钱。现在，跟官府贷款，要先申请，随后审批，再提交各种证明。不会写字的，还得请人写字。手续麻烦不说，还得求人给钱。毕竟，你不给官吏一些好处费，他能让你过吗？一分钱不掏，就把手续通过了，这可能吗？

瞠目结舌一下吧，当时的这个手续，多到什么地步呢？

按照苏轼的诗句，就是：“赢得儿童语音好，一年强半在城中。”

这首诗的意思是说：新法手续繁多，农民要一次一次进城办理，半年时间都在城里，小孩都学会城里口音了。

当然，因为这首诗句，苏轼被打上了一个诽谤新法的罪名，还差点被整死（乌台诗案，后面再说）。

这样的层层拔毛，农民有多少毛，也经不住官员这么拔！

这样的结果，也恐怕让王安石始料不及。

王安石最始料不及的是，执行青苗法的官员为了完成“贷款利息增值”任务，以获得更好的升迁机会，他们不择手段，胡乱修改青苗法，以达到自己升迁的目的。

官员们修改青苗法的手段很多，但以下面三招最为常见。

第一招，强行摊派。

王安石颁布的青苗法中明确规定，必须自愿！然而，当地官府不管这个，毕竟，百姓不贷款，官员就挣不到钱；官员挣不到钱，就没法升官。

因此，当地官员下令，所有百姓，都必须贷款。而且，这叫奉旨贷款。毕竟新法是皇帝颁布的，不贷款就是违抗圣旨，想想这个后果吧。

就这样，在官员的强行摊派下，不想贷款的百姓，也只能被迫贷款了。百姓平白无故地增加了一笔“高利贷”，也无处申冤。

当然，强行摊派只是官员挣钱的初级手段罢了。在强行摊派后，官员们又使用了一招“分别贷款”的手段，以提高自己的“业绩”。

第二招，分别贷款。

为了提高“业绩”，官员们在强行摊派后，会根据当地农户的经济情况，将他们分成不同的等级，以此来规定不同级别农户的贷款额度。这个招数，就叫“分别贷款”。

比如，第一个被指控胡乱摊派、分别贷款的王广渊，他在东京路推行青苗法时，就下令把境内的百姓分为五等，第一等人必须贷款十五贯，第二等人必须贷款十贯，第三等人必须贷款五贯，第四等人必须贷款二贯半，连最穷的第五等人也必须贷款一贯。

可想而知，若天下官员都这么干的话，老百姓就没有活路了！

当然，即使把百姓“欺负”成这样了，官员也不保险。毕竟，把老百姓逼急了，逃跑了，找不到人了，钱要不回来了，到时候咋办？

于是，官员们又想出了第三个也是最狠的一个招数——找人担保。

第三招，找人担保。

史料记载，为了防止百姓不还钱，官府规定，除了抵押百姓的田地房产，还要让当地富户对等级贫穷的人提供担保或抵押。也就是说，贫农还不上钱，逃跑了，也是跑了和尚跑不了庙，由富户替他还！

要知道，这可蕴含着极大的风险。因为它意味着一旦出现天灾，百姓还不起钱后，富户也将被其牵连，最终一起玩完。只有转移了所有祸端的官府，才能旱涝保收，收回所有的成本，变成胜利者。

在官府的这“三板斧”下，青苗法这个利国利民的理财之法，彻底变成一个摧残百姓的敛财之术了。而在这个敛财之术中，只要官员心狠手辣，就能战绩斐然。而战绩斐然后，他们就能升官发财。

于是，在这种背景下，无数的百姓倾家荡产、苦不堪言，变成一块块让官员上升的“垫脚石”。

史料记载，神宗皇帝病逝后，一直不理朝政的司马光奉旨入京，参加皇帝的追悼会。结果，看见这位旧党的魁首出现在京城后，开封所有的百姓都疯狂了，他们围住司马光的马，痛哭流涕、高声大喊道：“请先生不要回洛阳，留下来辅佐皇帝，救救百姓！”

那些鄙视、痛恨司马光的人，看见这个场景后，也许会撇嘴一笑，认为这是在作秀。然而，在我的眼中，这应该是真的。这些百姓确实是发自内心的，请求司马光留下来，救救自己，救救这个天下。

天下苦秦久矣……这是秦朝末年时，秦国百姓对这个国家的评语。我相信，身处在王安石变法下的宋朝百姓，也一定有同样的唏嘘。

那么，到底是什么原因，让王安石的这个青苗法，变成了一个祸国殃民的暴政呢？这里面的问题，又是什么呢？

法是好法，人不是好人

还是那句话，不管您是否承认，这个青苗法，都是一个好法。

别的不说，若大家了解获得诺贝尔和平奖的“穷人银行”，就明白青苗法与这个“穷人银行”，堪有“异曲同工之妙”。

我个人认为，这么一个利国利民的青苗法，之所以变成了一个祸国殃民的暴政，原因只有一个——使用这个法的人，绝不是好人！

事实正是如此。

那么，这里有一个问题，为什么使用这个法的人，都不是好人呢？那些正人君子，如司马光、欧阳修、苏轼等人，为什么全力反对这个新法呢？

对于这个问题，史学家们给出了一句话，作为解释——天还没亮，而王安石起得太早了！

这句话的意思是说，早在1000多年前，王安石就懂得运用现代贷款的方式，来刺激经济的增长了。而且，他创建的那些法，都是现代国家管理经济的法律。也就是说，王安石与现代人近，与同时代的人反而远。按照文学的说法，王安石拥有超越同时代人的智慧，他简直就是一个穿越回过去的人。

然而，王安石的悲剧，也就此开始。

要知道，在那个“万般皆下品，唯有读书高”的时代里，王安石跟“视金钱如粪土”的士大夫们去讨论经济问题，只能自取其辱、得到一个“唯利是图”的头衔。毕竟，传统士大夫们看重的是伦理道德，而不是金钱利益。

在这种大时代背景下，王安石没法说服司马光、欧阳修、富弼、韩琦等传统的“士大夫”，他只能重用那些“追名逐利”的人。

这其实也怪不了王安石，就好比是一个公司，若想快速发展、快速挣钱，只能重用那些唯利是图的销售员，这样才能迅速打开市场，发家致富。

员工们唯利是图，不可怕，只要在可以控制的范围内即可。但是，身为最高领导的王安石，他竟然不知道员工唯利是图的程度，也不知道他们在“不择手段，祸害天下”，更不知道他们就是一群如狼似虎的小人，这就太不尽职尽责了。

这绝非危言耸听。随便举一个变法的官员，就能清楚地知道，王安石重用的这些变法人物，都是一些什么“货色”了。

史料记载，除了那三大争议不断的法令外，王安石还颁布了很多法令，如市易法、均输法、方田均税法、农田水利法等。

这个故事的主人公，就农田水利法有关。

中国是一个农业大国，历朝历代都要花费重金治理水患，以防止大坝坍塌，祸害百姓。地方官员的“硬指标”政绩之一，也是能否治理水患。

当时，为了治理水患，王安石下令，让各地官员畅所欲言，上奏治理水患的办法。若此法可行，必重重有赏。

诏令下达后，朝廷内外官员纷纷进言。一时间，各种奇招、花招、怪招迭出。

在这些办法中，以博学多才的刘贡父的招数，很是“无厘头”。

原来，见此诏令后，刘贡父便告知王安石：“治理水患，老夫没有办法，但若把‘梁山泊’之水泄去，就可得万亩良田，也算是功德一件。”

王安石听了大赞道：“此计妙哉！”然后王安石皱着眉头问，“这个办法，好是好。但问题是，泄去的梁山泊之水，又将引往何处呢？”

刘贡父笑道：“这有何难？再修一个梁山泊，用来贮存湖水即可。”

王安石知道刘贡父是一个喜欢开玩笑的大臣，且他们之间的关系非常好。所以，王安石微微一笑，就不再计较此事了。

虽然刘贡父的招数，很是无厘头。但在所有的治水招数中，最无厘头、最可笑的招数，非“治水神钯”这个招数莫属了。

史料记载，在朝廷的号召下，举子李公义上奏朝廷，说各地水患不断，是因为河道拥堵所致。即使增高堤坝，也因为河水是拥堵的，所以治标不治本。这就好比什么呢？你家马桶堵了，应该去清理马桶，而不是加高坐垫。

那么，怎么清理呢？

李公义给了一个“神乎其神”的建议——可以制作一种巨大的铁钯，用铁锁链结，沉入水中，用大船去拉这个铁钯，从而清除水中拥堵的淤泥。

不用想，大家都知道这个招数，是多么地荒唐可笑！

毕竟，以当时木船那点力量，去拉动巨大沉重的铁钯，这不是扯吗？而且，河道有深有浅，若铁钯长度太短，根本到不了河床，等于没有任何作用；若铁钯长度太长，只能被淤泥阻碍，根本拉不动。

因此，出这个馊主意的人，只配拿脑袋撞墙。

然而，对于这个主意，王安石却半信半疑，他打算试一试。于是，王安石找到了大名府安抚使范子渊，准备把大名府当试点，让他主持这个工作。

可想而知，得知自己的地盘变成试点后，范子渊真是喜从天降。他清楚地知道，这是一个千载难逢的升官发财的好机会！若干出一些成绩，得到了王安石的赏识，自己就能一步登天了。

于是，得此任务后，范子渊立刻加班加点，制作了一个巨大的铁钯，扔到了河里开始治理水患了。

然而，铁的事实却告诉他，这个所谓的治水神钯，除了给河床“挠挠痒”，一无是处。

眼看汇报的时间就要到了，范子渊索性一不做二不休，他打算欺骗朝廷，隐藏真实结果。当时，在汇报工作时，范子渊告诉王安石:“治水神钯非常好用。每天刮一刮，河床不堵塞，河道排泄好！”

一听这话，王安石大喜过望，他在没有继续调查的情况下，就听信了范子渊的一面之词。于是，王安石奏报朝廷，保举范子渊为都水监丞。

范子渊这个小小的县级干部，竟然一跃而成为宋朝的水利局局长！这样的结果，让他更加精神饱满地干活了。于是，这哥们儿玩命推广治水神钯，频繁在宋朝各地上演这场闹剧。

明知道这是一场闹剧，但为了自己的业绩，地方官员竟然选择了与范子渊同流合污，他们一起欺上瞒下，集体串通舞弊、弄虚作假。

后来，这场治水神钯的闹剧，竟然上演了十余年，直到王安石被罢相后，才被人揭发出来。

即使被揭发了，范子渊等人也有恃无恐。

原来，得知有人上奏朝廷、说治水神钯无用、要治自己欺君之罪后，范子渊反而上疏朝廷，参了那些官员一本。

范子渊告诉宋神宗："那些说治水神钯无用的官员，全是反对变法的人！他们的目的，就是混淆视听、反对变法，以治水神钯为契机，最终废除新法。对于这种人，陛下不可不防。而且，若治水神钯没用，这么多年了，为什么没有一个官员揭露此事？难道说，那些官员都是饭桶吗？"

看看，范子渊这个人，就是这样地狡猾诡诈，这样地会运用"党争"的武器替自己开脱解困。

因为，这个奸臣清楚地知道，皇帝最害怕的就是大臣结党营私，一旦涉及党争，那所有的问题就会说不清楚了。

果然不出范子渊的预料，看完他的奏折后，宋神宗不知道谁对谁错了。因为，在皇帝的眼中，一旦否认了治水神钯，开了这个先河，反对派们就会以此为突破口，进攻其他新政，最终全盘否定所有新政。到了那个时候，自己十余年的改革成果，也就灰飞烟灭、付之东流了。

千里之堤，溃于蚁穴，对于这个问题，宋神宗不得不防。

因此，为了不让别人反对自己的改革成果，哪怕这个治水神钯真的没用，宋神宗也只能"打脱牙，和血吞"。

最终，宋神宗颁布一道圣旨，以"治水神钯确实有用，告状者无故生事，范子渊政绩斐然"，让这个奸臣平安上岸了。

后来，等司马光上台、全面否定新法后，这场治水闹剧才彻底落幕。范子渊这个欺君罔上的奸臣，才得到应有的下场。

范子渊的故事告诉我们，王安石重用的官员确实大有问题，很多官员就是这样地狡诈投机取巧、为了利益不择手段。而且，范子渊这种例子不是一个，而是一群！

《宋史·奸臣传》里收录很多跟随王安石变法的重臣，这包括：吕惠卿、章淳、曾布、蔡卞、吕嘉问、李定、邓绾等。虽然功过是非不能全由一个《奸臣传》来定性，但客观上，最终，王安石是在一群无良额的"帮助"下，祸国殃民，最终把大宋王朝送进了地狱的最谷底。

不得不说，这样的结果，真是让人唏嘘不已。而王安石识人善用的本领，就是这样地无能。

当然，王安石并不这样认为，他非常器重这些“小人”，依靠他们与朝廷的那些正人君子们战斗，以维护自己的新法，维护自己的理想了。

那么，王安石与这些正人君子的战斗，是什么样子呢？这场正邪之争，又是如何摧毁大宋王朝的呢？

正邪之争

史料记载，在小人的“帮助”下，好好的一个利国利民的青苗法，愣是变成了一个祸国殃民的暴政。在这种情况下，朝廷的正直官员怒了，大家接连上疏，指责新法，要求严惩颁布新法的官员。

当时，御史们联合弹劾王广渊，说他强令百姓贷款，胡乱摊派，掠夺民脂民膏，与盗贼无异。

为了掩盖自己的罪行，这个小人却这样狡辩道：“王大人，我真是冤枉呀。我刚颁布青苗法时，百姓被地主富商欺负惯了，忽然有了这么一个好政策后，他们全都不敢试，以为其中有诈呢。在万般无奈之下，我才强行摊派了一次。结果，百姓得知新法的内容后，全都欢欣鼓舞，人人都在歌颂这个新法呢。”

这番说辞，真是狡辩得可以……

结果，听完这番舒服的马屁之声后，王安石竟然相信了王广渊的说辞，他上疏朝廷，以御史言官们畏惧新法成功、刻意诽谤为由，力保王广渊，还让其升职了。

在王安石的护犊子下，朝廷所有有良心的官员都怒了，他们准备与王安石“血战”了。王安石的身边，出现了无数个对手。

当时，王安石要对付的人，不是那些官小言微的御史，而是那些朝廷的大佬们。

第一个大佬，是有拥立之功的韩琦。

史料记载，见青苗法如此祸国殃民后，韩琦大怒，立刻上疏朝廷，要求废除青苗法。

韩琦告诉宋神宗："朝廷推行的青苗法，本来是一个抑制兼并、扶危济困的好法。但是，官员为了提高业绩和讨好王安石，已经胡乱摊派，逼迫百姓贷款了。一些本不用贷款的百姓，也在官府的逼迫下，被迫贷款。长此下去，百姓就家破人亡了！"

韩琦还告诉宋神宗："诚然，国家用很低的利率给农民贷款，确实是利民之举。但是，一旦天公不作美，老百姓歉收了，就无法按时偿还官府的贷款和利息。到时候，官府不会理会百姓的疾苦，他们只会强迫百姓还钱。为了还债，百姓只能向豪强富户们借钱（还不知道已经被'捆绑'了），来偿还官府的债务。可这样一来，百姓等于受到了官府和地主的双重压榨，这不是逼他们倾家荡产吗？"

总而言之，韩琦认为，青苗法弊端重重，请废除此法，还百姓一个太平。

史料记载，宋神宗虽然轰走了韩琦，但他与韩琦还是有感情的。看完了韩琦的奏折后，宋神宗感慨颇多，他没有治韩琦诽谤新法之罪，反而找来王安石，要询问他一些问题。

王安石来到后，宋神宗质问道："青苗法弊端重重，韩琦所言是否属实？"

听完宋神宗的问题后，王安石大怒，他反驳道："皇帝宁可相信一个远离朝堂的韩琦，也不相信主持变法的我！不如这样，陛下可派两个宦官到民间私访，如果真如韩大人所言，我愿意辞官回家。"

见王安石如此信心十足，宋神宗就答应了他的请求，他偷偷命令两个宦官去了一趟民间，考察了一下青苗法的情况。结果，这两个宦官不知道是考察的地方不对，还是收了一些不该收的东西（大家都懂）。他们回宫后，竟然说百姓很欢迎青苗法，所谓强行摊派之说全是谣言。

得此结果后，宋神宗终于满意了。看来这个青苗法，确实是一个利国利民之法。反之，得此结果后，韩琦彻底愤怒了，他上疏朝廷，说陛下宁愿相信两个身体不全的宦官，也不相信自己这个三朝元老，真是"是可忍孰不可忍"！

于是，愤怒的韩琦请求辞职，宋神宗虽然做了挽留，但见韩琦态度如此强硬，也就同意了韩琦的请求。

就这样，继文彦博以后，韩琦也辞官回家了，从此跟王安石势同水火。

第二个朝廷大佬，就是三朝元老——欧阳修。

史料记载，王安石颁布青苗法时，欧阳修正在青州担任知州兼京东路安抚使（欧阳修主动辞职后，朝廷虽然同意了，但还是给了他一个官职，让他发挥余热）。他发现青苗法的弊端后，强烈反对施行青苗法。

除了全力反对，欧阳修还干了一件瞠目结舌的事情，让宋神宗和王安石很是难堪。

原来，未经朝廷允许，欧阳修竟然以东京路安抚使的名义下令全境州县停止执行青苗法，违者严惩不贷！

欧阳修这么干，是挑明了抗旨不遵。若朝廷怪罪下来，欧阳修就是有九条命，也不够杀的。

话虽如此，欧阳修毕竟是三朝元老，德高望重，还是先帝的托孤大臣之一，因此，宋神宗还是没有对其进行惩罚，只是进行了一下书面批评就完了。

但是，欧阳修干的这件事情，却给王安石留下了极其深刻的印象。后来，宋神宗想召欧阳修回朝，重新任命其为宰相。对于这个任命，王安石为什么那么地反对，不惜以辞职相要挟，其原因，就在于此。

再后来，由于欧阳修审时度势地“主动”病逝了，他们之间才没有爆发出更大的矛盾。要不然，以欧阳修那个暴脾气，不跟王安石闹一个鱼死网破，肯定是不罢休的。

就这样，在命运的安排下，王安石又“解决”一个。

对于王安石而言，欧阳修固然厉害，但下一个大佬更加难对付，也厉害得多。

第三个朝廷大佬，就是文坛领袖，自己曾经的好友司马光。

史料记载，文彦博下岗、韩维被弹劾后，枢密使位置空缺，宋神宗打算让司马光接任。结果，对于这个任命，司马光连上六道《乞辞枢密副使劄子》，就是不上任。当然，对于不上任的理由，司马光也说的“合情合理”：“若臣言果是，乞早赐施行；若臣言果非，乞更不差使臣宣召。”

这句话的意思是说，要用我，就听我的话；不听我的话，就别用我！

那么，听我什么话呢？

请废除新法！

可见，司马光这么干，已算是要挟皇帝了。这也就是在不杀士大夫的宋朝，要是放在别的朝代，司马光早就身首异处了。

后来，见宋神宗没有听从自己的意见（怎么可能会听），司马光一怒之下，辞官回家了。

司马光远离朝堂，找了一个僻静的地方安心修书。当然，临走时，司马光也没闲着，他写了一封讨伐变法派的檄文《与王介甫书》，正式与王安石绝交了。

从此之后，司马光远离了朝廷，直到元丰八年（1085 年），宋神宗驾崩，66 岁的司马光才重回朝廷，干了一件惊天动地的事情。当然，这些都是后话。

至此，王安石不费吹灰之力，又“解决”掉一个。

如今，史学家认为，上述“三大巨头”的相继离开，特别是司马光的离开，标志着旧党成员在政治上的大溃败。从此以后，朝廷再也没有一股力量来制约王安石，遏制这个新党了。

其实，这种说辞并不对。真正的情况是，伴随着“三大巨头”的离开，整个帝国的士大夫们终于分裂成了两大阵营。一个阵营是“在朝的改革派”，也称新党；另一个阵营是“在野的反对派”，也称旧党。从此，这两党开始一场旷日持久的战斗，这两大阵营由最初的主义之争、道义之争，最终变成了权力之争了。

在权力争夺中，士大夫们丧失了对是非、善恶的基本判断能力，就像毫无头脑、嗜血成性的野兽一样，去攻击对方、撕咬对方。

在这种毫无是非的互相攻击下，北宋王朝失去了所有的理性和伦理，迎来了最后的崩盘……

这绝非危言耸听。

从一件很小的事情上，就能看出处在这个旋涡中的北宋士大夫们，是多么地疯狂了。

这个小事，叫作陷害李定。

尾声 大分裂的时代

这个李定，不是庆历年间酿成“一网打尽”悲剧的人，而是王安石在江宁开馆授课时的学生，他是王安石的一个门生，也是变法的坚定拥护者。

王安石变法期间，李定在秀州工作，是当地一名军事判官。因为政绩不错，朝廷把李定召了回来，准备委以重任。

李定回京后，拜访了一下御史中丞李常。李常问道：“君从南方来，应该知道青苗法在地方上的推行情况，不知道百姓对此法什么态度？”

李定毫不顾忌道：“青苗法非常好，百姓非常喜欢。”

李常道：“你不要这么说，你初来京城，不知道里面的情况。如今，为了这个法，朝廷已经打成一锅粥了。千万不要随意评论此法，否则你会被别人攻击。”

李定大惑不解道：“真实情况就是如此，我只是实话实说，为什么会被别人攻击呢？”

见李定态度坚定，李常便不再言语了，双方就此不欢而散。

拜别李常后，李定来到了老师王安石家。师徒见面后，王安石迫切地问道："青苗法在民间的情况如何？"

李定实话实说，王安石听后非常高兴，对他道："明日你我一起进宫面圣，你将这番话告知陛下。"

王安石马上向皇帝推荐了李定。宋神宗召见了李定，询问青苗法有关的事，李定将青苗法在民间的情况说了一遍。

宋神宗久处深宫，根本不知道青苗法在民间的效果，他对这个新法心存很深的疑惑。结果，听完李定的汇报后，宋神宗大喜过望，他打消了对青苗法的顾忌，从此对那些说不便于实行新法的话，也一概不听了，宋神宗更加坚定变法的决心和推行青苗法的力度。

因为李定汇报有功，宋神宗任命他为监察御史，以作鼓励。

殊不知，一场围绕李定的斗争就此展开。

虽然李定的汇报，是实话实说，但他的这番言论却彻底得罪了旧党。在旧党的眼中，既然李定是新党的人，那就"道不同不相为谋"了。

刚开始的时候，旧党对于李定的攻击，还非常地人性，他们采用的办法是拒绝颁布任命诏书，希望皇帝收回成命。

在宋朝，皇帝任命官员的过程是这样的——皇帝让中书舍人起草一份诏书，宰执们商量同意后，在上面盖上中书省的大章，然后颁布执行。

当时，为了让皇帝收回成命，还没等中书省动手呢，替皇帝起草诏书的中书舍人们就"集体造反"了。

史料记载，宋神宗命中书舍人宋敏求、苏颂、李大临书写任命诏书，结果这三人竟然拒绝起草。宋神宗连下几道谕令，这三人竟然就是不写。

大怒的宋神宗立刻颁布圣旨，把他们三人都轰到地方了。

这三人虽然被贬官，但却获得了一个"正直"的美称，旧党成员对他们赞美有加，还送给他们一个雅号——"熙宁三舍人"。这件事情，就是宋朝历史上大名鼎鼎的"熙宁三舍人议案"事件。

综观史书，不管是《宋史》《续资治通鉴长编》，还是《国朝诸臣奏议》《东都事略》，都详细地记录了这件事情，并称此事震动朝野，风闻天下，这三人刚正不阿，等等。

现在也有学者也跟着瞎起哄，说这件事情很有意义，对今天的吏治、任官和人才培养都有借鉴作用，值得我们深入研究，等等。

但是，我们要研究什么，又能借鉴什么呢？

综观整个事件，其实非常简单，无非就是皇帝想任命一个变法派的大臣，反对派的官员不同意，他们联合起来抵制这个任命，最后把皇帝惹怒了，把这三人罢免了。

在这个案件中，没什么高尚的人格、刚正不阿的行为，只是一个最简单的党争，一个非我族类、必须铲除的故事罢了。

如果非要找，也只剩下那一点了——在“熙宁三舍人议案”事件前，新党和旧派之间的斗争，还是君子之间的战争，大家还算守规矩、明事理。但是，在这个事件后，旧党和新党之间的斗争，就是赤裸裸的互相攻击，用最肮脏、最龌龊、最小人的办法，置对方于死地了。

经过了“熙宁三舍人议案”事件后，当发现用正常办法，已经无法获得胜利后，旧党成员立刻采用了非常手段，继续攻击李定了。

他们从李定的生活作风入手，栽赃陷害，打算先把他搞臭，再把他搞倒，最终把他搞死。

李定被任命为监察御史后仅仅数天，他的同行，监察御史陈荐就上奏朝廷，说李定之前在做泾县主簿时，其母病逝，他却隐瞒此事不回家为母亲守孝，如此大奸大恶不孝之人，不配当官，更不配当纠察百官的监察御史。希望朝廷罢免他的官职。

在儒家的思想中，孝道是中国基本的伦理准则。历朝历代，把“孝道”作为人最高的道德准则，更是衡量一个人是否“配当人”的一个最基本依据。

在这种背景下，群臣知道李定不守孝道、不为母亲守孝的事情后，接连上疏，要求把李定轰出朝廷。

面对激动无比的群臣，李定立刻自辩，说自己根本不知道母亲是谁。自己是庶出，终其一生，父亲也没告诉他母亲是谁。因此，当时十分疑惑，不敢报丧，只是以侍养为由解官回乡。

群臣一致认定，李定的这番解释是胡说八道。必是这厮为了荣华富贵，隐瞒了母亲去世的消息，以逃避三年丁忧……

群臣立刻发起了第二轮的进攻，大家玩命攻击李定，要把他轰出朝廷。

当时，苏轼也跟着起哄，他也痛骂李定：“如此禽兽不如之人，古今罕闻也！”

要知道，虽然苏轼官职不高，但他是文坛第一才子。苏轼这样说李定，就等于不管李定如何辩解，他这个“罔顾母亲丧事，追求名利的奸佞小人”的头衔，算是彻底背上了。

后来，若不是王安石下令严查，弄明了事实真相，李定就被人冤死了。

原来，李定并没有说谎，他真的不知道母亲是谁。

李定的母亲叫仇氏，是北宋的一位奇女子。她一共嫁过三个男人，共生了二男一女。

仇氏的第一个老公，是一个普通的老百姓，仇氏与他指腹为婚，没得选择。仇氏嫁过去后，给他生了一个儿子。这个儿子后来出家做了和尚，还成了一位高僧。

这个高僧，就是苏轼的好友之一——佛印大师。

大概20岁的时候，仇氏遇到了自己的第二任老公，即李定的父亲李问。不知道是李问垂涎仇氏的美色，还是仇氏勾搭了李问，总之他们两人在一起了。李问把仇氏弄进了门，当作小妾。嫁入李家后，仇氏生了一个孩子，也就是李定。

李问的原配就不干了。这个女人纠结了家族势力，强迫李问休了仇氏，将仇氏驱逐出户。

仇氏被扫地出门后，没了生活来源，为了生存，胡乱嫁给了一个姓部的老百姓为妻，并给他生了一个女儿。

这个女子，就是宋朝著名的官妓——蔡奴。

历史上的这个蔡奴，非常了不起，她色艺双绝，迷倒众生。无数的男人，成为她石榴裙下的风流鬼。就连当朝天子宋神宗，也对这个女子仰慕不已。当然了，碍于天子的威严，宋神宗不能与蔡奴见面，只能把蔡奴的画像挂在宫中，每天看一次，以解相思之苦。

一个让皇帝垂涎三尺的官妓，蔡奴的名气，可想而知。

当然，也有文献记载（主要是野史），宋神宗见过蔡奴，也跟这个女子有染。

据说，为了见蔡奴，宋神宗偷偷摸摸挖了一条密道，直通蔡奴的卧室。后来，这条密道也没有浪费，他的儿子宋徽宗见李师师时，也是用的这条密道。

书归正传，正是因为有这些“离奇”的故事，李问不承认有过这么一位妾室，也没告诉李定亲生母亲是谁。

后来，李定曾经看见过一份书信，说任泾县有一个姓仇的女子死了，让父亲去奔丧。

李定问这个人是谁，李问只是冷冷地回答道：“一个远房亲戚罢了，早已不来往了，不必去奔丧。”说完，就把这封书信藏起来了。

因为真的不知道亲生母亲是谁，所以其“养母”病逝时，李定才没有为其守孝。当然，若不是旧党成员为了扳倒李定，找到了这封书信。可能终其一生，李定都不知道自己的母亲是谁。

真相大白后，宋神宗颁布圣旨，念李定情况特殊，其不守孝道、不为母亲守孝的事情，既往不咎。

对于这个判罚结果，苏轼死活不干，他继续上疏痛骂李定，非要把李定轰出朝廷。后来，在王安石的全力“护犊子”下，苏轼才愤愤地偃旗息鼓，最终放过了李定。当然，虽然苏轼放了李定，但经过这么一件事情后，李定恨死了苏轼，他发誓今生今世，一定要整死苏轼方才罢休。

后来，元丰二年（1079年），李定为什么那么玩命陷害苏轼，不惜制造了宋朝历史上最大规模的文字狱案，其原因，就在于此。

这个文字狱案，就是历史上大名鼎鼎的乌台诗案。

那么，在这个权力斗争中，变法派和反叛派之间，又将如何殊死肉搏呢？大宋，这个强大而富庶的王朝，又是经历了哪些事情，迎来那最终的亡国之日呢？

这些故事，则是下一卷的内容了。